槟榔栽培

刘立云 李 佳 主编

中国农业科学技术出版社

图书在版编目（CIP）数据

槟榔栽培 / 刘立云，李佳主编 . —北京：中国农业科学技术出版社，2020.11（2025.5重印）

ISBN 978-7-5116-5073-3

Ⅰ.①槟… Ⅱ.①刘…②李… Ⅲ.①槟榔—高产栽培 Ⅳ.①S792.91

中国版本图书馆 CIP 数据核字（2020）第 219958 号

责任编辑　穆玉红
责任校对　马广洋

出 版 者	中国农业科学技术出版社
	北京市中关村南大街12号　　邮编：100081
电　　话	（010）82106626（编辑室）（010）82109702（发行部）
	（010）82109709（读者服务部）
传　　真	（010）82106626
网　　址	http://www.castp.cn
经 销 者	各地新华书店
印 刷 者	北京中科印刷有限公司
开　　本	710mm×1000mm　1/16
印　　张	18.75
字　　数	350千字
版　　次	2020年11月第1版　2025年5月第6次印刷
定　　价	98.00元

版权所有·翻印必究

《槟榔栽培》编委会名单

主　编　刘立云（中国热带农业科学院椰子研究所）
　　　　　李　佳（中国热带农业科学院椰子研究所）
副主编　陈　君（中国热带农业科学院椰子研究所）
　　　　　周焕起（中国热带农业科学院椰子研究所）
编　者　朱　辉（中国热带农业科学院椰子研究所）
　　　　　黄丽云（中国热带农业科学院椰子研究所）
　　　　　齐　兰（中国热带农业科学院椰子研究所）
　　　　　付登强（中国热带农业科学院椰子研究所）
　　　　　刘小玉（中国热带农业科学院椰子研究所）
　　　　　覃伟权（中国热带农业科学院椰子研究所）
　　　　　牛启祥（中国热带农业科学院椰子研究所）
　　　　　王现丽（中国热带农业科学院椰子研究所）
　　　　　范鸿雁（海南省农业科学院热带果树研究所）
　　　　　杨建峰（中国热带农业科学院香料饮料研究所）
　　　　　庄辉发（中国热带农业科学院香料饮料研究所）

经费资助：

海南省重大科技计划项目（ZDKJ201817）
中国热带农业科学院院级创新团队项目（17CXTD-14）
"一带一路"热带项目（BARTP-06）
物种资源保护项目（2020NWB048）
中央财政林业科技推广示范资金项目：琼〔2018〕TG05号
海南省基础与应用基础研究计划项目（2019RC338）

前　言

槟榔是海南省重要的热带特色经济作物，种植规模和产业化程度不断提高。据统计，2018年海南全省槟榔种植面积约165万亩（15亩=1hm²。全书同），收获面积约118万亩，干果产量约27.22万t，产值约190亿元。槟榔已成为海南东部、中部和南部地区200多万农民重要的经济来源，在海南"精准扶贫"和"建设美好新海南"的战略规划中发挥着举足轻重的作用。但是，长期以来，槟榔栽培管理粗放、病虫害为害严重、经济效益低下等问题束缚了海南槟榔产业的发展。

近年来，海南省相关研究单位对槟榔开展了研究工作，取得了一些阶段性成果，对海南槟榔产业发展起到了一定的推动作用。但总体上看，槟榔栽培研究仍不够系统、深入、持续。海南特殊的土壤、气候、病虫害等特征对槟榔良种、丰产栽培、低产林改造、病虫害防治等技术提出了更为迫切的需求。为此，我们系统总结和多年的生产经验，结合研究成果编写了这本《槟榔栽培》，本书理论与实践相结合，在编写过程中注重槟榔产业研究的最新成果及生产经验的介绍，使读者能够较系统地掌握槟榔生产各环节的原理和技术。以期能为海南槟榔产业的发展，促进山区农民脱贫致富，打造区域经济发展新亮点发挥积极作用。

本书围绕"槟榔概况、种质资源、良种选育、低产林改造、丰产栽培、林下复合经营、病虫害防治、采收与贮藏"等方面论述，全书分为十个章，

1个附录部分。第一和第七章由李佳编写，第二章由齐兰编写，第三章由黄丽云编写，第四、第五章由刘立云、付登强、刘小玉编写，第六章由周焕起编写，第八、第十章由陈君、牛启祥编写，第九章由朱辉、王现丽编写。范鸿雁、杨建峰、庄辉发等编写了附录的部分规程和标准。

本书引用了部分国内外公开发表的文献资料，在编写过程中，为了全书术语的统一，将有关参考文献资料中的术语进行了规范，在此向有关作者表示感谢。

由于编者水平与时间所限，书中错漏及不当之处在所难免，恳请读者批评指正，以便今后修订、完善。

编者
2020年9月

目 录

第一章 概 述 ……………………………………………………………… 1
 第一节 槟榔药用价值 ………………………………………………… 2
 第二节 槟榔的植物学特性 …………………………………………… 13
 第三节 槟榔栽培和生产现状 ………………………………………… 22
 第四节 槟榔生产中存在的问题及发展趋势 ………………………… 30
 第五节 槟榔文化 ……………………………………………………… 39

第二章 槟榔种质资源及品种选育 …………………………………… 48

第三章 育苗技术 ………………………………………………………… 63

第四章 建 园 …………………………………………………………… 74
 第一节 园地的选择 …………………………………………………… 74
 第二节 园地的规划与设计 …………………………………………… 81

第五章 土壤管理和施肥 ……………………………………………… 89
 第一节 土壤管理 ……………………………………………………… 89
 第二节 施 肥 ………………………………………………………… 92

第六章　水分管理 ·········· 101

第七章　槟榔低产林改造技术 ·········· 112
第一节　海南槟榔低产林的现状和特点 ·········· 112
第二节　海南槟榔低产林的成因和类型 ·········· 116
第三节　海南槟榔低产林改造技术与模式 ·········· 118

第八章　槟榔园林间管理和经营 ·········· 132
第一节　草害防控 ·········· 132
第二节　凋落物管理 ·········· 133
第三节　林下间种 ·········· 140
第四节　林下养殖 ·········· 153

第九章　病虫害防治 ·········· 162

第十章　采收与贮运 ·········· 192

参考文献 ·········· 201

附录一：槟榔种苗 ·········· 205
附录二：槟榔红脉穗螟防治技术规程 ·········· 212
附录三：槟榔种苗 ·········· 218
附录四：槟榔配方施肥技术规范 ·········· 226
附录五：槟榔丰产栽培技术规程 ·········· 232
附录六：槟榔主要病虫害防治技术规范 ·········· 236
附录七：槟榔鲜果 ·········· 241
附录八：健康槟榔种苗繁育及检测技术规程 ·········· 246
附录九：槟榔大穴围洞定植技术规程 ·········· 256
附录十：槟榔轻简化水肥施用技术规程 ·········· 259
附录十一：槟榔落花落果防控技术规程 ·········· 263
附录十二：槟榔间作香草兰栽培技术规程 ·········· 267
附录十三：槟榔百香果套种生产技术规程 ·········· 272
附录十四：胡椒间作槟榔栽培技术规程 ·········· 284

第一章　概　述

槟榔（拉丁学名：*Areca catechu* Linnaeus）属棕榈科多年生乔木植物，是珍贵的热带经济作物，目前主要分布在热带及亚热带边缘地区，包括东南亚和亚洲的热带地区、东非至欧洲部分区域及密克罗尼西沿线的岛屿。目前，全世界有16个国家和地区种植槟榔，主要生产国有印度、马来西亚、中国、斯里兰卡、菲律宾、缅甸、巴基斯坦、新几内亚、印度尼西亚、越南、柬埔寨、孟加拉和毛里求斯等。印度是世界槟榔第一大生产国，面积和产量都远远超过其他国家。中国的槟榔主要分布于海南、台湾、广东、福建、广西和云南等省区，其中，海南的种植主要集中在琼海、琼中、屯昌、万宁、陵水、定安、三亚、乐东和保亭等市县的山区，中国台湾地区的种植主要分布在中南部山区，以屏东、嘉义、南投、花莲和台东等地为多。其果实有多种俗名如槟门、白槟榔、仁榔、仙瘴丹、螺果、大腹子、橄榄子、椰玉、青仔等，是我国四大南药（槟榔、砂仁、益智、巴戟）之首，其种子、果皮、花等均可入药，综合利用经济效益高，对热带地区的经济发展起着重要的作用。

第一节 槟榔药用价值

一、槟榔果实成分

槟榔果实中含有多种人体所需的营养元素和活性成分，如脂肪、蛋白质、维生素、矿物质、纤维素、生物碱、多糖、多酚等成分，参见表1-1。研究表明，槟榔原果含有31.1%的酚类，18.7%的多糖，14.0%的脂肪，10.8%的粗纤维，9.9%的水分，3.0%的灰分和0.5%的生物碱。其多酚类物质主要是黄酮醇，包括10%的儿茶素，2.5%的表儿茶素和12%的无色花青素，其余的是不同聚合度的类黄酮；主要矿物质包括钙0.05%，磷0.13%和铁1.5mg/100g；成熟果实脂肪含量为9.5%～15.1%；其多糖包含甘露糖、半乳糖和蔗糖；槟榔果实所含的游离氨基酸中脯氨酸占15%以上，酪氨酸、苯丙氨酸和精氨酸超过10%；其维生素主要有维生素B_6和维生素C；其生物碱主要为槟榔碱，其余有槟榔次碱、去甲基槟榔次碱、去甲基槟榔碱、槟榔副碱、高槟榔碱、异去甲基槟榔次碱等，均与鞣酸结合成盐的形式存在。

表1-1 嫩槟榔果和成熟槟榔果的化学成分（%）

成 分	嫩槟榔果	成熟槟榔果
水分	69.4～74.1	38.9～56.7
总的水提取物	32.9～56.5	23.3～29.9
多酚	17.2～29.8	11.1～17.8
槟榔碱	0.11～0.14	0.10～0.67
脂肪	8.1～12.0	9.5～15.1
粗纤维	8.2～8.8	11.4～15.4
总多糖	17.3～23.0	17.8～15.4
粗蛋白	6.7～9.4	6.2～7.5
灰分	1.2～2.5	1.1～1.5

注：以占干物质的百分含量计。引自：《Arecanut》，2004

槟榔果的主要成分含量随着发育过程的不同阶段,具有显著的变化,如表1-2所示。成熟过程中,槟榔果体内多酚含量逐渐下降。嫩果期槟榔体内的多酚浓度较高,有助于保护槟榔不受侵染;随着槟榔果的成熟,多糖、脂肪和纤维含量增加,游离脂肪酸含量下降;但也有少数相关报道显示,槟榔成熟过程中脂肪含量一直增加,直到绿熟期后开始下降。

表1-2 不同成熟阶段槟榔果的主要成分的变化

组 分	成熟阶段				
	稚嫩期	嫩果期	绿熟期	半熟期	成熟期
槟榔果平均湿重/g	4.71	11.97	26.40	35.16	35.05
槟榔壳水分含量/%	91.86	70.78	79.77	75.46	74.70
槟榔壳平均干重/g	0.22	2.43	3.38	5.25	5.40
槟榔壳平均百分含量(以总干重计)/%	75.86	80.72	54.25	43.08	39.40
槟榔果水分含量/%	88.34	84.00	70.60	49.52	39.40
槟榔果平均干重/g	0.07	0.58	2.85	6.94	8.31
槟榔果平均百分含量(以总干重计)/%	24.14	19.28	45.75	56.92	60.60
总水溶性提取物/%	65.60	73.72	56.49	34.80	27.89
多酚(以单宁酸的百分含量计)/%	43.85	47.94	29.44	26.40	17.81
生物碱(以槟榔碱的百分含量计)/%	0	0.06	0.14	0.20	0.22
脂肪/%	1.22	5.02	8.08	13.74	14.29
FFA(以油酸的百分含量计)/%	1.40	2.13	0.88	0.65	0.45
粗纤维/%	1.97	6.32	8.23	10.75	13.42
总多糖(水解物)/%	4.68	13.50	17.58	21.26	23.57
氮/%	2.67	1.60	1.51	1.36	1.20
灰分/%	3.77	3.31	2.52	1.71	1.50
水溶性灰分/%	1.98	1.72	1.46	1.02	0.91
水不溶性灰分/%	1.79	1.59	1.16	0.69	0.59
可溶性灰分中碱的浓度/每100g消耗1N HCl的毫升数	4.00	3.50	2.52	2.75	2.50
酸不溶性灰分/%	0.15	0.08	0.05	0	0

注:以占干物质的百分含量计。引自:《Arecanut》,2004

杜道林等（2004）研究表明，5种海南常见槟榔品种果皮和果核中可溶性糖、蛋白质的含量均无显著性差异；其果核粗脂肪的含量均显著高于各自果皮的粗脂肪的含量，见表1-3。

表1-3 槟榔不同品种果核和果皮中营养成分的含量测定（$\bar{x} \pm s$）

品种编号	w（可溶性糖）		w（粗脂肪）		w（蛋白质）	
	果皮	果核	果皮	果核	果皮	果核
1	15.86±2.76	14.93±4.63	2.54±0.73*	20.01±1.34	7.10±1.44	8.31±1.10
2	14.71±5.02	12.71±5.01	1.53±0.25*	18.35±1.51	7.00±1.67	6.68±1.14
3	7.79±2.6	12.98±3.4	7.07±0.18*	16.36±1.49	7.39±0.43	7.26±0.87
4	14.42±6.07	17.29±5.21	6.77±0.65*	13.75±0.21	6.35±1.06	7.00±0.90
5	11.16±3.88	15.17±4.74	6.90±0.41*	12.31±0.97	5.57±0.96	6.73±1.53

＊为同一品种果皮和果核相比较差异极其显著（$P<0.01$）

二、槟榔主要功能物质及作用

槟榔中含有槟榔生物碱、酚类物质、脂肪、色素等多种具有其独特功效的物质。

（一）生物碱

槟榔中生物碱的含量为0.3%～0.6%，主要以槟榔碱为主，含量为0.1%～0.5%。早在1950年就有学者发现槟榔中至少含有6种嘧啶生物碱，并确定含有槟榔碱、槟榔次碱、去甲基槟榔碱和去甲基槟榔次碱，随后人们又相继发现了异去甲基槟榔次碱、槟榔副碱和高槟榔碱等多种生物碱，这些物质均以与鞣酸结合成盐的形式存在（表1-4）。槟榔碱和次甲基槟榔碱在碱性条件下水解生成槟榔次碱和次甲基槟榔次碱。

表1-4 槟榔中生物碱的结构组成

生物碱	R_1	R_2	R_3	分子式
槟榔碱	H	COOCH$_3$	CH$_3$	$C_8H_{13}NO_2$
槟榔次碱	H	COOH	CH$_3$	$C_7H_{11}NO_2$

（续表）

生物碱	R_1	R_2	R_3	分子式
去甲基槟榔碱	H	$COOCH_3$	H	$C_7H_{11}NO_2$
去甲基槟榔次碱	H	COOH	H	$C_6H_9NO_2$
异去甲基槟榔次碱	H	COOH	H	$C_6H_9NO_2$
槟榔副碱	OCH_3	OCH_3	CH_3	$C_8H_{13}NO_2$
高槟榔碱	H	$COOCO_2CH_3$	CH_3	$C_9H_{13}NO_4$

引自：《Arecanut》，2004

目前，国内外对槟榔碱的正面效应的研究主要集中在对神经系统、消化系统、心脑血管系统的作用，以及抗癌、抗抑郁、抗溶血、抗炎抑菌、驱虫灭螺作用等方面。

1. 抗精神疲劳作用

动物实验研究发现，氢溴酸槟榔碱可能通过促进小鼠的呼吸作用和新陈代谢，减少睡眠剥夺引起的氧化损伤，进而改善小鼠的精神学行为。

2. 对神经系统的作用

嚼食槟榔所产生的神经兴奋作用一直被认为与槟榔碱密切相关。在民间有嚼食槟榔可以增加记忆力的说法，槟榔碱作为经典的毒蕈碱型受体（muscarinic-receptor，M受体）激动剂，在一定的剂量下，可激发M受体，以补偿乙酰胆碱的不足，而发挥其兴奋作用，提高学习和记忆能力。研究表明，槟榔碱可用于治疗老年痴呆。老年痴呆症的发病机制多种多样，目前主要的发病机制包括基因突变，中枢胆碱能损伤，钙稳态失调，自由基学说，能量代谢障碍，淀粉样蛋白的形成和沉积，炎症机制，细胞凋亡机制等。针对发病的机制，提出了不同途径的药物治疗，研究主要集中在乙酰胆碱与老年痴呆症的关系，以及胆碱酯酶抑制剂、乙酰胆碱受体激动剂、雌激素、抗氧化剂、自由基清除剂、抑制淀粉样沉积的药物及钙离子拮抗剂等对老年痴呆症的影响。槟榔碱作为经典的M受体激动剂，可通过补偿乙酰胆碱的不足，提高机体的兴奋性，改善神经学的行为，达到治疗老年痴呆症的目的。

3. 对消化系统的作用

副交感神经系统在调节消化系统平滑肌蠕动和腺体分泌中起重要作用。M胆碱能受体主要位于副交感神经支配的器官，如唾液腺，胃肠道平滑肌和胃黏膜等。槟榔碱是一种类M受体激动剂，能兴奋胆碱M受体。周绪正等（2007，2009）研究表明：氢溴酸槟榔碱对小鼠在体肠自发性蠕动有明显的促进作用，随着氢溴酸槟榔碱用量的增大，小鼠小肠推进率亦逐渐增大，小肠推进率为100%所需时间缩短，出现腹泻小鼠的数量逐渐增多，充分说明氢溴酸槟榔碱对小鼠小肠运动具有明显的促进作用，使肠蠕动加强，消化腺体分泌增加。另外，氢溴酸槟榔碱对家兔十二指肠、空肠、回肠自发运动，以及豚鼠胃底肌条、胃体肌条、幽门环形肌的收缩运动有增强收缩振幅、提高张力的作用，且呈剂量依赖性关系。倪依东等在观察槟榔水提物对整体动物小鼠胃肠运动和大鼠离体胃底平滑肌收缩作用的影响后发现，槟榔水提物有促进小鼠胃肠运动和大鼠胃底肌条收缩的作用，同时可拮抗阿托品和去甲肾上腺素对胃肠产生的抑制作用，因此推测槟榔对胃肠运动的促进作用除与M胆碱受体有关外，同时也有可能与肾上腺素受体有关，进而产生双重调节作用，促进胃肠运动趋于正常化。

4. 对心脑血管系统的作用

槟榔碱对心脑血管的保护作用主要表现在调节血脂、血压、血糖；扩张血管、抗动脉粥样硬化、抗血栓等作用。

5. 抗癌作用

虽然很多学者认为槟榔中的主要活性成分槟榔碱是一种可能的致癌物。槟榔碱呈现出对多种细胞的毒性和基因毒性，但最近也有学者认为槟榔碱并不是槟榔引起口腔癌的活性成分，并且指出槟榔碱能够干扰人口腔癌KB细胞的细胞周期进程，降低人口腔癌KB细胞和角质形成细胞的白细胞介素6（interleukin-6，IL-6）的产生。IL-6可调节多种细胞的生长与分化，具有调节免疫应答、急性期反应及造血功能，并在机体的抗感染免疫反应中起重要作用。IL-6在多种疾病发生时有明显改变，其表达失调可引起许多疾病，其临床表现主要为发病时IL-6水平增高。IL-6上升的水平与疾病的活动期、肿瘤的发展变化、排斥反应程度以及治疗效果都密切相关。

Huang等（2012）研究发现槟榔碱能够通过降低人基底细胞癌（Basal cell carcinoma，BCC）IL-6的表达，并诱导癌细胞的凋亡和细胞周期阻滞，进而阻止癌细胞的发展。

6. 抗抑郁作用

槟榔碱已被报道对精神分裂症的阳性和阴性症状都具有有益的作用。Sullivan等（2000）通过对居住在密西罗尼西亚帕劳的精神分裂症的人群分析研究表明，嚼食槟榔可用于治疗精神分裂症及精神抑郁症，这主要是由于槟榔中含有槟榔碱等生物碱，作为非选择性毒蕈碱受体激动剂发挥了抗精神疾病的作用。

7. 抗溶血作用

传统嚼食槟榔的方法一般是将槟榔切成片，洒上贝壳粉或石灰等作料卷上蒌叶，造成了嚼食槟榔时的口腔环境呈碱性并且含有槟榔碱和Cu^{2+}。当外源性氧化性药物、感染、酸中毒或内源性过氧化等氧化应激作用下，易受脂质过氧化损伤的主要部位红细胞膜蛋白、血红蛋白发生变性。同时，由于红细胞有大量的不饱和脂肪酸，含多个双键，对自由基特别敏感，易受其攻击，形成脂质过氧化物，分解为MDA，进一步破坏细胞膜的稳定性，导致红细胞寿命缩短，发生溶血。唐敏敏等（2010）研究表明，在碱性条件下，一定浓度的Cu^{2+}与槟榔碱共同存在对家兔红细胞具有抗溶血作用。

8. 抗炎、抑菌作用

槟榔碱具有抗炎、抗菌作用。有研究表明，槟榔碱提取物对鹿角菜所致的大鼠足跖肿胀有抑制作用，可能的抗炎机制主要与环氧化酶抑制途径有关。槟榔碱还能抑制由前列腺素（prostaglandin E2，PGE2）和花生四烯酸诱导的炎症（Khan等，2011）。刘文杰等（2012）以槟榔壳为原料，提取、纯化槟榔碱后对其进行抑菌活性试验，发现槟榔碱对食品中常见的四种细菌：大肠杆菌、金黄色葡萄球菌、枯草杆菌、蜡样芽孢杆菌均有着不同程度的抑制生长作用。其中，对槟榔碱的抑制作用最为敏感的是金黄色葡萄球菌，其次为蜡样芽孢杆菌，抑制作用最不明显的是枯草杆菌。槟榔提取物中具有抑菌活性的成分除槟榔碱外，多酚类化合物如缩合单宁、水解类单宁、非单宁黄烷（如儿茶酚、表儿茶酸）和单体单宁等，对多种细菌也具有显著的抑制作用。

9.驱虫灭螺作用

槟榔碱是槟榔的有效驱虫成分。槟榔碱能够麻痹虫体神经系统,将猪绦虫、牛绦虫、曼氏血吸虫、肝吸虫、蠕虫等驱除至体外。槟榔碱对猪、牛绦虫有较强的致瘫痪作用,对棘球蚴虫有杀伤作用。槟榔碱对日本血吸虫的宿主钉螺有杀灭作用,可能的作用机理是槟榔碱能显著降低钉螺头足中胆碱酯酶和碱性磷酸酶的活性,并能降低钉螺肝脏中胆碱酯酶、丙氨酸氨基转移酶、碱性磷酸酶、琥珀酸脱氢酶、苹果酸脱氢酶的活性。Jaiswal等(2008)的研究也表明,槟榔碱能抑制椎实螺神经组织中乙酰胆碱酯酶和酸性、碱性磷酸酶的活性,从而发挥其灭螺活性。槟榔碱能与灭钉螺药物商陆皂甙、五氯酚钠等协同作用,灭钉螺作用增效显著。槟榔碱氯化物是一种比槟榔碱碘甲烷更加强劲的副交感神经原药剂。合成的和天然的槟榔碱氢溴酸盐的抗虫活性是同等的。

(二)槟榔多酚

槟榔果中含有15%的酚类物质,主要分布于根、茎、叶、花和果实中,槟榔多酚的含量随着不同季节,不同生长阶段及不同部位的差异而有所不同。槟榔植株及槟榔成熟过程中酚类物质含量的变化见表1-5所示,槟榔根中的总酚含量与缩合鞣质含量很高(17.14和18.05mg/g鲜果重),其次是槟榔果、槟榔叶、槟榔穗状花序、槟榔叶脉、槟榔嫩芽。

表1-5 槟榔中的总酚与缩合单宁含量

样 品	总酚含量 (mg没食子酸当量/g鲜果重)	缩合单宁酸含量 (mg儿茶素当量/g鲜果重)
根	17.14 ± 0.33^a	18.05 ± 6.61^a
叶	5.49 ± 0.36^d	3.67 ± 0.66^c
穗状花序	4.72 ± 0.90^d	1.78 ± 0.47^e
叶脉	2.41 ± 1.31^e	1.33 ± 1.03^e
嫩芽	0.58 ± 0.01^f	0.85 ± 0.16^e
花萼	3.52 ± 0.51^d	1.22 ± 0.36^e
花	3.83 ± 0.81^d	2.15 ± 0.45^d
未成熟槟榔果(2cm)	5.78 ± 0.86^d	9.03 ± 1.90^b

（续表）

样品	总酚含量 （mg没食子酸当量/g鲜果重）	缩合单宁酸含量 （mg儿茶素当量/g鲜果重）
未成熟槟榔果（3cm）	9.28 ± 0.65^c	7.84 ± 0.95^b
成熟槟榔果	12.63 ± 0.41^b	9.85 ± 0.88^b
倒果	8.79 ± 0.32^c	8.32 ± 0.41^b

注：表中小写字母不同表示差异显著（$p<0.05$）。引自：Chin-Kun Wang，1997

　　槟榔多酚的组成多种多样，槟榔酚类物质主要包括缩合鞣质、水解鞣质、非鞣质黄烷和简单酚类物质。1963年印度学者V.S.Govindarajan和A.G.Mathew用纸层析和特定的洗脱剂对槟榔中的多酚物质进行了测定，结果表明槟榔多酚中含有（+）儿茶素、无色矢车菊素及其单体和多聚体，对不同化合物的定量分析表明黄烷-3，4-二醇含量最多。1997年，台湾学者Chin-Kun Wang等对台湾槟榔成熟过程中，槟榔碱和槟榔多酚含量的变化进行了研究，结果表明台湾槟榔果中的酚类物质是儿茶素二聚体、无色矢车菊素二聚体和无色矢车菊素，新鲜槟榔果中的酚类化合物的成分包括缩合单宁（92mg/g，干重）、水解单宁（69mg/g，干重）、非单宁类黄烷（84mg/g，干重）、酚类化合物单体（56mg/g，干重）。张兴等（2009）从槟榔果实乙醇提取物的乙酸乙酯萃取部分，分离鉴定了异鼠李素、金圣草黄素、木犀草素、（±）-4′，5-二羟基-3′，5′，7-三甲氧基黄烷酮和巴西红厚壳素等5个酚类成分。王明月等（2010）研究表明嫩果中儿茶素类组分为（+）-儿茶素和表没食子儿茶素没食子酸酯；同时采用高效液相色谱法对槟榔中的多酚类物质进行分析，用甲醇提取槟榔中的多酚类物质，并依次用石油醚、乙酸乙酯、正丁醇萃取，萃取物经抽真空浓缩，流动相定容，高效液相色谱法测定。分析结果表明：槟榔幼果较槟榔成熟果中所含的多酚种类和数量少，槟榔成熟果中果仁的多酚种类和数量都远较皮中多；槟榔的甲醇提取物乙酸乙酯萃取部分中所含的多酚种类和数量相比石油醚和正丁醇萃取部分都是最多的；槟榔仁的多酚中含量最多的是儿茶素，含量为1 610mg/kg，其次是单宁酸622mg/kg，表没食子儿茶素228mg/kg，表儿茶素164mg/kg，表没食子儿茶素没食子酸酯72mg/kg，没食子酸13.6mg/kg。而没食子儿茶素、绿原酸和没食子儿茶素没食子酸酯没有检测到。

目前国内外对槟榔多酚的研究主要集中在抗氧化、抗菌、抗衰老、抗抑郁作用等方面。

1. 抗氧化活性

单宁酸具较强的还原性，可清除生物体内的超氧自由基，延缓衰老。槟榔中的酚类物质可作抗氧化物质，具有抗弹性蛋白酶和抗透明质酸酶的作用。槟榔提取物能明显抑制皮肤组织的老化和皮肤的发炎反应。槟榔果的粗酚提取物及分离得到的缩合单宁和非缩合单宁均具有显著的抗氧化活性，对2-氨基-3-甲基-3H-咪唑并喹啉诱导的沙门氏属鼠伤寒沙门氏菌TA-98有抗诱变的效应，不会引起染色体畸变，也增加了在CHO-K1细胞中姐妹染色单体交换（SCE）的频率。2001年，Lee等从槟榔中分离到的CC-517成分是非常有潜力的脂质硬化的预防和治疗物质。CC-517能够抑制参与血管周围基质降解酶和弹性蛋白酶的活性，保护细胞外基质的主要蛋白，促进其重构，间接改善毛细管壁的韧性。另外，槟榔醇提取物具有抗氧化、清除自由基、抗透明质酸酶的活性，其抗氧化活性与维生素E类似，比维生素C更好。槟榔醇提取物具有很好地清除自由基的能力，能有效抑制透明质酸酶的活性，这表明其可以很好地防止皮肤炎症的发生，其结果也可以解释槟榔的抗过敏性和抗细胞毒素的活性。槟榔醇提取物具有增白作用，可以抑制酪氨酸酶的活性和黑色素的合成，因此槟榔醇提取物可以作为有效的抗炎症和抗黑色素的药物，根据此性能可以开发新的化妆品。通过测定槟榔花、槟榔壳和槟榔籽对DPPH自由基的抑制率、对羟基自由基的抑制率及还原能力，发现槟榔籽有较高的对DPPH自由基及对羟基自由基的清除活性，其还原能力也最高。槟榔籽较高的还原能力可以归结为较高的多酚含量，而且一种化合物的还原能力可以反映出它的抗氧化能力，由此可以说槟榔籽具有最强的抗氧化能力，因此槟榔籽可以被开发并用做食品的天然抗氧化剂。

2. 抗菌

因单宁酸能凝固微生物体内的原生质，故有抑菌作用，槟榔中所含的单宁酸，对堇色毛癣菌、许兰氏黄鲜菌、奥杜盎氏小芽孢癣菌、抗流感病毒PR3等均有不同程度的抑制作用。采用滤纸片琼脂扩散法测定槟榔中异鼠李素，金圣草黄素，木犀草素，（±）-4′，5-二羟基-3′，5′，7-三甲氧基黄烷酮和巴西红厚壳素五种酚类化合物的抗菌活性，发现巴西红厚壳素对耐甲氧西林金黄色葡萄球菌和金黄色葡萄球菌均有明显抑制作用，抑菌圈直径均为9mm。

3. 抗衰老

槟榔中的酚类物质可作抗老化物质，具有抗弹性蛋白酶和抗透明质酸酶的作用。槟榔提取物能明显抑制皮肤组织的老化和皮肤的发炎反应。Lee等调查了150种药用植物对弹性蛋白酶的抑制作用，结果发现槟榔提取物对皮肤组织的老化和发炎具有非常显著的抑制活性，而且他们通过提取与纯化证明了具有这种活性的物质是多酚类；并在此基础上研究了槟榔乙醇提取物体内与体外的抗老化作用，结果证明槟榔乙醇提取物提高了皮肤的水合性、弹性与光泽，其机理是因为槟榔乙醇提取物能够抑制弹性蛋白酶的活性从而保护弹性蛋白纤维而且能够促进胶原蛋白的合成。同时，Lee等从槟榔中分离到一种酚类物质，该物质能够抑制参与血管周围基质降解的酶和弹性蛋白酶的活性，保护细胞外基质的主要蛋白，促进其重构，间接改善毛细管壁的韧性。

4. 抗抑郁

抑郁症是一种常见的情感性精神障碍，是一种以显著而持久的心境低落为主要特征的综合征。抑郁症的发病原因复杂，诱发因素多，目前主要认为抑郁症与人脑内单胺类神经递质如5-羟色胺（5-HT）、多巴胺（DA）、去甲肾上腺素（NE）等的缺失与功能异常有关。何嘉泳等采用小鼠悬尾实验（TST）、小鼠强迫游泳实验（FST）等抑郁模型，以小鼠行为绝望的不动时间作为指标，考察槟榔壳总酚类物质抗抑郁活性，实验结果基本证明了槟榔壳总酚类可以改善小鼠的绝望行为，具有明显抗抑郁作用，剂量在80~320mg/kg间，呈现一定的量效关系。

5. 对淋巴细胞的作用

原花青素是从植物中提取得到的多酚化合物，其具有多种生物活性，例如免疫调节作用以及诱导肿瘤细胞凋亡作用。Wang等报道槟榔的总提取物对脾脏淋巴细胞的代谢活动以及细胞因子在正常脾脏淋巴细胞中的表达具有抑制作用，槟榔果提取物在一定的浓度与时间条件下显著地引起了淋巴细胞的凋亡。从槟榔提取物中分离出来的原花青素低聚体从五聚体到十聚体均具有诱导细胞凋亡的活性并能显著地减少淋巴细胞内的硫醇含量，而单体到四聚体没有诱导细胞凋亡的活性。另外，试验证明槟榔果中的原花青素聚合体对初级淋巴

细胞的诱导凋亡作用与聚合链的长度有关。

6. 抗突变

儿茶酚，被认为是一种能够抵抗多种动物肿瘤的化学防癌剂。Stich等发现槟榔中的酚类物质能够抑制人体中N-亚硝基-L脯氨酸的形成。研究表明，2-氨基-3-甲基咪唑（4，5）喹啉对鼠伤寒沙门氏菌TA98和T100有诱变作用，而槟榔中的儿茶酚和单宁这两种成分能够抑制这种作用。

7. 除口臭

Wang等通过用模型系统测定甲硫醇的挥发性以及对其挥发性的抑制作用讨论了嚼槟榔时清除口气的机理。结果显示，槟榔的酚类物质粗提物虽然没有对甲硫醇的挥发性显示出任何的抑制作用，但是其经过碱处理后却显示出极大的抑制作用，通过凝胶过滤进一步研究指出这种抑制作用可能是由于槟榔的酚类物质经过碱处理后氧化聚合的原因。

（三）槟榔色素

槟榔中含约15%的缩合鞣质，主要成分包括右旋儿茶精（catechin），左旋表儿茶精（epicatechin），原矢车菊素（procyanidin）A-1，B-1和B-2以及称为槟榔鞣质（arecatannin）A、B的两个系列化合物，这两个系列均系原矢车菊素的二聚体、三聚体、四聚体、五聚体。槟榔鞣质的水溶液在空气中久置能进一步缩合，形成不溶于水的红棕色沉淀，称为鞣红，当与酸、碱共热时，鞣红的形成更为迅速。槟榔鞣质在碱性条件也可下变红，这种性质使槟榔鞣质可用作天然食品色素。中国及许多东南亚国家的劳动人民很早就利用槟榔制作黑色燃料，现代化妆品行业中许多天然染发素也以槟榔色素为基本原料和辅料。郑亚军等研究表明，槟榔色素具有良好的清除自由基功能和抗氧化性，因此，槟榔色素的开发应用具有更广阔的前景。

槟榔色素的化学本质为缩合鞣质，即单宁酸。鞣质是许多止血、化瘀中药的主要药效成分，单宁酸与蛋白质结合后，形成不溶性物质，从而起到止血功效，因此槟榔色素也有止血、化瘀等功效。《本草纲目》中记载，槟榔有"下水肿、通关节、健脾调中、治心痛积聚"等诸多功效。现代研究表明，槟榔色素具有抗氧化、抑菌、清除体内自由基、延缓衰老、抑制细胞毒等多种生理活性。

（四）槟榔油

以亚油酸为主的不饱和脂肪酸具有显著的降血脂和抗动脉粥样硬化作用，可使实验小鼠血清胆固醇、甘油三酯、低密度脂蛋白含量降低，使高密度脂蛋白含量增加；此外，亚油酸还具有免疫、抗炎症、抗肿瘤等作用。国内外文献均有报道，槟榔具有降血脂和抗动脉粥样硬化的作用，可能与其中亚油酸的含量有关。

槟榔油的特征与氢化椰子油相似，含有饱和脂肪酸和不饱和脂肪酸。槟榔油可通过碱精炼后食用。精炼后的槟榔油比可可脂更坚硬、质量更好，这是因为槟榔油中肉豆蔻酸含量较高。用正己烷将槟榔油进行分步结晶处理，然后用甲醇钠对槟榔油进行改性使其软化，软化后的槟榔油更适用于糖果及糕点的制作。槟榔油与可可脂按3∶1进行简单的混合，然后按1∶1的比例进行内部酯化可使油脂更适合糖果用。少数研究表明槟榔油可作为不同用途可可脂的添加物，且用精炼槟榔油制作的糖果、辛辣食物及饼干与用人造黄油制造的一样好。

第二节　槟榔的植物学特性

（一）根

槟榔无主根，属须根系。由茎干节长出的不定根称次生根，次生根上又长出支根，从而形成强大的根系。槟榔根系在土壤中的最大分布深度，因土壤条件而不同，土壤疏松深厚、地下水位低的根系深；若质地坚硬、浅薄，或水位高，则分布浅。一般条件下根系深1~2m，但绝大部分分布在50cm的表土层内（图1-1）。槟榔的气生根分布在根茎周围，形似侧根，但是短而粗，表皮细胞发达，木质化部分含有大量的微孔细胞，这些微孔细胞与根系的通气组织相连，中老龄树比幼树多（图1-2）。

图1-1 槟榔根系 引自《Arecanut》

图1-2 槟榔的气生根

槟榔种子播种后30d，第一条主根先于第一片叶从种果一侧伸出，随后的20d内从第一条主根周围产生其他的根系，这些根系从第一条主根的对侧产生，不同的侧根在发芽后90d内陆续产生（图1-3），子叶在50d后发育完全（图1-4）。

图1-3 3月龄幼苗根系

图1-4 种子萌发过程

槟榔根系终年生长，根系从各个不同方向伸出，水平分布面积随树龄的增加逐渐扩大，并不断从茎基部生长新的气生根。但扩展性不高，水平分布范围在30～100cm。在最初的三年内随着幼苗的发育，越来越多的根随着叶片的脱落而产生，与脱落的叶片相对应共有10～12行根系形成。很有可能根系的形成限制于茎节的形成。根系生长区域形成长28cm、宽23cm、斜面长32cm左右倒立的锥形体。根尖被稍大于根直径的根冠包裹，紧接根冠后面的是白色的吸收区，根的垂直穿透能力低，大多数横向扩展，主根平均长1.96m，根系直径9～18mm，主根产生大量的侧根。槟榔的栽培管理要精细，要尽可能创造适于根系深生的环境条件，增大农业投入，才能获得高产、稳产。同时槟榔根系的水平分布幅度随株龄而逐渐扩大，幼龄期定期扩大植穴结合施有机肥，有利于改良土壤环境，促进支根的良好生长。

（二）茎

槟榔的茎是植株的主轴，是叶片和果着生的地方，主要是由基本组织和维管束组成。维管束分散排列在基本组织中。槟榔茎干幼龄期呈现翠绿色（图1-5），成年则呈灰褐色（图1-6，图1-7）。直挺不分枝，高10～20m，胸茎10～20cm，有环状的叶痕，称为节，节间一般宽5～10cm，其疏密与品种和生长势有关，荫蔽和土壤肥沃、水源充足的环境下节间较宽，土壤贫瘠、干旱、病害为害的情况下节间较短（图1-5，图1-6）。

图1-5　幼龄期槟榔茎干　　图1-6　短节间槟榔茎干　　图1-7　长节间槟榔茎干

幼龄茎生长极慢，槟榔的茎干三年开始露出地面，前2～4年主要是茎的横向生长，形成大的茎基。然后茎部才露出地表，出现明显的叶痕。叶痕逐渐有规律的增加，茎干的周长通常取决于品种类型和土壤条件，刚露出地面的茎干最粗，随后逐渐变细至正常水平，在正常的土壤条件下维持不变，10年龄以前的树围周长通常维持在38～60cm。土壤肥力下降和年龄增长将使茎干逐渐变细。4至9月为抽生新叶期，一年可抽7片新叶，健壮植株为7～10片，衰老植株抽6片以下。每年脱落枯黄衰老叶片为7片，留下7个叶痕。因而用茎的叶痕除以7，再加2或4，就能算出槟榔的大约树龄。正常生长的槟榔茎干生长始终保持直立，由于缺少形成层，受到伤害后很难恢复原状，槟榔茎干较细，有一定的柔韧性和抵抗强风的能力。

（三）叶

槟榔的叶为大型羽状全裂单叶，聚生于茎干的顶端，长1.5～2m，由叶片和叶鞘组成（图1-8）。新叶抽生周期平均43d，包含叶鞘、叶轴和小叶，叶轴基部膨大成三棱形，叶轴沿中脉小叶末梢，叶鞘约长54cm，宽15cm（图1-9），紧紧包围着树干保护着未抽出的花序。叶片脱落后形成灰绿色的环状结构，成龄树每年约抽生7片叶。平均叶片长1.65m，叶片长短决定于树体的活力、健康状况和土壤肥力状况。叶片中脉两旁各有70片左右小叶，小叶多数线状披针形，长30～70cm，基部小叶长约62.5cm，宽7cm，顶端小叶长30cm，宽5.8cm，而中间小叶长约69cm，宽7cm。主脉两边的小叶部分粘连在一起，在中脉的末梢有2～3对中断的小叶形成两岐分裂的顶端。小叶有1个或多个中脉，叶片革质柔软，正常叶片呈浓绿色。叶冠着生于树干的顶部，叶鞘包裹着树干，叶片的数量随着树体状况和土壤营养状况而不同。成龄树有7～12片叶，叶序呈逆时针或者顺时针螺旋状分布，也称左旋或者右旋螺旋状分布，每6片叶一个循环，第6片叶在第1片叶斜上方，约偏斜20°，每5片叶构成一个环，叶片之间间距2/5圆，角度140°，新叶从中间生长点伸出（图1-10）。小叶由上表皮，单层角质层，栅栏组织，维管束、海绵组织和下表皮组成。维管束包含木质部、韧皮部和少量海绵组织（图1-11）。小叶气孔较小，散乱分布于叶表面，单位面积的气孔数量和叶表皮细胞数呈正相关，与品种也有关,表1-6显示了不同品种的小叶单位面积的气孔数、单位面积表皮细胞数、气孔指数和相关系数。此外Bhat也报道过同一节间相对位置着生两个有生产能力花序以及一个叶片产生两个花序的现象。

图1-8 幼龄树

图1-9 羽叶

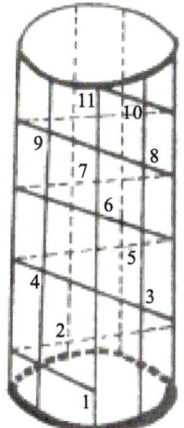

图1-10 叶轮生长规律 引自《Arecanut》

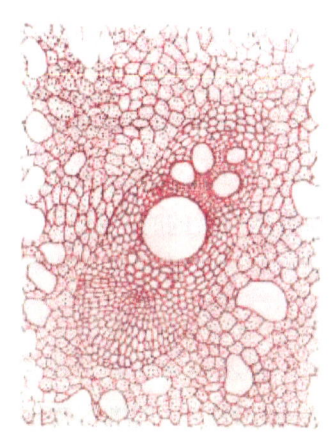

图1-11 叶的解剖图
引自《Arecanut》

表1-6　四个槟榔品种小叶气孔和表皮数量的气孔指数和相关系数

品　种	单位面积气孔数	单位面积表皮细胞数	气孔指数	相关系数
South Kanara	104.2	832.3	11.1	0.947 4**
Shimoga	58.4	748.6	7.2	0.914 8**
Palahat	50.0	701.4	6.7	0.647 2**
Coi mbatore	35.9	658.4	5.2	0.668 3**

**显著性水平为0.01，引自《Arecanut》，2004

（四）花

槟榔为异花授粉植物，雌雄同株，穗状花序、着生在节上，发育前期被苞片裹着，形状呈船形，称为船形佛焰苞，呈黄绿色（图1-12）。苞片开裂后出现肉穗花序，花序具短柄（图1-13），主花轴长约69cm，有12~18个次花轴，长25~30cm，并依次产生三级分枝，雌花位于次花轴的末梢（图1-14），雄花分布于长15~25cm的丝状分枝上（图1-15）。沿着丝状花序排列为两排，偶尔有贴近雌花生长的雄花。花单性，雌雄异花。雄花小，无柄着生于花枝上部，呈奶白色，着生两轮花被，3片覆瓦状分布的花萼，长约0.1cm。3片硬质披针形花瓣，尖端呈镊合状，长0.35~0.4cm；6个雄蕊，6个箭头状花药，紧贴着花瓣，环状分布在子房周围（图1-16）。雌花无柄，具有两轮花被，外层是绿色船形覆瓦状花萼，内层是轮生卵形覆瓦状花瓣。花瓣紧贴子房，有6枚退化的雌蕊，子房呈穹顶形，硬质结构组成柱头（图1-17）。

槟榔花粉在室温条件下可以存活8~9h，在室温干燥器中可保存15~21d，有利于延长花粉的寿命。花粉量最大的时间是每年的3月初到4月底，花粉浓度最大的时间是8:00，花粉散播高度可达槟榔园上空12m，最远达12km远。通常雄花先开，几天后雌花再开放，雄花开放吸引大量的蜜蜂和其他昆虫，但是这些昆虫通常只对雄花进行采粉而不触碰雌花，其传粉作用值得怀疑，普遍认为花粉是由风传播。槟榔杂交技术包括去雄、套袋、杂交过程（图1-18）。去雄主要是在雄花开放前用剪刀减去带雄花的小穗，然后用布袋套着整个花序；收集完全开放的父本花粉（图1-19），待雌蕊开放时，将采集的父本花粉授到雌花上。然后封紧袋口，此过程需每天操作，重复一周，因为雌花开放的时间不一致，授粉后20d即可看到果实坐果。商业杂交一般采用将完全开放的花粉收集到含有0.5%蔗糖水溶液中，轻轻摇动，形成悬浮液，然后用手动喷雾器喷射开放的雌花，每天重复一次，重复一周左右。

第一章 概　述

图1-12　花盛开时期

图1-13　整串花序

图1-14　雌花

图1-15　雄花

图1-16　雄花解剖结构

图1-17　雌花解剖结构

图1-18 人工授粉

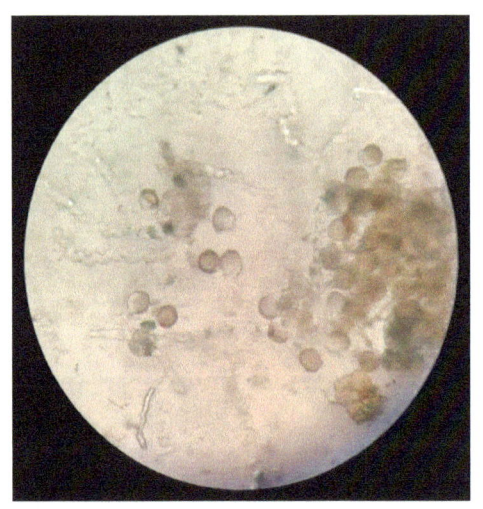
图1-19 花粉萌发

（五）果

槟榔果实呈圆形、长圆形、椭圆形、卵圆形、心形等形状，其果实形状及其大小可作为品种划分的依据。槟榔果长最小为4～6cm，最长的11～13cm。未成熟的果为青绿色（图1-20），成熟后果实为橙黄色，表皮光滑（图1-21）。果实由果皮和种子组成，外果皮为革质；中果皮初为肉质，成熟为纤维状质；内果皮为木质。槟榔果实一般单室，内含种子1枚。果核呈倒卵形（子弹形），由胚、胚乳（种仁）和种皮组成，胚乳微红色，间杂波浪形暗黑色线。

图1-20 青果挂果

图1-21 成熟果挂果

1. 解剖结构

果实解剖结构分为外果皮、中果皮和内果皮,外果皮由覆盖的一层角质层薄壁组织构成,最外层包含10～12层薄壁组织,含有叶绿体。中果皮主要由褐化、纤维化、成排的薄壁组织构成(图1-22)。内皮层含棕红色物,并散有少数维管束。外胚乳较狭窄,种皮内层与外胚乳常插入内胚乳中,形成错入组织;内胚乳细胞为白色,多角形,壁厚,纹孔大(图1-23)。

图1-22 青果及横纵切结构

图1-23 成熟果及纵切结构

2. 坐果

雌花受精后,子房开始发育膨大形成果实。花序从开放至果实成熟需12～13个月。第一穗花序的果实第二年3至4月成熟,由于气候干旱,温度低,果实发育较差,果小种仁不够饱满。第2穗至第4穗果于第二年5至6月成熟,由于气候条件较好,果实品质优良。

果实发育可以分为3个阶段,生长周期在35～47周。第一阶段是长度、直径、体积的快速增长期,核果干重占到50%;第二阶段是体积和干物质重量增长期,此阶段可以明显看到胚;第三阶段是果实的最后膨大期,该阶段果实完全失绿并且能在水中漂浮起来。前1～20周果实的干重增长缓慢,种子的干重占果实的大部分,最后两个阶段果实的干重占到80%。

幼树刚进入开花期,结果少,年产量约100个/株。以后逐渐增加,10～20年龄树年产量约200个/株,20～30龄树为盛产期,年产量达400个/株。以后产果量逐渐下降,寿命最高可达100年或以上。果实采收后种子有果内后熟的特性。

3. 结实

在正常条件下，每串花只有30%可以坐果，主要原因是授粉不良，感染病害。掉落高峰期是开花后第6~8d，掉落的花中77.7%是正常开放的，13%是半开放，2.3%是未开放。

槟榔花粉产量高，但往往座果率低于50%，只有12.0%~42.2%。雄花败育，3%~54%的雌花有繁殖能力，雌雄异熟，柱头的接受力、温度及花粉管伸长能力等都是影响坐果率的重要因素。另外，花粉来源和数量也影响槟榔果实的坐果率，靠自然授粉坐果率仅为32%，而批量授粉坐果率可以提高到60%。

第三节 槟榔栽培和生产现状

一、世界槟榔生产状况

关于槟榔，最早的史料记载出现在公元前900年左右。古印度诗人马哥的诗里记载了讫哩史那王（Krishna，印度神话中护持神昆湿奴Vishnu第八化身之有名印度神）所率领的士兵饮用椰汁和嚼槟榔子的情景。槟榔产地分布据利特理（Ridley，1925）报告，北限包括广东、厦门、台湾和小笠原群岛（Bonin Islands），西限为非洲之东印度洋中之索哥德拉岛（Socotra Island）、马达加斯加和东非，东限到中央太平洋和斐济群岛（Fiji Islands），栽培之广普及热带地区。而印度则是世界第一大槟榔产出国，据FAO2016年的数据统计，2016年印度槟榔产量达70万t，收获面积47万hm^2，面积和产量都远远超过其他国家。中国槟榔主产区在海南和台湾，其中海南槟榔产量位居世界第二位，缅甸的槟榔产量位居世界第三位，与孟加拉国差不多，但孟加拉国槟榔种植面积是缅甸的近4倍。在这些生产国中，尼泊尔的单产最高为3 643kg/hm^2，中国大陆为3 336kg/hm^2，马来西亚达3 126kg/hm^2，斯里兰卡、缅甸和中国台湾均超过2 000kg/hm^2，印度虽为第一生产大国，但其单产仅为1 486kg/hm^2，孟加拉国最低，仅为595kg/hm^2（表1-7）。

印度是世界上最大的槟榔生产国，2006—2011年年产量均保持在48万t左右，2012年起年产量增至60万t以上，2015—2016年分别升至74万t和70万t，10年间印度槟榔产量增加约45%，收获面积2006年为38万hm²，2016年增至47万hm²，增幅为24%。产量增加，除了收获面积增加，单产也有所提高，2006—2011年，单产约为1 200kg/hm²，2012年单产达到1 467kg/hm²，2015年单产达到1 660kg/hm²（表1-7），近10年来，印度槟榔产业呈现稳定持续发展的态势。

就产量而言，缅甸从2006年8万多t的年产量，增加到2016年的12万t，但收获面积从2008—2016年一直维持在5万多hm²，产量提高归功于单产的提高，从2006年的1 853kg/hm²提高至2016年的2 329hm²，单产提高了25%（表1-8）。近10年来，缅甸槟榔产量基本保持稳定。

表1-7 2016年世界槟榔生产状况

单位：（t，hm²，kg/hm²）

国家（地区）	产量	收获面积	单产
印度	703 000	473 000	1 486
中国海南	234 225	70 218	3 336
缅甸	129 170	55 464	2 329
孟加拉国	121 113	203 396	595
中国台湾	99 992	41 937	2 384
印度尼西亚	54 057	130 757	413
斯里兰卡	44 059	18 194	2 422
泰国	38 141	22 435	1 700
尼泊尔	14 225	3 905	3 643
不丹	9 858	9 372	1 052
马来西亚	312	97	3 216
马尔代夫	22	19	1 158

数据来源：FAO数据库，中国《海南统计年鉴》

表1-8　2006—2016年缅甸槟榔生产状况

单位：（t, hm², kg/hm²）

年　份	产　量	收获面积	单　产
2006	84 700	45 700	1 853
2007	98 500	48 200	2 044
2008	115 600	51 800	2 232
2009	115 800	54 600	2 121
2010	118 000	55 000	2 145
2011	120 000	56 000	2 143
2012	121 000	56 500	2 142
2013	119 500	563 000	2 123
2014	119 379	55 479	2 152
2015	129 441	56 112	2 307
2016	129 170	55 464	2 329

数据来源：FAO数据库

表1-9　2006—2016年孟加拉国槟榔生产状况

单位：（t, hm², kg/hm²）

年　份	产　量	收获面积	单　产
2006	97 415	168 680	578
2007	101 240	165 270	613
2008	97 947	173 380	565
2009	105 448	176 350	598
2010	91 681	178 630	513
2011	105 953	182 389	581
2012	136 000	230 000	591
2013	101 000	165 000	612
2014	102 000	165 000	618
2015	109 067	181 282	602
2016	121 113	203 396	595

数据来源：FAO数据库

表1-10　2006—2016年中国台湾槟榔生产状况

单位：（t，hm²，kg/hm²）

年　份	产　量	收获面积	单　产
2006	141 563	49 290	2 872
2007	134 497	49 831	2 699
2008	144 595	49 300	2 933
2009	142 636	48 269	2 955
2010	131 737	45 832	2 874
2011	129 316	45 952	2 814
2012	124 091	45 521	2 726
2013	124 054	45 329	2 737
2014	121 435	44 511	2 728
2015	113 182	43 226	2 618
2016	99 992	41 937	2 384

数据来源：FAO数据库

表1-11　2006—2016年中国海南槟榔生产状况

单位：（t，hm²，kg/hm²）

年　份	产　量	收获面积	单　产
2000	35 598	12 597	2 826
2005	64 338	20 785	3 095
2010	152 105	39 401	3 860
2011	169 163	48 191	3 510
2012	198 122	54 700	3 622
2013	223 330	60 163	3 712
2014	231 015	64 836	3 563
2015	229 221	67 568	3 392
2016	234 225	70 218	3 336

数据来源：《海南统计年鉴2017》

孟加拉国槟榔总产量较高,主要是槟榔收获面积大,单产却很低,10多年都一直维持在600kg/hm^2,种植面积从2006年的16万hm^{2}增加到2016年的20万hm^2,而年产量也只从2006年的9万多t提高到12万t(表1-9)。由此可见,虽然孟加拉国在大力发展槟榔产业,但由于生产技术水平低,效果并不理想。

从产量上来看,中国台湾槟榔产量排在世界的第五位,2006—2016年,中国台湾槟榔收获面积平稳减少,10年间收获面积减少约7 000hm^2,年产量2006年为14万t,到2016年时已经减少到10万t以下(表1-10)。收获面积虽然有所减少,但幅度不大,主要是单产减少,2006年单产为2 872hm^2,而2016年降到2 384hm^2。由此可见,中国台湾的槟榔产业近10年有所下滑。

中国海南槟榔产量占全国大陆省份的95%,可以代表中国大陆的槟榔生产情况,槟榔已成为海南仅次于橡胶的第二大热带经济作物,青果的年产值已超过百亿元。作为海南的重要热带经济作物,目前形成了种植在海南、深加工在湖南的局面,消费群体有从海南、湖南向全国扩展的趋势。2000年海南槟榔种植面积仅为2万多hm^2,年产量为3万多t,但从2010年起年产量则猛增到15万t,特别在2011年,海南新增槟榔种植面积9 154hm^2,2014年年产量则增至23万t。2016年年末,海南槟榔种植面积99 661hm^2,当年新增种植面积2 142hm^2,收获面积70 218hm^2,总产量234 225t(表1-11)。由于海南省对槟榔产业的重视,在研究与投入方面不断加大力度,海南的单产比世界很多国家都高,每公顷超过3 000kg,仅次于尼泊尔。随着新增面积投产、生产技术和管理水平提高,海南槟榔产业将有更大的发展前景。

二、世界槟榔贸易状况

根据世界槟榔进口总量(表1-12),世界槟榔主要的进口国是巴基斯坦和尼泊尔,两国槟榔进口量占世界槟榔进口总量的95%以上。泰国、不丹、印度尼西亚这几个槟榔主要产地也在进口槟榔,此外欧盟、日本也有少量进口。

表1-12 世界主要槟榔进口国进口总量(t)

国家(地区)	年 份									
	2000	2001	2002	2003	2004	2005	2006	2007	2008	2009
不丹	458	458	458	458	458	458	458	458	458	458

（续表）

国家（地区）	年份									
	2000	2001	2002	2003	2004	2005	2006	2007	2008	2009
文莱	0	0	0	0	122	116	116	116	116	116
欧盟（27）	1 149	10	169	223	311	334	224	449	466	404
德国	86	0	187	342	361	448	378	680	702	700
印度尼西亚	41	48	1	0	51	18	1	0	102	101
日本	7	7	3	3	5	2	3	8	8	5
尼泊尔	15 000	20 500	15 000	21 505	20 600	19 700	8 120	16 094	14 914	119 038
巴基斯坦	37 133	49 406	55 460	41 620	233	44 523	63 665	56 647	71 610	79 747
泰国	288	90	26	926	2 545	2 862	153	235	818	399

表1-12可得出，世界上出口槟榔较多的国家为印度尼西亚和泰国，占世界槟榔出口的99%，且泰国和印度尼西亚槟榔出口额逐年增加，欧盟、德国、缅甸每年有少量出口，巴基斯坦只在2005年和2006年有较大的出口量。与进口类似，印度和中国近10年来基本没有槟榔出口。由表1-13可知，中国的槟榔国际市场占有率为零，故将其他各国槟榔市场占有率计算省略。从世界槟榔进出口额中可以看出，槟榔主要出口国为泰国和印尼，但槟榔主要进口国为尼泊尔和巴基斯坦，从地理上看，泰国和印尼并不具备运输上的优势，但其在槟榔贸易上却具有国际竞争优势。

2009年，世界槟榔出口占世界总产量的22.81%。世界槟榔贸易比较集中在少数国家。出口槟榔较多的国家是印度尼西亚和泰国，进口槟榔较多的国家是巴基斯坦和尼泊尔。槟榔生产量最多的两个国家印度和中国，其槟榔产量基本销往国内，基本没有参加世界贸易。从槟榔产品的国际贸易中可以看出，中国槟榔国际只有进口，而没有出口。海南槟榔生产具有比较强的优势，但是海南槟榔生产的优势并没有转化为国际竞争中的绝对优势。海南槟榔生产优势比较明显，但槟榔在国际贸易中没有国际竞争力，这有可能是以下几个方面的原因造成的。第一，槟榔的主要消费国都是东南亚国家，这些国家本身就具备了槟榔生产能力，基本能够自产自销（如印度）；第二，槟榔的药用价值开发程度较低，槟榔大多数情况是作为食品参与国际贸易，因此槟榔需求量相对较小；第三，国内保护主义盛行，高额运输成本和关税阻碍了槟榔贸易；第四，槟榔产业处于初级阶段，信息不完全，导致国际间贸易开展缓慢；第五，槟榔食用需求不一样，中国大多数消费者食用的是中、外果皮，而东南亚国家主要消费的是槟榔的果核，导致种植的品种也不一样，中国种植的槟榔青果是椭圆形果，而国外种植的球形果，相互的槟榔产品贸易难以对接。第六，联合国粮农组织数据误差，由表1-13可知，世界槟榔最大的两个出口国印度尼西亚和泰国，其年槟榔出口量均大于本国生产量，经反复查证，确实是数据误差。海南槟榔将其比较优势转化为产业国际竞争优势，才是海南槟榔产业发展的终极目标。

表1-13　世界主要槟榔出口国进口总量（t）

国家（地区）	2000	2001	2002	2003	2004	2005	2006	2007	2008	2009
不丹	326	326	326	326	326	326	326	326	326	326
中国	0	321	29	0	0	0	0	0	0	0
欧盟（27）	25	—	—	5	—	1	3	10	1	22
德国	34	0	21	51	96	68	153	360	158	148
印度尼西亚	33 036	30 154	26 115	13 839	116 779	128 809	151 550	170 333	181 350	195 067
缅甸	0	124	34	53	53	18	2	1	1	1
巴基斯坦	0	0	0	0	0	8 650	2 710	0	90	16
泰国	23 963	21 390	27 647	25 890	56 703	21 674	24 320	38 170	34 073	39 905
印度	108	0	0	0	0	0	0	0	0	0

三、槟榔加工现状

1. 世界槟榔加工现状

槟榔的利用主要有食用和药用两种方式,其中以食用为主。槟榔虽然是一种常用中药,但是其大部分原料并没有流向药材市场,而是用于简单加工制成商品槟榔供咀嚼。由于咀嚼槟榔具有健胃、御寒、提神等益处,在中亚、东南亚、南太平洋诸岛及周边地区(包括中国的台湾、海南、湖南等省),咀嚼槟榔十分盛行,甚至成为一种传统习俗。目前,印度和中国台湾是世界槟榔鲜果的最大消费国和地区,巴基斯坦和尼泊尔也是槟榔鲜果的主要消费国。世界不同地区制作槟榔的手法各不相同,如泰国和柬埔寨的山地部落通常在槟榔中加入丁香和桂皮,而在印度的一些地方,槟榔里可能会加入果子冻、烟叶、食糖或者磨碎的椰肉。目前,槟榔已成为仅次于尼古丁、乙醇和咖啡因的世界第四大嗜好物品。世界卫生组织癌症研究中心指出,全球有数亿人有咀嚼槟榔的习惯,而且还有增加之势。

世界各地所产槟榔绝大部分以咀嚼食品的形式消费,由于用于咀嚼的槟榔纤维粗糙,长期咀嚼会造成口腔黏膜下纤维化,这被公认是口腔癌的重要诱因。出于对食品安全方面的顾虑,传统槟榔食品急需升级换代。目前,世界槟榔加工业发展滞后,主要还停留在食用加工发展阶段,多采用传统加工工艺,产品品种单一。世界在对槟榔药用产品及保健产品的研究开发方面显得滞后,在槟榔资源的综合深加工及开发利用方面尚存在许多问题待解决,巨大的潜在药用市场及保健市场尚未开拓。充分利用槟榔资源,挖掘其药用、食用价值,解决槟榔精深加工综合利用的难题,对于促进热带地区农村经济发展,引领世界槟榔产业健康、可持续发展具有重要意义。

2. 中国槟榔加工现状

我国现有槟榔干果、食用槟榔和槟榔花茶等产品,但大多企业加工产品单一。海南槟榔加工业基本停留在食用初级发展阶段。20世纪90年代以前,海南的槟榔加工产品主要是榔玉,随着湖南食用槟榔消费市场的急剧扩大,海南槟榔的加工产品结构也随之发生了很大变化,绝大多数从生产供药用的榔玉转为生产供食用的榔干。20世纪90年代中期,海南省和湖南省的槟榔加工工艺雷同,产业起步基本相同。但由于湖南率先建立了完善的行业管理制度,加上当地政府的政策扶持等原因，湖南省的食用槟榔加工业近10年发展较快，已经远超海南，基本垄断了中国大陆的槟榔食用加工市场。而海南省的槟榔加工业目前仍停留在烘干等初级阶段，每到槟榔收获的季节，琼海、定安、屯昌等市（县）都有许多家庭作坊式的槟榔加工厂开工，对槟榔鲜果进行初加工，把槟榔鲜果熬煮后烘烤成槟榔干果，提供给湖南厂商进行再加工，制成食用槟榔块。海南槟榔99%以上是以新果或干果供应湖南槟榔加工企业加工槟榔嚼块，海南已经逐步成为湖南槟榔加工业的原料供应基地。干果分为黑果和白果。黑果由烟熏烘烤而成，颜色呈黑色；白果是由电热泵或蒸汽加工而成，颜色呈灰色。2013年以前海南槟榔初加工以黑果为主。传统消费者也以食用黑果为主。从2013年开始推广绿色烘干环保技术后，白果产量增加。2017年海南槟榔干果产量约16.5万t，白果约占总产量的69.7%。此外，针对槟榔黑果市场需求，今年在海南推广槟榔黑果环保烘干设备。加工环保技术的普及，加工的槟榔果品质大大提高，加工环境得到改善，工人劳动强度降低。

食用槟榔在加工过程中，槟榔粗纤维的软化、细化，减轻干硬的槟榔粗纤维对人体口腔的损害及保留槟榔的有效成分是亟待解决的关键问题，亦是当前槟榔加工业需要进行技术革新的重点。目前，对槟榔的有效成分提取和系列产品研发技术相对滞后，亟须在挖掘槟榔的药用价值方面进行深度开发，才能发挥槟榔的增值效应。

第四节　槟榔生产中存在的问题及发展趋势

一、存在的问题

目前，中国槟榔产业发展已初具规模，但总体来看，在种植管理、良种繁育、病虫害防治、区域布局以及新产品研发等方面均存在一些问题。

1. 种植不规范，管理比较粗放

由于槟榔要求的自然条件和土壤条件不高，绝大多数槟榔种植模式还是比较粗放的，普遍存在"重种轻管、重收轻管"的现象，"人种天管"的传统思想影响比较严重，许多种植户不注重进行土壤改良和有效肥水的科学

管理，导致树体得不到足够的养分，进而收获期缩短，产量降低，经济收入减少。

2. 良种苗木繁育体系不健全

槟榔的种质资源至今未做生物学分类认定，仅从外观加以区分。海南省曾经从泰国和越南等国引种，但其品种抗病性差，产量低，品质也不好。现在这些品种已同海南本地品种混杂，如不很好区分，随意种植，势必影响槟榔产业的健康发展。

3. 病害对当前槟榔产业的发展造成了严重损失

近年来，面积日益扩大的黄化病对海南省槟榔产业造成了一定的威胁。据初步调查，海南省已有几十万亩槟榔树患上了黄化病，且病情有继续蔓延之势，黄化导致抽生的花穗较正常植株短小，无法正常展开，结果量大大减少，常常提前脱落。染病植株的产量通常会减少70%～80%，甚至出现大面积死亡。目前各槟榔种植区域均有发生，特别是琼海、陵水、万宁、屯昌、琼中等地的槟榔主产区发生比较严重。槟榔黄化现象由多种原因造成，如植原体病毒等感染、肥水管理不到位、除草剂使用过量、有椰心叶甲等。黄化病的早期症状和水肥管理不当造成的症状相似，容易混淆，导致去除病株的有效措施难以实施。目前，还没有根治黄化病的有效方法，仍用比较传统的方法进行防治，如砍除病株并烧毁、使用广谱性的杀菌剂等。槟榔黄化病是世界性难题，不能有效开展防控工作，将对海南槟榔产业造成严重打击。

4. 槟榔种植面积的肆意扩张引发水土保持问题

近几年，随着槟榔价格不断攀升，槟榔种植面积迅速增加，特别是在山坡地违规开荒种植槟榔的现象急剧增多，由于槟榔根系较浅，极易造成地表土质疏松，导致水土流失。

5. 槟榔加工业滞后

全国现有槟榔干果初加工、食用槟榔干加工等传统槟榔产品加工企业较多，大多加工企业的加工工艺简单，加工产品品种单一，不能适应新形势发展的要求。部分传统槟榔加工企业，特别是一些小型加工企业的加工技术简单落后，卫生、安全生产条件较差，操作不规范，导致其产品质量指标严重超标，

产品质量不稳定。现有槟榔加工企业多为单一的干果初加工、槟榔制茶与槟榔制药等，在槟榔综合开发、有效成分提取及利用等方面发展滞后。

6. 槟榔新产品研发严重滞后，支撑产业持续发展后劲不足

目前，中国传统槟榔食品加工业的发展已经初具规模，但在槟榔的有效成分提取及系列深加工产品研究及规模开发方面显得十分滞后，尤其在挖掘槟榔的药用价值方面未进行深度研发，不能充分发挥槟榔的增值效应，增加槟榔产业附加值，延长槟榔产业链，严重制约了槟榔产业的健康、持续发展。

7. 在中国海南和台湾地区

人们通常食用槟榔鲜果，常附加蒌叶和石灰，这对口腔有强烈的刺激作用，长期经常嚼食会造成口腔黏膜下纤维化。虽然湖南改为用酒、甜味剂浸泡槟榔后附加丁香、肉桂、豆蔻、桂子油、薄荷油等香料，一定程度上改善了上述问题，但仍存在大量的粗纤维。槟榔粗纤维的软化、细化以及槟榔食品的升级换代是当前槟榔食用加工业亟待解决的重要课题。

8. 槟榔价格受国内外市场需求影响波动较大

海南近几年槟榔鲜果的收购价格波动较大，高峰期的平均单价达20元/kg，低谷时不到2元/kg。湖南槟榔产品价格随海南收购价格波动而波动。在台湾，槟榔价格波动也很大，在旺季1粒槟榔的价钱与1个鸡蛋等同，而在淡季则与1斤（1斤=0.5kg，全书同）鸡蛋等值。价格是影响槟榔产业发展的直接关键因素之一，槟榔价格的高低直接影响槟榔种植户的种植管理积极性，槟榔价格的频繁急剧波动不利于我国槟榔产业的健康、持续发展。

9. 消费市场容量有限

中国槟榔不仅种植集中，而且消费也非常集中。由于传统槟榔嚼食习惯会造成口腔黏膜下纤维化，再加上很多人对槟榔辣辣的、醉醉的口感不适应，致使中国槟榔消费市场主要集中在湖南、台湾和海南三大传统消费区。目前国内三大传统消费市场在加工业槟榔食用方面将趋于饱和，而中国大陆尚有部分槟榔未进入产果期，如不积极开拓新的国内消费市场，不增加槟榔药用内需和扩大出口，中国槟榔将出现供大于求的局面。

10. 传统嚼食槟榔习惯引发的环境卫生问题

嚼食槟榔普及的同时也带来了比较严峻的环境卫生方面的问题，那就是随地吐槟榔渣。槟榔含槟榔碱、槟榔次碱、鞣质、树脂、红色素等成分，咀嚼槟榔后会产生红色物质，加之很多人不遵守嚼槟榔"规则"，随地吐槟榔渣，吐出的槟榔渣汁常造成城市地面、墙壁等公众场所"血迹斑斑"，严重影响市容市貌。目前，传统嚼食槟榔习惯引发的环境卫生问题已经引起了各地政府的高度重视。新加坡以食槟榔有损人民健康和嚼槟榔渣吐弃路上妨碍市容为由通过了禁令。阿联酋最大城市迪拜对不遵守嚼槟榔"规则"者下"逐客令"。最近，海南省海口市通过了对在公共场所随地吐槟榔渣者进行处罚的规定。

二、增加栽培效益的途径

要谋求中国槟榔产业的长远发展，力争在较短时间内，将中国槟榔优势区建设成为东南亚地区乃至世界重要的槟榔生产、加工和出口基地，引领世界槟榔产业健康、可持续发展，有必要采取以下措施。

1. 建立健全槟榔良种苗木繁育体系

建设一个大型槟榔种质资源保存与鉴定中心，建立多个良种苗木繁育基地，为槟榔种植者提供优质种苗。通过选育良种，提供优质种苗，提高槟榔单产和保障槟榔品质，加强标准化生产基地建设，促进槟榔标准化生产。

2. 采用科学的种植管理模式，发展槟榔间种，提高综合经济效益

槟榔无主根而须根发达，属于浅根系植物，树冠小、干高、坚硬、挺直而不分枝，是理想的间作树种。在印度，槟榔常与胡椒、小豆蔻、香蕉、可可、山药、姜以及菠萝等作物一起间种，其经济效益和生态效益明显。在中国，槟榔林下复合栽培区主要集中在海南省，林下复合栽培作物主要有木薯、胡椒、热带水果、南药、菌类、切叶花卉、咖啡和蔬菜等，也都取得了较为可观的收益。

3. 建立和完善槟榔种植技术培训体系

采取多种形式开展先进生产技术推广和科技文化培训，推广先进的槟榔生产管理技术，提高农民的栽培技术和管理水平，促进槟榔标准化生产。同时，在优势区域内逐步推广"公司+基地+农户"和"订单农业"等生产模

4. 因地制宜，根据适地适栽的原则，做好槟榔种植用地的科学规划

大力调整槟榔产业布局，加快建立槟榔种植优势区，逐步实现槟榔产业的区域化、标准化和规模化。禁止砍伐原始林、水源林地种植槟榔，避免在坡度较大的山地种植槟榔，科学种植，最大限度避免水土流失。同时积极发动职工群众利用"五边地"种植槟榔，既美化环境，又增加经济收入，实现人和自然和谐发展。

5. 不断发展、规范和完善槟榔产品加工市场

不断完善槟榔产品生产规程和产品质量标准，加强质量监控，确保产品质量安全，提高产品档次。当前，中国槟榔加工业基本上停留在传统食用加工发展阶段，其加工工艺简单，尚存在小作坊生产，产品品种单一，产品安全隐患较大，不能适应新形势发展的要求。要确保产品质量安全，需对传统槟榔加工企业进行技术改造和产业升级，用先进的现代工艺技术取代陈旧的、落后的传统加工工艺技术，使整个生产流程符合国际质量管理体系要求。

6. 加强科技开发，重点加大槟榔综合利用和深加工研发力度，使槟榔产品更科学、更卫生、更安全

积极开拓高端消费市场，增加产业的附加值，延长产业链。槟榔是我国四大南药之一，其在药用方面尚有许多研究和开发价值，加强对槟榔的药用和食用方面的综合利用研究，加快槟榔精深加工产品的研发步伐，开发药品、保健品、美容品和日用品等一系列技术含量高、附加值高的槟榔深加工产品，有利于槟榔产业链的延伸和加强，对中国槟榔产业的持续发展具有重要的意义。如果只靠传统食用消费市场，中国槟榔生产在盛产期时将可能出现供大于求的局面。

7. 加强琼台湘三地合作，共同打造"中国槟榔"品牌，提升中国槟榔行业整体竞争力

一方面，加强琼台合作，提高槟榔种植整体水平。台湾槟榔种植、管理技术水平较高，有台胞2002年在大陆租地种植槟榔，因其管理水平高，2006年整园槟榔开花，单株花苞5~6个，比海南本地种植户的槟榔园开花早、多。海南的土地成本、劳动力成本相对低廉，而槟榔种植技术则相对落后，加强琼台合作，优势互补，可进一步提高中国槟榔生产竞争力。另一方面，加强琼湘合作，提高槟榔加工整体水平。海南和湖南，一个垄断中国大陆原材料市场，一个垄断中国食用加工市场，加强琼湘合作，可提高中国槟榔加工整体竞争力，同时可以避免出现恶性竞争，导致两败俱伤。最后，加强台湘合作，提高中国国内槟榔市场竞争活力。加强台湾和湖南在槟榔方面的合作，可一定程度缓解湖南对槟榔原材料的需求压力，同时可为台湾的槟榔开拓新的消费市场。琼台湘三地合作前景广阔。

8. 积极开拓国外消费市场

中国槟榔产量高、成本低、品质好，在国际市场中具有很强的竞争优势，这为中国槟榔"走出国门"奠定了良好基础。在目前国内传统食用消费市场将趋于饱和，而国内生产潜力巨大，同时国内药用高端市场尚未开拓的情况下，利用中国槟榔产量高、成本低、品质好的优势，积极开拓国外消费市场意义重大。

9. 鼓励和扶持建立不同层次的槟榔专业合作组织

如槟榔种植协会、槟榔运销协会和槟榔加工协会等，积极引导槟榔种植者、运销户和加工者在自愿的基础上加入此类组织，同时努力加强和充分发挥此类组织的功能作用，维护槟榔产业者权益。通过加强此类组织的建设，促进槟榔标准化生产和产业化发展，实现"共赢"。湖南省近年槟榔产业的快速发展得益于湖南槟榔食品行业协会的发展壮大。在海南，琼海、万宁、定安等一些乡镇均自发组织了"槟榔协会"，这些组织虽然比较松散，但在沟通产销信息、组织销售以及新产品研发等方面均发挥了重要作用。定安县翰林镇槟榔合作社自成立以来，已成功研制出槟榔茶、槟榔酒和槟榔花烘干机。中国槟榔生产和加工区域相对集中，有利于发展各类专业合作组织。加强各专业合作组织间的联系与合作，促进各专业合作组织的网络化建设，可在联合开发新产品、开拓新的消费市场、信息资源共享以及共同应对市场风险方面产生积极意义。

10. 建立和完善槟榔市场信息体系

建立大型规范的槟榔销售批发或交易市场，充分利用网络资源，打破空间地域的局限，加强槟榔种植户、槟榔运销户、槟榔加工业者以及各类槟榔专业合作组织之间的联系，为槟榔业者提供及时准确的市场信息，促进市场信息资源共享，科学指导槟榔产业发展。

11. 国家产业政策扶持

中国槟榔产业的快速、可持续发展，离不开政府的积极扶持。首先，对于涉及槟榔良种苗木繁育、科研教育、技术推广、新产品研发、病虫害防治、产品质量标准、市场建设和检验检疫等方面的基础性、公益性项目，政府应给予无偿投资。重点加大科技支持力度，逐步增加经费投入，组织合作攻关，加强对病害发生及防治的科学研究，加快槟榔新产品的研发，加快科技成果产业化。其次，对槟榔采后商品化加工，运输和批发等方面的经营性项目，政府应在财政、信贷和税收上给予扶持，实行积极的财政政策。

三、发展趋势

近年来，槟榔的药材价值和保健品开发前景广阔，槟榔口香糖、槟榔果茶、槟榔酒等相关产品也应运而生。如袁腊梅等（2011）为了研究槟榔口香糖，应用正交试验的方法，以槟榔提取液为原料，添加淀粉、糖浆、食用香精等物质制成槟榔口香糖。目前，除对槟榔果产品加工外，对槟榔花的开发利用也在逐渐加大，如槟榔花茶、槟榔花酒、槟榔花煲汤食品、槟榔鲜花茶用食品、槟榔鲜花菜用食品等产品也在研究开发。

目前槟榔虽已开发了一些产品，但在医药价值方面，仍有待开发利用：①在新陈代谢系统，用作消化剂和排除胃胀气胀剂；②用以治疗糖尿病；③用以医治某些皮肤病；④用作催欲剂。

目前，医药卫生部门需抓紧制订和健全槟榔加工制品、槟榔花加工制品的质量标准体系和技术规范，对槟榔干果、防腐剂、配料和加工用水等提出相应标准，企业严格按标准选购原料，从源头上保证槟榔制品的质量，以促使槟榔及其附带产业健康、持久的发展。随着对槟榔及其加工品研发力度加快，槟榔加工产品的相关的发明专利逐年增多，近年来槟榔及其加工品的部分发明专利见表1-14。

第一章 概述

表1-14　近年来有关槟榔的专利

专利号	专利名
90110292.X	用槟榔制作饮料酒的方法
90110293.8	用槟榔制作糖果、凉果的方法
90104079.7	槟榔保健牙膏
91104278.4	一种用槟榔配制酱油、酱糕的方法
92110223.2	槟榔洗发液洗头膏的制作方法
93100471.3	槟榔泡泡糖
93115549.5	槟榔保健饮料的制作方法
94100269.1	槟榔花口服液
96118080.3	槟榔汁饮料
98104637.1	一种槟榔香口胶
97107984.6	一种不伤害牙齿与口腔的槟榔食品的制作工艺
03124631.1	槟榔果汁
02138967.5	氢溴酸槟榔碱作为抗心律失常药物的应用
03118265.8	鹿茸槟榔
01128230.4	戒烟槟榔及其制造方法
02149971.3	能去除或减少咀嚼槟榔时由亚硝基胺引致口腔癌的配方
01100820.2	纳米木香槟榔制剂药物及其制备方法

2016年以来，随着政府刺激内需政策效应的逐渐显现，以及国际经济形势的好转，槟榔下游行业进入新一轮景气周期，从而带来槟榔市场需求的膨胀，槟榔行业的销售回升明显，供求关系得到改善，行业盈利能力稳步提升。同时，在国家"十三五"规划和产业结构调整的大方针下，槟榔面临巨大的市场投资机遇，行业迎来了持续性的新的发展契机。海南岛具有种植槟榔得天独厚的自然条件，槟榔作为海南省第二大经济作物，开发好这一资源对海南经济发展意义重大。然而由于槟榔加工技术严重滞后，多年来海南只能作为湖南等省槟榔加工业原料基地，长期以来，海南槟榔加工以家庭作坊式为主，使用传

统土灶烟熏槟榔，不仅生产技术落后、能耗与成本高、劳动强度大，而且产品质量不稳定、环境污染严重。但自2013年起，海南省农业厅开始实施槟榔烘干绿色改造项目，将一批环保、先进、价格合理、配套设施完善的设备推荐给槟榔加工户。2017年12月，海南省出台《关于加强槟榔加工行业污染防治的意见》，进一步通过绿色改造推动槟榔产业做大做强，并在定安、万宁、琼海等主产区设立节能环保型槟榔烘烤技术与设备示范基地，推广应用环保技术与设备，引导槟榔加工产业规模化、聚集化发展，全面禁止槟榔土法熏烤。目前海南槟榔鲜果初加工有农户加工与企业加工，并逐步发展为企业初加工为主，初加工主要分布在万宁市、琼海市、陵水县、定安、屯昌县等市县。

槟榔种植属第一产业，槟榔加工属第二产业，从事槟榔生果交易属第三产业。常规来说三产业强于二产业，二产业好过一产业。但槟榔产业是一个例外，由于经过近20年的发展，槟榔产业已趋成熟，特别是终端消费市场的飞速发展，带动了整个产业的发展，同时也形成了相对稳定的产业格局。正因为产业成熟形成了完整的产业链生态结构，保障了槟榔能从传统靠天吃饭的农产品中脱颖而出，加之槟榔具有与其他农产品所不同的"高产出低投入"的投资回报特性，使得槟榔能与橡胶并驾齐驱成为海南岛重要热带经济作物，最终成为海南省农业的支柱产业，是海南农户脱贫致富的重要来源，无论是槟榔的种果种苗、槟榔种植、槟榔采摘，均能稳定地增收致富。

目前，我国槟榔消费人群众多，嚼食槟榔的地区不断扩大，槟榔消费人口目前已超过6 000万。其中湖南湘潭市居民槟榔消费历史跨越数百年，部分人群平均每年每人消费槟榔达0.5kg，多者达数10kg。因此当地的槟榔加工业十分旺盛，产品销往上海、广州、深圳、台湾等地，部分返销海南，由此全国槟榔产业从业人数超过300万，而与槟榔产业相关的产业，其从业人数更是超过1 000万。事实上，近年来，槟榔的需求量越来越大，消费市场也在不断扩大，产品常出现供不应求的局面，原来只有湖南的企业收购槟榔干果，但现在全国29个省（市）都有消费市场，远远不能满足市场需求。根据目前海南槟榔实际收获面积、槟榔鲜果加工能力、槟榔成品市场消费增长情况等预测，海南槟榔鲜果产量增长速度跟不上槟榔成品市场消费每年20%的增长速度。

目前，在"一带一路"大背景下，全球槟榔产业产值正以年均20%的速率增长。据专家预计，2025年后，全球将形成20亿的消费人群，世界贸易量会逐年加大，我国（海南）在槟榔产业方面，理应乘势而上，而且还应发挥充分的主导作用。

第五节　槟榔文化

槟榔文化的形成，与其自身特殊的属性、当地的地理环境以及审美观念均有密切关系。在东南亚和中国南方地区，槟榔与人们的生产、生活息息相关，被广泛御用到婚姻缔结、交友待客、祭祀祖先等重要的礼仪场合。其中一些礼俗流传至今，形成独特的槟榔文化。

一、槟榔的咀嚼文化

据考古学显示，远在公元前一万年泰国西北部就有种植槟榔，其居民咀嚼槟榔和蒌叶的习惯有超8 000年历史。公元7世纪后，中国史籍中有关东南亚一带居民咀嚼槟榔的记载越来越多。关于各地国王出游时常嚼食槟榔的记载有：占城（今越南中南部）"王每出朝坐，轮使女三十人持剑盾或槟榔从"；渤泥国（今印度尼西亚加里曼丹北部）"王每出巡，从者五百余人，前持刀剑器械，后捧金盘、贮香脑槟榔等从"；哑齐（今印度尼西亚苏门答腊全岛）"王出外亦命左右侍从捧槟榔盘后随"；文朗马神（今印度尼西亚加里曼丹岛南岸的马辰）的国王出游，则"以绣女自随，或典衣，或持剑，或捧槟榔盘"。除了国王痴好槟榔之外，民间百姓也常食槟榔。爪哇国（今印度尼西亚）百姓"所食槟榔蒌叶就压腰巾内包裹腹前，行走坐卧嚼砸不止，惟睡时不食。在越南，人们把槟榔喻为一种综合不同性质的事物的哲理。如槟榔树挺直，作为天（属于阳性）的形象；石灰作为地（属于阴性）的形象；蒌叶是一种藤本植物，从地里往槟榔树干上攀岩，作为中间的和解者——中间人的形象。这三才（天地人合一）的辩证统一形成一种极为和谐的结合。槟榔、蒌叶、石灰这三样东西的融合还象征着骨肉之间的团结和睦，所以，槟榔成为越南民族传统文化的特殊表象，被视为吉祥物，吃槟榔也成为一种独特且蕴含美好意义的生活方式，贯穿于越南人民的社会生活中。柬埔寨、缅甸、文莱、越南等地居民至今仍有嚼食槟榔的习惯。柬埔寨的妇女喜欢吃槟榔，当地女孩子到十一二岁就开始嚼槟榔；男人一般不吃槟榔，只有出家多年后还俗的男子才吃。几乎所有的缅甸人的家里都备有槟榔，在缅甸的大城市，马路旁边到处可见卖槟榔的小贩，人们一边走，一边咀嚼槟榔一边吐出红色的唾液。人类嚼食槟榔的历史悠久，范围广泛，而且不论贫富贵贱，有此嗜好者甚众。

在我国魏朝已有人认识到槟榔的功效，在一些药方中便记有槟榔的成分。东汉时期掌握了其食用方法，汉和帝时议郎杨孚在《南裔异物志》《交州异物志》中记载"（槟榔）以扶留、古贲灰并食，下气及宿食、白虫、消谷。饮啖设为口实。""古贲灰，牡蛎灰也，与扶留、槟榔三物合食，然后善也。扶留藤，似木防，与扶留、槟榔所生相去远，为物甚异而相成。俗曰：槟榔扶留，可以忘忧。"扶留藤（亦作浮留藤），是藤科蔓生植物，"槟榔扶留"中的"扶留"是指其蒌叶，产于热带地区。"古贲灰，牡蛎灰也"，也称"蜊灰""蛎壳灰""牡蛎灰""瓦屋子灰"等。"三物合食，然后善也"，说明三物应搭配食用，不可或缺；"槟榔扶留，可以忘忧"则反映了人们已体会到搭配蒌叶嚼食槟榔的美妙之感。南北朝萧子显《南齐书》卷二十二列传又有"悉省葬后除灵，可施吾常所乘舆扇伞，朔望时节，席地、香火盘、水、酒脯、干饭、槟榔便足"的记载，可见当时已有沉迷槟榔之味的人。唐代，槟榔习俗得到进一步发展。台湾与湘潭民间将韩愈敬为槟榔业始祖与行业神，始于这一时期韩愈与槟榔之渊源。据传韩愈贬至潮州期间，为趋避瘟疫，开始嚼食槟榔，后来官至国子监祭酒、兵部侍郎等职，食槟榔习惯依旧不改。朝中官员见其嗜好槟榔，纷纷效法，在短期内对嚼食槟榔在长安城乃至北方都市内的推广起到了极大作用。在唐宋至明代这一段时期，槟榔的使用随着交通与经济的发展亦扩大了地域范围，但非原产地却食俗风行之地亦仅限于交通便利的沿海港口与具强大消费能力的大城市。就全国范围而言，食槟榔最盛的当属台湾、湖南、海南和两广地区，"自福建下四川与广东西路，皆槟榔者，客至不设茶，唯以槟榔为礼"，可见过去食槟榔的流行，《鹤林玉露》中亦记述了岭南地区以槟榔代茶的风俗。容媛认为，广东人食槟榔之风可追溯至唐时、宋时，明清时期广州一带居民仍是"日食槟榔口不空，南人口让北人红。灰多叶少如相等，管取胭脂个个同"。中国海南黎族人更是"以槟榔为命""人无贫富皆酷嗜之，以消瘴，能忍饥而不能顷刻去此"。到了清代，不仅在岭南地区有槟榔习俗，湖南省的长沙、湘潭等地已有咀嚼槟榔的习俗。更有甚者，在京城"士大夫往往耽之""竟日细嚼，唇摇齿转"。红楼梦第六十四回写道："贾琏因见二姐儿手里拿着一条拴着荷包的绢子摆弄，便搭讪着，往腰里摸了摸，说道：槟榔荷包也忘记带来了，妹妹有槟榔，尝我一口吃。二姐道：槟榔倒有，就只是我的槟榔从来不给人吃。"；第八十二回，宝玉上学后袭人得闲，"倒可做些活计，拿着针线要绣个槟榔荷包儿"；《二十年目睹之怪现状》第一百回，"卜子修关车门，槟榔荷包上一粒料珠儿滚下来，夹在了门缝里"。这些材料均从侧面反映出当时北京、上海的市民与官宦，有携带荷包方便取食槟榔的习惯。震钧游长安城，发觉当地风俗与北京相似，如"食肆中唤菜必高呼，食毕必有漱水及槟榔碟，皆与北京同"，表明清末的北京与西安，民间有饭后食槟榔以助消食的习俗。由此可见，槟榔俨然成为大都会贵族时尚嗜好品。

那么，究竟是什么原因使人们如此热衷于咀嚼槟榔呢？下面是我国民间槟榔食俗产生的几类传说。

一是"战乱瘟疫说"，也是流行最广、记载最多的说法，此说的起源时间在三种版本中分别为顺治元年、顺治六年与乾隆四十四年。相传顺治元年清兵于湘潭大肆屠杀，持续十余日，尸横遍城，不下十万，后"有老僧收白骨，以嚼槟榔避秽"；顺治六年之故为，一老和尚将口嚼槟榔避疫之法交给一位来自安徽的程姓商人，商人依此法在城中收尸，而后他于湘潭安家，也将嚼槟榔习俗延续下来；乾隆四十四年则"……居民患臌胀病。县令白璟将药用槟榔劝患者嚼之，臌胀消失。尔后嚼之者众，旧而成习"。瘟疫是否带来了槟榔食俗虽未见古籍记述，但历史上所记载食槟榔习俗最早的地方，确实为瘴病最为盛行的地方。以明清时期为例，瘴病严重的地区如云南、两广（其他地区如四川、湖南等地局部也有较严重的情况，但多出现瘟疫而食槟榔成风的说法同样存于台湾，据传台北一带新辟土地"阴霾之在"），食槟榔习俗较为盛行，槟榔除瘴的功效多见于医书记载。因辟初到此地，纷纷染疾，许多人因病而死，后有人发明用雄黄涂鼻孔，嚼槟气极甚。而且恶毒之物盘踞其中，积聚已深；秽浊之气，散溢两间，食槟榔，心中壮胆的方法，才得以驱避瘟疫。因长期食槟榔所需花费并非小数目，这类贵族习俗在短时间内成为全城之所好也并非易事，因此，瘟疫之说确有站得住脚的理由，人们通过政府资助或个人出资等途径，购得大量供驱瘟避疫的槟榔，储于家中，并在经历了一段时间的嚼食之后，久而成习。

二是具有浪漫色彩的传说。很久以前，有一对恩爱恋人，男子英气逼人、女子聪明伶俐，在人们的眼里他们是一对绝配的佳人。他们相互喜欢、相互信任、相互进步、情比志坚、矢志不渝，然而却在订婚时，女方不知为何肚子一天天肿胀起来。在封建社会里，一个未婚女子待字闺中，肚子肿胀会被认为是对爱情的不忠贞，是一种耻辱，会遭所有人唾弃。女子父母伤心之余，只能按照当时的习俗，要处死女子。当时人们认为，青果槟榔是一种毒性物质。面对这个结果，女子心死，便大量吃食青槟榔以求一死，然而，奇迹出现了，女子的肚子一天天的消下去，而后，这对恩爱的恋人终于走到了一起。后人究其原因，才发现槟榔具有杀虫、下气、消积利湿、降压等保健、药用功能，使得女子肚中的寄生虫得以清除。关于槟榔成就了一段美好的姻缘传播甚远，于是，槟榔的作用为人们所熟知。

三是富有浓厚想象力的说法，在槟榔的种植地海南也广为流传。一位贬谪的湖南官员被流放到海南的万宁，面对自己的遭遇悲悲戚戚，当初的雄心壮志如今已成为泡沫，焦虑苦闷，情绪异常低落，于是经常在附近的槟榔园里借酒浇愁。忽然有一天，他在园中遇到了化作漂亮女子的槟榔仙子，并结为夫妻。后来，该官员复职回湖南，当时湖南适逢瘟疫，病情发展迅速，波及范围广，其妻使用仙法，将带有仙气的槟榔青果发给当地的群众，食后病情皆好转，再无患病者。几年后该官员职位节节攀升，其儿子也极其聪明，考中状元，封官进爵，仕途明朗，祖祖孙孙世代非富即贵。因此，槟榔不但被传为是治病救命的圣果，还被人们冠以升官发财、婚宴喜庆的吉祥之物的称号。

以上传说有的有具体史实可考证，有的则是当地人口述的传说，这些情节均基于民众对于槟榔起源的合理幻想，也不排除一定的浪漫主义因子，然而每个故事情节都是为了说明槟榔的食用与药用价值做铺垫。

东南亚国家居民普遍认为嚼食槟榔可以使呼吸舒畅、生津止渴、提神并预防龋齿，还可以消除胀气，减轻腹痛，杀除肠道寄生虫，降低血压，具有较大的医疗作用，所以咀嚼槟榔可以提神醒脑，冬季可暖身，外带驱虫抑菌。除了作为药材之外，槟榔还可以作为嗜好品经常食用。嚼食槟榔还可以清新口气，其功效与今天嚼香口糖类似。现如今，人们对槟榔的嗜好没有出现像以前的那般疯狂，但是在越南、柬埔寨的部分地区和我国海南的黎族、云南西双版纳的傣族、布朗族等仍然保留着完整的槟榔食俗。在缅甸，无论你什么时候想来一块槟榔，都可以随处买到，其分布范围之广实在是令人咋舌，几乎每个家庭都有存放槟榔。越南人酷爱槟榔是出了名的，不仅因其药效和给人带来的美妙感觉，更是因为其背后深刻的寓意，在社会活动及精神方面占据着重要的地位，使得槟榔在越南的消费盛况一直持续至今。人们常说"一顿不吃饿得慌"，说的是日常的饮食，而在越南槟榔恰恰是最不可缺少的。

　　槟榔本身特殊的食用性及药用功能，是其备受欢迎的重要原因。《鹤林玉露》中记载，槟榔的功能有四：一是醒能使之醉，嚼食槟榔后不久，则头晕颊红，似饮酒状；二是醉能使之醒，酒后嚼槟榔，能宽痰下气，醉意顿解；三是饥而食之，则感气盛如饱；四是饱后食槟榔，则食物很快消化，槟榔有如此多的绝妙之处，难怪受到人们的喜爱。渐渐的咀嚼槟榔从药用过渡为日常的习惯。正是因为人们对槟榔的需求不断，槟榔的种植面积逐年增加，槟榔除了鲜食外，还衍生出大规模的槟榔加工品，使槟榔的保存期延长，质量提高，口感多样，常见的口味王槟榔、张新发槟榔、胖哥槟榔、青果槟榔、槟榔口香糖、槟榔饮片、槟榔牙膏等，另外槟榔还可用于制备食品着色剂、固体饮料、槟榔油、槟榔花口服液。槟榔的种子、果皮、花等均可入药，果实中含有多种人体所需的营养元素和有益物质，如脂肪、槟榔油、生物碱、儿茶素、胆碱等，具有独特的药用和食用功能，在海南定安县人们用槟榔加工制成营养食品，如榔花茶、槟榔花酒、槟榔花煲汤食品、槟榔鲜花茶用食品等一系列安全又有保健作用的食用食品，如今槟榔充分地发挥了自身的价值。

　　槟榔吃多了会上瘾，这是嚼槟榔蔚然成风的又一因素。正如《岭外代答》所言："食久，顷刻不可无之，无则口舌无味，气乃秽浊"。现科学研究报告表明，食槟榔过久的确会导致上瘾。统计数据显示，长期嚼食槟榔的人，男性中成瘾的人比例达80%，女性中成瘾的人比例则为79%。正因为食槟榔妙趣较多且容易上瘾，所以其流行的时间很长，地域也相当广。然而，过量嚼食槟榔会导致口腔黏膜硬化，使味觉减退，出现张口困难、牙齿松动，严重者会引起口腔癌。此外，过量嚼食槟榔还会引起四肢麻痹无感觉以及头痛、恶心、心跳加速、呼吸急促等症状，有的还会出现心律不齐和心肌梗死，所以槟榔不宜过多食用。

　　综上所述，我们可以发现，首先，作为地区传统而存在的食槟榔习惯，也多指向食材原产地，如东南亚、南亚及我国南方部分地区（以台湾、海南为典型，其他四川、江西、福建、浙江、江苏等地区虽有输入，但多为贵族阶级的消遣，较少形成精英与大众同享的风俗）。由于得天独厚的自然地理条件，使得这些地方拥有丰富的槟榔资源，这是槟榔文化得以形成的物质基础。其次，自然地理和气候特点，又使槟榔产地流行"瘴疟"，人们在长期的御瘴实践中，发现了槟榔的药用价值，进行形成相应的文化特征。再次，在槟榔的咀嚼过程中，形成"红颊黑齿"的审美标准，也激发女人的爱美天性，促进槟榔文化的发展。再则，除了槟榔的食用性和药用性外、长期咀嚼槟榔会上瘾，不食则口中无味。最后，由咀嚼槟榔产生的一系列文化习俗，也是嚼食槟榔的传统持续传承。

二、槟榔文化的表现形式

在槟榔文化的世界里，咀嚼槟榔不单纯是一种简单的食用行为，其蕴含的丰富文化内涵是我们所无法预知的。槟榔文化的形成是各种自然和人为因素共同作用下的结果，每种文化的形成都有其助推力，而每种流传至今的文化都是经过历史的层层考验和筛选的结果。槟榔文化在不同的国家和地区既存在相似处，又有着明显的不同。在不同的背景环境下，槟榔所呈现的文化形态让人眼花缭乱，其功能日趋多样化，而作为民俗的载体，衍生出具有丰富内涵的槟榔文化，深深地影响着人们的生活。槟榔文化在历史长河中已演变成具体的生活活动，其主要表现形式主要有以下几方面。

1. 槟榔在制作和食用中的习俗文化

槟榔对于槟榔族（是台湾对热衷于槟榔嚼食者的统称，不分男女老少、年长年幼，皆可称为槟榔族）来说，犹如令人回味无穷的美食，它深深扎根于吃食槟榔者的心中。在历史的长河中，更是逐渐衍生出许多与槟榔吃食相关的方法，据统计槟榔的食用方法达十几种，各地的气候、所产和文化不同，槟榔的配料、制作和食用方法也各不相同，呈现出多样化。食用槟榔其背后蕴藏的强大哲理值得我们深入去研究与探讨。

自古槟榔就以嚼食为主，槟榔果可以单纯的吃，即刚采下的青槟榔可以直接放入口中咀嚼，而不添加任何佐料。槟榔性辛、温，入口有苦涩之味，吃多了亦容易醉人。为了减轻槟榔酸涩口味，人们一般添加蒌叶、石灰、贝壳粉、烟草等。食槟榔者首先会采片蒌叶，将其叶柄部分剪掉，叶子分成两半，然后在叶子背面涂上少量石灰，一般为1~2g，接着用该片叶子包裹剪成碎片的槟榔，直接送入口中，进行咀嚼。这几样东西在口腔长时间的咀嚼作用下逐渐发生化学反应，最后变成红色的液体。然而食槟榔者并没有把红色的液体全吃掉，而是边吃边吐。蒌叶能兴奋神经，属酸性，石灰或贝壳粉属碱性，三者一起使用有中和作用，咀嚼槟榔的妙处在于提神，能赶走人们一天劳作之后所产生的疲惫感。此种搭配组合让人们的内心感受到前所未有的一种美妙感觉。此种嚼食方法也是最为普遍的槟榔制作和食用方法。

2. 槟榔在待客及交际中的文化

槟榔不仅在婚礼中扮演着重要的作用，在日常交际中还充分发挥着其强大的社会功能。槟榔在人们的日常生产活动和复杂的社会交际活动中，往往是沟通思想、促进感情交流、主宰大局的关键。因而成为走亲访友、拜访长辈等日常交际的走红礼品。人们初次见面时，会相互赠送槟榔，以表示双方对彼此的尊敬与欢迎。有宾客远道而来时，人们首先送上的不是茶，而是一片槟榔，表达主人对远至宾客的敬重。

东南亚一些地区的居民常把槟榔作为必需品用以礼待宾客，以表示对客人的尊重和诚意。在缅甸，每当客人到来，主人总要拿出槟榔、拌茶和雪茄来招待，根据主人拿出的蒌叶质量好坏，客人就知道自己是否受欢迎。例如，在菲律宾哈努努人当中，不断交换蒌叶配料，表明谈话可以继续下去，要想缩短谈话的时间，见面后第一次交换配料时就倾盆而给。槟榔在越南每年的产量都很多，几乎每个家庭里都储存青果槟榔，虽然价格便宜，但其背后蕴含的文化意义却是影响深远。在过去，无论是在边远的小山村还是在繁华的都市，家家都备有装得满满的槟榔、切碎槟榔的工具和盛满雪白色石灰、贝壳粉的盒子。宾客登门造访时，主人就为来者送上一片槟榔，以示尊敬，槟榔的作用就相当于现在的茶或烟一样。除了在东南亚外，在中国南方，以槟榔待客也很常见。

3. 槟榔是爱情、婚姻中重要的物媒文化

物媒以某种约定俗成的物品为中介，作为传递爱情的信物，在各个民族的婚姻生活中广泛存在着。在世界各国的婚俗中，常常需要物媒布置婚礼现场，作为婚礼物媒的常见物品有花、糖果、坚果、水果，作为见证爱情最重要的物媒当属于戒指。而在亚洲的部分国家和地区不可少的一件物媒是槟榔，在东南亚、南亚最为常见。把槟榔运用婚礼，主要是因为槟榔包含着特殊的含义，"槟字从宾，榔字从郎，言女宾于郎之义也"，寓意夫妻相敬如宾。而嚼食槟榔的调料——蒌叶，同样饱含寓意，"蒌与槟榔，夫妻相须之象。……蒌

为夫,槟榔为妇。萋字从串从女,男串于女之义也"。所以,槟榔成为婚姻缔结过程中的重要的载体,几乎所有有槟榔习俗分布的地方都把槟榔运用于婚礼中。槟榔不仅是食用中的重头戏,而在传统习俗中的地位更是比食用价值略高一筹。

4. 槟榔在丧礼中的习俗文化

此习俗主要分布在我国云南和广西的柳州府、桂州府,以及广东的潮汕地区,尤其是在云南较为常见。明代中后期,云南风俗崇尚奢华,凡有丧事,凭吊之人皆乐意参加丧礼,因为主人不仅会设宴款待,而且要重金酬赠凭吊客人,以致糜费甚多,更出现因为缺钱以致停丧的恶劣现象。隆庆时,云南按察使徐栻鉴于滇中"丧礼尚奢,在在皆然",故"创行条鞭,正婚丧之节,婚勿论则,丧勿用酒,以槟榔应吊客,劝民禁杀。种种皆切于要领,其法至今守之"。条例颁行之后,用槟榔款待客人的风气一直延续到清代,如建水州,"殡俭……惟宴待吊客,继以酬赠,糜费甚多,近日止用槟榔及巾扇,似近简朴,可免停柩不举之虞"。因此,槟榔在云南成了简朴、节约的象征,广受欢迎。

5. 槟榔在各种祭祀、礼俗中的文化

槟榔在交际礼俗中有着敬重、吉祥的寓意,因此它通常活跃在各种大型的祭祀、庙会活动、葬礼中。槟榔作为圣果使用已有上千年的历史,它是亚洲部分国家提供给诸神和祖先的祭祀礼品。在我国部分地区,人们在祭祀灶王爷、关公时所使用的贡品中就包括槟榔和萋叶,因各地的生活环境和文化的不同,祭祀用品中的槟榔表现形态也有所不同。有些地区祭祀神明时,只是使用青果槟榔而已,没有太多的讲究;有些地方则要求贡品槟榔必须带有槟榔梗,而有些地区则采用槟榔的花当祭祀贡品。虽然各地区对贡品槟榔的要求不同,但是却不能改变其当贡品的主要目的。槟榔当祭祀品,主要表达人们对神明的尊敬和敬爱,希望得到神明的庇佑与赐福。

6. 槟榔作为独特的审美标准的文化

嚼槟榔和染齿是紧密相联的。槟榔、萋叶、石灰三者放在一起咀嚼时,会产生橘红色的液体,令吃食者有全身燥热、润喉生津、面带红潮、嘴唇泛红、有微醉现象。刘间在《岭表录异》中记载:"久食,令人齿。故南人有雕

题、黑齿之俗。"那里的小孩一般从十一岁左右便开始染齿征途。古代广西也有此俗，先民们崇尚以黑齿为美，认为黑齿能防妖魔。时至今日，越南、柬埔寨一些地区的居民以及中国云南省西双版纳的傣族、布朗族等还保留此俗。爱美是女性的天性，传统社会又以红色为吉祥之喜事，嚼食槟榔产生的红色液体把女子的嘴唇染红，面部潮红，被认为是健康、有活力的象征，正好适应了女性要求裸露的面部及口唇为红色的自然要求。再加上吃槟榔让人红潮登颊就好像使用过胭脂，为劳作繁忙而又顾不上打理自己的女性提供了便捷的渠道，省去了化妆繁杂的程序。在清代台湾省乡村社会中，由于长时间的嚼食槟榔，人的面部和口唇及牙齿会出现唇红齿黑之现象，最终发展成为一种时尚文化。女子由此以为美，如"台之南路，最重槟榔，无论男女，皆日咀嚼不离于口。食则齿黑，妇人以此为美观，乃习俗所尚也"。

第二章 槟榔种质资源及品种选育

一、种质资源研究

目前对槟榔属的种类说法没有统一的标准，2004年印度CPCRI研究所出版的《槟榔》一书认为槟榔属有76个种，2008年FAO编著的《热带棕榈槟榔》认为槟榔属有60个种，槟榔栽培历史悠久，在长期的自然进化和人工栽培驯化过程中形成许多变种、品种和类型。目前，槟榔的种质资源区分主要是根据果实与果仁的形状，果实大小，节间长短，叶片，雌花，还有品种地理来源等方面对栽培品种进行区别划分。

（一）印度槟榔种质资源

印度CPCRI的维托（Vittal）地区试验站建有槟榔种质资源圃，先后收集保存了包括斐济、毛里求斯、菲律宾、中国华南、斯里兰卡、印度尼西亚、越南、新加坡、所罗门群岛和澳大利亚23份种质资源在内的有117份种质资源；包括5种类型槟榔，即 *A.catechu*，*A.triandra*，*A.macrocalyx*，*A.normambyii*，*A.concinna*；同时收集保存了 *Actinorhytis* 和 *Pinanga* 两个属的部分资源。不同的槟榔栽培种在果实特性、株高、节间长度、叶片大小和形状等方面有较大的差别，在Shimoga的马纳地区和Chikmagalur地区的栽培种果实较小，而在北部的Kanara和Ratnagiri地区果实稍大些。同时在产量、早熟程度、果实的数量和果穗数、质量和矮化程度方面也存在较大差异。1999年，Nagwekar等人对栽培种Sreevardhan的形态特征研究表明，果实平均宽度、重量和体积分别为3.35cm，34.34g和44.2cm^3；核果重量在4.12~13.07g，平均7.1g；根据果实的大小和质量，把它分为8个等级。

　　印度自1957年开始对收集到的种质资源进行形态学评价，从果实特征和产量属性选出了四个高产的栽培种，其中三个来自于外来的种质，从中国引进的栽培种VTL~3在当地叫做Mangala，相对于其他品种，这个品种有早熟、雌花量多、高产、株高较矮等优良性状（图2-1）。有50%Mangala种的单株成熟果实产量高于12kg，并且出现一年结果多，一年结果少，被称为"大小年"现象。其他的如在生产上推广的Sumngala和Sreemangala品种分别从印尼和新加坡引进的（图2-2，图2-3）；同时从西孟加拉邦收集并选择了一个具有高产潜力的品种，命名为Mohitnagar（图2-4）这些品种的一些特征特性见表2-1。其他有潜力的品种如SAS~1，Thirthahalli，和Calicut~17。其中Thirthahalli是Shimoga地区地方品种，在生产上主要用于加工。通过系统地评价外来引进和本地资源，选育出一批高产槟榔品种，然后分别在该国的不同农业气候区推广。

图2-1　Mangala　引自《Arecanut》　　图2-2　Sumangala　引自《Arecanut》

图2-3　Sreemangala　引自《Arecanut》

图2-4　Mohitnagar　引自《Arecanut》

表2-1　印度主栽品种农艺性状

品　种	性　状	果性状	成熟果实	干果产量（kg/株/年）	来　源
South Kanara	高杆	大圆果	—	2.00	—
Mangala	中高杆	小圆果	10.00	3.00	中国
Sumangala	高杆	中椭圆果	17.25	3.20	印度尼西亚
Sreemangala	高杆	大圆果	15.63	3.28	新加坡
Mohitnagar	高杆	中椭圆果	15.80	3.67	西孟加拉邦
SAS~I	高杆	中圆果	—	4.60	
Thirthahalli	高杆	小椭圆果	—	3.62	
Calicut	高杆，节间长	圆果和椭圆果	18.89	4.34	Andaman和Nicobar Islands
Sreevardhana	高杆	中椭圆果	—	2.00	—

引自《槟榔》，2010

（二）中国槟榔种质资源

目前中国大陆槟榔的主要种植地集中在海南，其中栽培最广泛的是海南本地种。自20世纪80年代初，中国先后自发引进了泰国槟榔和越南槟榔在海南试种和种植，但由于该品种口味不适应中国人口味逐渐被淘汰，目前只有部分地区保存有少量栽培。我国槟榔种质资源从果实形态上分为不同的类型，如长椭圆形、椭圆形、圆形、卵形、倒卵形、心脏形等（图2-5）。

图2-5　中国槟榔种质资源

2006年以来，中国热带农业科学院椰子研究所开展槟榔种质资源收集保存工作，建有槟榔种质资源圃100亩，收集来自东南亚、非洲、南太平洋等国和国内海南、台湾、云南等地的槟榔种质资源95份。

（三）其他国家槟榔种质资源

槟榔的主栽区主要分布在热带地区，多为不发达的国家和地区，槟榔多处于原始栽培状态，分布在河谷，丘陵，雨林地区，针对槟榔种质资源收集保存研究工作报道很少。

二、品种选育研究

（一）栽培品种类型

槟榔属多年生作物，品种选择周期长，品种培育速度慢，在栽培国家大多根据树的高低、果形、产量、果色等性状将槟榔划分为不同的栽培品种。

1.印度栽培品种类型

1915年，Rau根据其成熟果实的甜味对来自Mysore的栽培品种进行了描述，并命名为*A.catechu* var.*deliciosa*。Beccari（1919）根据果实和果核的大小形状将来自菲律宾群岛的4个槟榔栽培品种命名为*A.catechu* var.*communis*，*A.catechu* Var.*silvatica*，*A.catechu* var.*batanensis*和*A.catechu* var.*Longicarpa*，将来自马来西亚、斯里兰卡和印度南部的栽培品种根据来源地名命名。Raghavan和Baruah（1956）对在阿萨姆（Assam）发现的*A.catechu*种不同栽培品种的花、果实大小和果实形状的变化范围进行了描述。

槟榔根据树干高度可分类为高种，中间型，矮种。据资料记载，一般生长了7年的槟榔树高度变化在60cm至360cm之间，Naidu（1963a）报道过一种产于卡纳塔克邦Hirehalli的矮种突变体，虽然有40年的树龄，树高只达到4.57m，果中等大小，略细长。矮种槟榔的特征是根据其形态和繁殖特点进行划分的，与Hirehalli本地种相比较，矮种槟榔的主要特征表现在节间距受抑制，树冠形状直立，叶长减短，叶宽，叶鞘长度和宽度等方面。该矮种槟榔的另一个显著特征是树叶呈深绿色，开花期和花的特征和*A.catechu*相似。此外，与Hirehalli本地种相比，矮种在繁殖特性和结果量等方面也有明显的差别，Hirehalli本地种每年槟榔鲜果的产量比Hirehalli矮种高约41.2%。Hirehalli矮种的显著特征是果黄色到橙红色，圆形到椭圆形，果较小，略细长。若自花授粉，约94%为典型的矮种，若异花授粉，则只有64%为矮种，这也证实了矮种的异种杂交属性。

2. 太平洋地区栽培品种类型

在太平洋地区，当地槟榔一般被分为两个栽培种类型，即：红色种和白色种，在北马里亚纳群岛和关岛地方语言叫做ugam（红）和ohangnga（或changan）（白色）。红色主要指果壳的颜色，红种核果颜色呈深紫色，白种核果颜色呈深蓝色。白色种果内部呈现微红或桃红色，红色种适合咀嚼，市场价值高，农民喜欢种植红色种。

3. 中国栽培品种类型

中国栽培历史悠久，栽培品种多根据种的来源将其划分为本地种、台湾种、越南种、泰国种、印尼种等。在海南种植的海南本地种占95%以上，台湾省大多种植台湾种以供咀嚼。根据种果的类型将海南本地种又分为圆果、椭圆果、卵形果等类型。

海南主栽品种为海南本地种，株高一般10～20m，茎干较粗，成年树干胸径10~20cm，基部膨大不明显。成龄树一般每年抽生新叶约7片，叶片羽状全裂，聚生茎顶，长1.5~2m；由叶片和叶鞘组成，叶鞘长，环抱茎干。叶片和叶柄呈绿色，叶柄无刺，叶轴基部膨大呈三棱形，叶轴上分布多对裂片，裂片呈线状披针形，长0.3~0.7m。穗状花序，着生于节上，发育前期被苞片裹着，称佛焰苞，呈黄绿色，苞片开裂后出现花序。花序有10~18个蜿蜒分枝，长25~30cm，每一分枝又分生5~7个小枝。萼片3片，卵形，极小，长约1mm。花瓣3片，长卵圆形，浅黄色。花单性，雌雄异花。雄花小，无柄，着生于花枝上部，形似稻粒，白绿色，有2 000~3 000朵，最多可达11 000朵以上。雄蕊6枚，花药基生（几乎无花丝），退化雌蕊3枚，呈丝状。雌花较大，无柄，略呈卵圆形，每序有250~550朵，着生于花枝的基部或花序轴上。花被2轮，每轮3片。退化雄蕊6枚，合生。子房1室，柱头3裂，胚珠1个，倒生。雌雄同株，花期短期重叠，异花授粉。果为核果，卵形，一般长4~6cm，最长达11~13cm，未成熟果皮呈绿色，成熟后呈橙黄色，基部有宿存的花萼与花瓣；果实由果皮和种子组成。外果皮革质，中果皮初为肉质，成熟时为纤维质，内果皮木质。种子1枚，由种皮、胚乳和胚组成，扁球形或圆锥形，高1.5~3.5cm，直径1.5~3cm，种皮呈淡黄色或红棕色，胚乳和胚呈白色，种壳薄。结果期早，一般种植后4~5年开花结果，10年后达到盛产期，经济寿命达60年以上。产量高而且稳产，平均每年株产果一般8kg，高产的可达35kg以上。抗风性中等，成龄树强于幼龄树。在23~27℃最适宜生长，叶片寒害指标为16℃，16℃以上可以安全过冬，16℃以下老叶提前脱落，10℃以下叶片开始出现寒害症状。槟榔果寒害指标为3℃，3℃以下果实发黑死亡，1℃以下植株开始死亡（覃伟权，2010）。

（二）中国主要栽培品种

我国槟榔（*Areca catechu* L.）生产上常用品种为地方农家种，果实有长椭圆形、椭圆形、圆形、枣形等类型，形状和品质特性各异。

1. 热研1号

"热研1号"槟榔品种是由中国热带农业科学院椰子研究所根据市场需要，采用连续定向选育法从海南本地槟榔中选育出来的新品种（图2-6）。亲本为海南省地方农家品种，果实商品形状好，后代稳定遗传的长椭圆形品种，植株生长健壮，产量较高的株系。1997年开始采用逐年选择、逐年试种的方式在海南文昌、琼海、万宁、陵水等市县开展品种比较试验，经过近10年的试验试种，该品种表现出良好的商品性状和田间生产性能，10年树龄植株比圆形及其他类型槟榔产量提高约12%，果实口感好，综合性状优良。2010年8月通过海南省农作物品种审定委员会认定，命名为'热研1号'，2014年6月经全国热带作物品种审定委员会审定通过（图2-6）。

该品种10年树龄植株高7.2～10m，成龄树每年抽生新叶约8片，长2.6～2.9m；雌花较大，无柄，略成卵圆形；果实呈长椭圆形，核果心形，未成熟果皮呈绿色，成熟后呈橙黄色，胚白色。投产早，定植4～5年开花结果，10年后达到盛产期，产量高且稳定。单果重23.8～27.8g，平均年产鲜果9.52kg/株；该品种槟榔碱和不可溶性膳食纤维含量分别为0.51%和15.3%，品质上等；物构测试硬度小，果实口感好，适宜作鲜果食用或作加工用。抗风性、抗寒性中等，适应性广，易种易管。

幼龄树

结果树

花序

果实

图2-6　热研1号槟榔品种

该品种适宜在海南全省范围内种植，可在云南西双版纳、河口地区试种（李和帅，2011）。

2. 农家品系

"糯米槟榔"是农民通过多年的观察与实践选育出来的，其主要特征是果大、果形好，槟榔纤维少，咀嚼口感好，果实的尾部较尖。

此外，也有农民选育出了"特长槟榔"。该品种具有产量高、果大、长椭圆形，14~16个/kg。烘干后果形收缩好，纹路细腻，深受收购商的喜欢，具有很好的发展前景。

3. 按照来源地划分

我国槟榔栽培历史悠久，在自然进化和人工栽培驯化中形成许多变种、品种和类型。目前主要是根据槟榔种来源地、形态特征进行分类。我国槟榔种群主要分布在海南，云南西双版纳、河口等干热河谷地带也有分布，生产上根据其种源的来源主要分为以下几个类型（黄丽云，2011）。

（1）海南种类型。海南栽培槟榔有2 000多年的栽培历史，形成了不同的类型特征。海南本地种类型是目前海南省槟榔种植面积最大的种群，全省种植面积为230万亩，主要分布在琼海、琼中、万宁、屯昌等东、中、南部地区。主要特征是果实较大，有明显的果脐。果实长3.5~6cm，直径2.5~3.6cm，商品果一般35~45个/kg。果实形态多为长椭圆形、椭圆形、卵形等（图2-7）。

图2-7　海南本地槟榔品系

（2）云南种类型。云南种类型槟榔主要分布于河口、西双版纳等河谷地带，属于当地历史栽培种，果形与海南本地种相似，主要有椭圆形、卵形、圆形等（图2-8）。

图2-8　云南槟榔品系

（3）台湾种类型。台湾种类型的主要特征是果实小，果实形状如枣形，其果肉嫩，受台湾、香港地区居民欢迎。成熟果35～40个/kg，一般以收购青果为主（图2-9）。青果体积小，粒数多，250～600个/kg。在海南有小面积种植，主要供应台湾、香港的青果市场。

图2-9　台湾种果形

（4）泰国种和越南种类型。泰国种主要特征为果实形状圆形、近圆形（图2-10）；植株节间长、生长快、早熟、不抗风；口味较淡，纤维较粗，目前国内基本无商业种植。越南种果小且圆，味微涩，果实成熟后为红色，在海南有小面积种植。

图2-10　泰国槟榔品系

（三）选择育种

对槟榔幼苗筛选的研究表明，对定植期及随后时期的幼苗进行筛选可以明显提高槟榔园产量。定植时的叶片数，定植一年后的茎围和定植两年后的节间数等性状具有较高的遗传力，这些性状和产量遗传具有正相关的关系。因此，印度研究者认为，定植时幼苗的具有4片叶，一年的茎围超过20cm，定植两年后4个节间或更多节间等指标作为高产幼苗的遴选标准。

以前，选择优良的种果是槟榔遗传改良的方法之一，主要从槟榔园选择表现高产的母株上收集种果。Bavappa和Ramachander（1967c）检测了这种方法的有效性。他们从41种高产母株收集种果，对子代产量的研究表明，尽管选择了高产的母株，但是子代的表现差异较大，所以在槟榔园直接进行高产母株的选择的方法可靠性较差。通过研究还发现，母株高产和子代的表现没有明显的相关性。Bavappa和Ramachander等（1967b）研究了不同生长时期槟榔的产量表现，结果表明，投产早的植株可能会获得较高的产量。

1963年在Vittal地区进行的田间试验严格评价了从健康和稳定高产的母株选择种果的效果，并根据种子重量，种苗茎围和植株第一次开花时的树龄制定选择母树、种子、幼苗的标准，因为这些性状与产量存在显著的相关性。除株高和叶片数外，其他性状的遗传力都有所提高。但是，种果数量和重量的遗传力低，因此，根据产量这一指标进行选择的方法有一定的局限性，不宜推广。因此，对单株的选择除了采用混合标准法和单株标准法外，还应该考虑产量、遗传优势、选择指数等指标，并且筛选遗传力高的综合性状上。

（四）品种选择

槟榔适宜气温在20～36℃，最低温度不低于10℃、最高温度不高于40℃，年降雨量1 500～3 000mm的地区均能生长良好，新建槟榔园选择品种时，必须充分考虑品种的特性，选择适宜当地气候、土壤条件的优良品种。

对于具体某个地区的品种选择，首先考虑该品种对气候土壤的适应性，特别要考虑冬季最低气温。在最低气温低于10℃的地区，沿海台风多，风大的地区，以及海拔超过500m的地区不建议种植槟榔，槟榔不耐涝不耐旱，低洼地，供水不足的沙地，不适宜种植槟榔。对于水田地改种槟榔，水肥条件好的地区种植，为避免水肥过量，茎秆过于粗壮，营养生长过剩，建议选择细杆类槟榔品系。对于山坡地，浇水不便的地区，建议选择较耐旱的短节间品系，降低水分消耗。另外，根据果实的销售和用途选择品种，如用于鲜食或鲜果加工销售，应选择果实纤维素含量低，果粒整齐度好的品种。如果为了销售脱壳加工果仁，可选择果实种仁大、种皮薄的品系。选择品种时应注意严禁从槟榔黄化疫苗区选种或购进种苗。

三、杂交育种

（一）槟榔授粉

槟榔为异花授粉植物。肉穗花序伸出佛焰苞1～11d后雄花开放，有时可以看到当肉穗花序从佛焰苞伸出时有大量雄花脱落，说明部分雄花在未伸出佛焰苞时已经开放，雄花一般在太阳升起的时候开放，散发出浓郁的香气，当天或第二天上午开放的雄花脱落，雄花附着处有清澈的蜜露分泌。雄花开放周期一般持续25～46d，平均31d。

雌花一般早上2：00—10：00开放，刚伸出佛焰苞时呈现乳白色，在阳光照射下逐渐变绿，雌花花冠在开放时呈乳白色或象牙白；花萼绿色，待雌花开放时，颜色逐渐变淡，变为黄绿色或浅绿色。雌花开放前先逐渐张开一条小缝，在随后的5～6d内然后逐渐加宽呈"Y"字形，暴露出柱头。一般雌花开放期持续3～10d。

柱头从雌花开放时即具有接受花粉的能力，一般延续到第二天或第三天，然后迅速下降，中年的槟榔树接受能力较强。雄花和雌花开放期约有13%的花间重叠和4%的花内重叠。Ananada研究认为在该地区，不同的季节花序个数不同,不同品种的雄花开放期不同,一般雌花期短于雄花期,当雄花几乎完全败落,雌花才从底部花朵开始开花,雄花和雌花的交错期为2.33d左右。尽管是异花授粉植物,但仍有0.8%的自花授粉果实产生。人工授粉是提高槟榔坐果率的重要手段,研究表明,通过人工授粉成年槟榔树可以达到平均60.45%的坐果率,Mangala品种最高可以达到67.48%,最低的VTL～12品种也可以达到46.29%(表2-2)。雄花在花序露出后自下而上开放。

雌雄花期重叠的时间较短,再加上授粉期遇到低温或刮风下雨,是导致授粉不良,坐果率下降的主要原因。根据调查结果,槟榔在我国坐果率低主要原因如下:①树小养分不足,雌花多脱落,随着树龄增加落花落果减少;②雌雄花期不一致,花粉寿命短,错过雌花最佳受精的时间;③花粉变异大,大量花粉落在柱头上不萌发;④花粉管生长缓慢,导致受精不良;⑤在不适宜的温度和湿度条件下,花粉易受病菌侵染。

表2-2 不同槟榔品种人工授粉后的坐果率

品种	授粉雌花数量	坐果数	坐果范围	坐果率(%)
Mangala	408.29	275.50	249.0～325.0	67.48
Sumangala	310.75	202.92	106.0～318.0	65.30
Sreemangla	392.83	235.58	201.0～294.5	59.97
Mohitnagar	360.83	228.00	172.0～281.0	63.19
VTL～12	340.84	157.79	82.0～238.34	46.29
CD	NS	58.38		

引自《槟榔》,2010

(二)花粉的传播途径与萌发

盛花期的时间是每年的四月到六月,花粉浓度最大的时间是上午8:00—9:00通常雄花先开,几天后雌花再开放,雄花开放吸引大量的蜜蜂和其他昆虫,但是这些昆虫通常只对雄花进行采粉而不触碰雌花,普遍认为花粉是由风传播。

LIU Liyun(2013)利用海南本地槟榔品种的花粉作为实验材料,研究了不同硼酸、蔗糖浓度培养基对花粉萌发率及生长的影响,发现硼酸浓度为

0.4~0.6g/L时槟榔花粉萌发率和花粉管长度的影响效果最好；糖浓度为40g/L的固体培养基上花粉萌发率最高。最终得出槟榔花粉发芽最适宜的培养基配方为：琼脂5g/L+硼酸0.4~0.6g/L+蔗糖40g/L。还发现槟榔花粉在常温条件下离体培养1.5h为最快速生长期，完全发育约需3h，适宜的培养温度为30℃。

（三）人工杂交提高坐果率

槟榔杂交技术包括去雄、套袋、杂交过程。去雄主要是在雄花开放前用剪刀剪去带雄花的小穗，然后用尼龙网袋套着整个花序；收集完全开放的父本花粉，待雌蕊开放时，将采集的父本花粉授到雌花上。然后封紧袋口，此过程需每天操作，重复一周，因为雌花开放的时间不一致，授粉后20d即可看到果实坐果。

商业杂交一般采用将完全开放的花粉收集到含有0.5%蔗糖水溶液中，轻轻摇动，形成悬浮液，然后用手动喷雾器喷射开放的雌花，每天重复一次，重复一周左右。此方法可以提高14%的坐果率（表2-3）。

表2-3　槟榔人工辅助授粉和坐果率

处　理	试验株数	雌花总数	坐花数	坐果率%
喷蔗糖水溶液	36	8 969	1 080	12.0
喷花粉蔗糖悬浮液	36	10 352	2 727	26.4
对照（未做任何处理）	36	7 960	958	12.0

引自《槟榔》，2010

（四）杂交制种技术流程

杂交育种是培育植物新品种的主要途径，通过选用具有优良性状的品种、品系等进行杂交，繁殖出符合育种目标要求的群体。通过人工杂交的手段，选择两个或两个以上槟榔亲本通过杂交的手段将优良性状综合到一个植株个体上，可直接培育杂交新品种，或者从分离的后代群体中，通过人工定向选择，培育和比较鉴定，从而获得遗传性状相对稳定、有栽培利用价值的新品种。

（1）杂交父母本的选择。选择成龄高产槟榔树作父母本植株，最好优势性状能够互补，遗传差异大的材料，有利于产生杂种优势。

（2）去雄。在槟榔佛焰苞开裂前，用小刀纵向切开佛焰苞，然后在基部切除苞片，在离最后一个雌花上部剪除全部雄花小穗（图2-11）。

（3）套袋。去雄后用隔离育种袋套住槟榔整个花序；在花序基部缠上蘸有杀虫剂的脱脂棉，然后用尼龙绳绑紧棉花和隔离纱网袋（图2-12）。

（4）花粉的制备。选取目标父本，在雄花开放量占整个花序大约1/3时，离雌花上部5cm处剪下花穗小枝，然后带回室内脱粒、放入粉碎机磨碎，之后放入可控制温度、湿度的恒温干燥箱中，在烘制过程中翻转2～3次，烘干24h，之后过筛，将干燥后的花粉放入离心管保存，放置于4℃冰箱保存备用，保存时间最好不要超过50d，授粉前进行槟榔花粉发芽力实验（图2-13、图2-14、图2-15、图2-16）。

图2-11　剪除雄花

图2-12　去雄后套袋

图2-13　雄花脱粒

图2-14　粉碎

图2-15 烘干后过筛

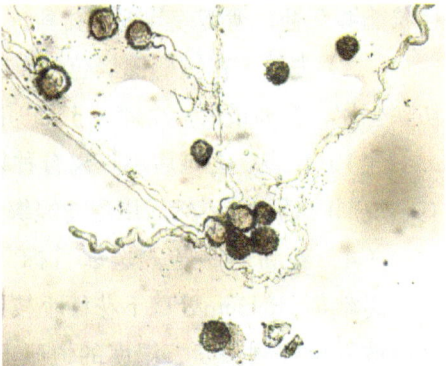

图2-16 发芽力检测

（5）槟榔花粉发芽率检测。花粉发芽培养基配方为琼脂5g/L+硼酸0.4~0.6g/L+蔗糖40g/L，适合培养槟榔花粉，常温条件下离体培养大约1.5h花粉为最快速生长期，完全发育约需3h，一般培养2h后显微镜观察花粉生活力。

（6）授粉。母本去雄后，每天观察去雄后雌花的开放情况，当有雌花的柱头露白时，成"Y"字形，就可以进行授粉（图2-17）。用小头授粉笔蘸槟榔花粉，连续授粉5~7d，挂上标签，至全部雌花开放完毕，再过一周后柱头全部变褐色后就可以撤除制种袋（图2-18），果成熟后采收种果，进行育苗，即可培育出杂交种苗。

图2-17 人工授粉

图2-18 撤袋

第三章 育苗技术

一、苗圃地的选择、规划

（一）苗圃地应具备的条件

苗圃地的选择首先要考虑当地的自然条件和经营条件等因素。自然条件为水源充足、土壤肥沃、排水良好、地形平坦的开阔地或坡度为1°~3°的缓坡地，周围有防护林为佳。经营条件主要为交通便利，如靠近公路、水路等，以利于苗木的出圃和苗圃所需物资的运输。

另外由于海南槟榔黄化病的蔓延危害，为保证苗木的安全生产，苗圃地选点建圃时应远离槟榔黄化区，周围最好有非槟榔树隔离林带。

（二）苗圃地的规划

苗圃地应按地形走向及面积进行规划，首先要清除杂物，锄松土壤，平整起畦。按苗床育苗规格，整好苗畦。槟榔苗圃地按功能进行划分，可分为播种区和移植区。

播种区用于苗床催芽和标准苗的培育，一般苗床规格长10m、宽1~1.2m催芽床，苗床间留人行道40~60cm。移植区用于大苗和特大苗的培育，即在播种区繁育出来的苗木，需要进一步培育成较大苗木用于定植或补苗时，可将苗木移植到移植区继续培育。有条件者可在苗圃地进行地膜覆盖，不仅可防止杂草生长，也有利于行走作业。另外苗圃地应按地形的缓坡度，挖好排水沟，以免雨水冲刷损坏（图3-1～图3-4）。

图3-1 整　地

图3-2 平　整

图3-3 框架搭建

图3-4 启动育苗

二、育苗技术

（一）选种

海南槟榔果形丰富多样，有长椭圆形、椭圆形、卵形、圆形、倒卵形、枣形等。类型来源主要是海南、泰国、越南和台湾等地，海南本地种果实形状主要为椭圆形、卵形，泰国和越南种主要为球形、阔卵形，此外台湾槟榔多为枣形（图3-5）。选种一般采用海南本地种，若考虑供应台商或销往台湾可采用台湾种。

第三章 育苗技术

圆锥形　　　　椭圆形　　　　枣形

图3-5　海南槟榔果形

1. 母树

15～30年树龄（如果是表现特别优良的单株，可根据情况适当降低树龄），健壮（叶绿，叶片数8片以上，茎干适中、上下均匀、节间短），高产稳产（每年有3个果穗以上，单株产果多于300个），果形好（市场喜好型、适合加工）（图3-6）。

图3-6　槟榔母树选择

2. 果穗

4—6月充分成熟的第2～4穗，果实发育佳，果实饱满，营养物质丰富，畸形果少,有利于种果发芽的一致性和整齐度,保证了种苗的优质性。而每年3月前开的第一穗花的果穗,由于正值旱季、水分不足、气温较低、果实发育不良,种仁细而不实,其发芽率通常不足60%,因此不做为选种用(图3-7)。

图3-7 槟榔种果

3.果实

色橙黄、果大饱满、种仁重、大小均匀、无裂痕、无病斑,千粒重42~55kg。目前海南槟榔鲜果主要用于烘干加工,对于果形的要求极其严格。在对大型加工厂的调研中发现商品喜好的果形主要为椭圆形,此类果形两端收缩完整,烘干后纹理清晰漂亮。

(二)播种催芽

1.种子萌发温度

不同种类植物种子的萌发温度要求不同,这是由植物本身特性所决定,也是植物长期适应环境的结果。槟榔属顽拗性种子,具有对温度、干旱等外界环境较为敏感的特性。槟榔生长于热带及南北回归线以内的热带地区,种果成熟月份集中在4至5月,恰逢海南高温季节,笔者在种果槟榔采摘后进行装袋堆沤(一般海南农户的种子处理方法),袋内温度可高达50℃左右。如何控制合适的温度进行种果堆沤及萌发处理,避免因温度过高造成大批量种果失活是最为关键的一步。

黄丽云等(2019)采用双向温度梯度系统控制面板设置49个昼夜温度处理(最高温区48℃,最低温区20℃),研究其对种子萌发率、生长状况及生理响应的影响（表3-1）。结果表明，槟榔种子的最佳昼夜温度组合为29℃/25℃，最佳萌发恒温为23.3~31.0℃，日积温560~744℃·h，萌发积温不宜超过24 864℃·h，48℃/48℃条件下种子不萌发。从以上的研究结果来看，在进行种子堆沤时，不能长时间在太阳下暴晒，当温度达到48℃以上对种子发芽率有较大的影响。如条件允许，可将种子置于昼夜温度为29℃/25℃条件下，不仅可提高发芽率，也可以提早发芽（图3-8）。

表3-1 温度梯度板温度设置组合（℃/℃）

编号	A	B	C	D	E	F	G
7	（48/20）	（48/25）	（48/29）	（48/34）	（48/38）	（48/43）	（48/48）
6	（43/20）	（43/25）	（43/29）	（43/34）	（43/38）	（43/43）	（43/48）
5	（38/20）	（38/25）	（38/29）	（38/34）	（38/38）	（38/43）	（38/48）
4	（34/20）	（34/25）	（34/29）	（34/34）	（34/38）	（34/43）	（34/48）
3	（29/20）	（29/25）	（29/29）	（29/34）	（29/38）	（29/43）	（29/48）
2	（25/20）	（25/25）	（25/29）	（25/34）	（25/38）	（25/43）	（25/48）
1	（20/20）	（20/25）	（20/29）	（20/34）	（20/38）	（20/43）	（20/48）

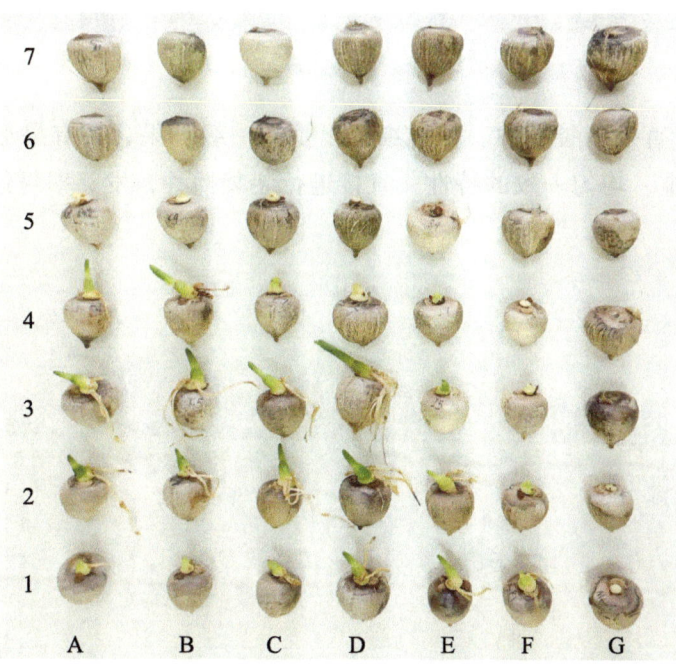

图3-8 不同昼夜温度组合对槟榔萌发的影响

2. 选果与催芽

堆沤后对种果进行分级处理，①一级种果经堆沤清洗消毒后直播营养袋育苗；②二级种果经催芽后再播营养袋，可提高营养袋苗生长的整齐度和种苗的出圃率（图3-9）。

图3-9　种果分级

（1）直接装袋播种。精挑细选出槟榔一级种果，具有果形好、色橙黄、种仁重、均匀一致的特性，直接进行装袋播种，发芽率可达98%以上（图3-10）。

图3-10　一级果直接装袋

（2）苗床催芽法。二级种果采用苗床催芽法。在苗床底部淋水后铺一层沙，然后铺一层果（果蒂向上，以便发芽），覆土盖上椰糠或稻草，既可保水，也可抑制杂草生长。每天要淋足水，淋水时间应在早上或傍晚天气凉爽时，另外还需及时清除杂草。40~50d后可冒出绿色芽点，此时取出育苗，否则芽过长，根部缠绕，取种时易伤根。

3. 营养袋材质与规格

无纺布袋透水、透气、保温，消除了极端温度的发生，使苗木长势平稳、健壮、安全。另外无纺育苗袋还能降低育苗成本，可降解利于保护环境。标准苗育苗袋长宽17cm×16cm，大袋苗育苗袋长宽25cm×25cm，特大苗育苗袋长宽30cm×28cm，出圃时育苗袋完整，土柱无松散（图3-11）。

图3-11　无纺布育苗

（三）育苗基质

育苗基质是种苗培育的物质基础，营养土的配制对植物能够起到营养、透气和保水等作用。一般情况下，育苗基质需具备提供养分，有利于疏松，水分保留，和透气性强的要求，所以必须将各种材料按照一定的比例混合。

育苗基质的选用一般是因地制宜、能够就地取材为主，这样才能有效地节约生产成本。我国椰糠产地在海南，椰糠具有良好的透气性、保水保肥性和缓慢的自然分解率。动物粪便所含的养分较为丰富，既有容易分解可被吸收利用的有效养分，又有不易分解的迟效养分，肥效快慢相结合有利于种苗的持续养分供应。

中国热带农业科学院椰子研究所（2020）开展了不同配比的栽培基质对槟榔苗生长的影响研究。试验共设6个处理，CK：红壤土=10；处理Ⅰ：红壤土：椰糠=7：3；处理Ⅱ：红壤土：羊粪=9：1；处理Ⅲ：红壤土：椰糠：羊粪=5：4：1；处理Ⅳ：红壤土：椰糠：羊粪=6：3：1；处理Ⅴ：红壤土：椰糠：羊粪=7：2：1。通过测定基质理化性质、植株动态生长状况、叶片营养成分、根系活力以及根际微生物多样性等指标，并采用统计软件进行相关性分析，研究结果表明，红壤土：椰糠：羊粪=6：3：1配比的育苗基质最适合槟榔种苗培育（图3-12）。

图3-12　装袋育苗

（四）苗期管理

1. 施肥

根据苗木规格，每行放置6～12个营养袋不等，整个畦面不超过1.2m，畦面间留约50cm的间距，以方便管理。由于栽培基质具备充足的养分，一般情况下，1～1.5年无需施肥，此后可视苗的长势决定施肥用量。待苗长出4～5片叶后便可定植（图3-13）。

图3-13　苗期管理

2. 浇水

天旱时每天淋水一至两次，视干旱程度，每次15～30min。根据荫蔽情况，需搭荫棚，避免阳光暴晒，后期炼苗时可逐步打开遮荫网直至出圃。槟榔种苗需经过20～30d炼苗，去除遮荫物，控水控肥，叶片由浓绿转至黄绿方可出圃（图3-14）。

图3-14　炼苗

3. 病虫害调查与防治

对海南文昌、琼海、万宁、儋州等地的种苗基地开展了病虫害种类摸底调查。初步调查发现，目前槟榔种苗的病害有炭疽病、叶斑病、煤烟病等，种苗上的虫害有蚧壳虫、螨、蛞蝓、黑刺粉虱、线虫、蟋蟀、蜗牛等。部分病虫害及田间症状表现如图3-15至图3-17所示。针对苗圃病虫害发生种类与程度进行防治，一般情况下每年喷药1~2次。

图3-15　槟榔苗期病害

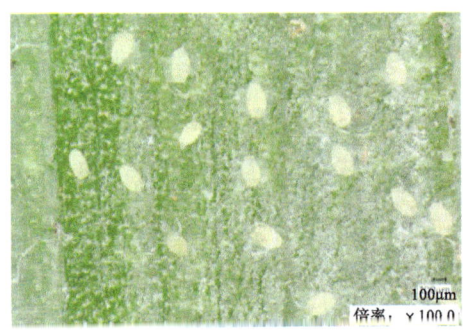

图3-16　蚧壳虫及田间为害症状

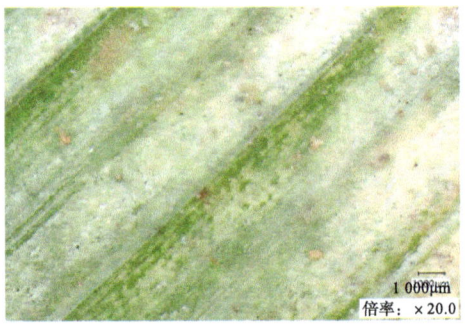

图3-17　螨虫及田间为害症状

(五)种苗出圃标准

槟榔种苗按苗龄可分为一年苗和两年苗,再分别对不同苗龄进行二个等级质量的区分,以种苗的三个重要指标(苗茎粗、苗高、叶片数)为定级标准。选择经过严格育种程序培育出的种苗进行3次重复测量,在测量数据的基础上,提取90%的合格苗,进而在合格苗的基础上进行两个等级的划分。具体如表3-2、表3-3所示。

表3-2　合格苗木的质量指标

	茎粗/cm	苗高/cm	叶片数/片	一年合格苗/90%	茎粗/cm	苗高/cm	叶片数/片
一年苗	0.55~1.52	30.0~75.0	3~6		>0.7	>35.0	>4
	茎粗/cm	苗高/cm	叶片数/片	二年合格苗/90%	茎粗/cm	苗高/cm	叶片数/片
二年苗	1.0~1.8	45~158.5	4~8		>1.0	>45	>4

表3-3　不同等级苗木质量指标

苗龄/%	分级	茎粗/cm	苗高/cm	叶片数/片
一年合格苗/90%	一级苗/60%	>1.0	>55.0	≥5
	二级苗/40%	>0.7	>35.0	>4
二年合格苗/90%	一级苗/60%	>1.6	>70.0	≥6
	二级苗/40%	>1.0	>45.0	>4

第四章 建 园

第一节 园地的选择

槟榔是多年生经济作物,园地的自然环境将影响槟榔树的生长与产量数十年。建园时,必须综合考虑当地的气候条件、土壤条件、地形地势、海拔、坡度、坡向、交通等因素,将园地尽量选在槟榔生长适宜区。

一、槟榔树对自然环境的要求

(一)气候条件

槟榔原产于热带及亚热带边缘地区,喜高温高湿的气候条件,不耐寒。其适宜区要求的气候条件:年平均气温≥22℃,温度范围在16~38℃,最冷月平均气温≥16℃,极端最低温≥5℃,无霜冻;年降雨量1 200~2 200mm。海南各市县年降雨量在1 353~2 400mm,年均气温22.4~25.7℃,最冷月平均气温16.2~21.4℃,最热月平均气温26~29℃,年均极端低温4.2~13.2℃,基本满足槟榔生长的气候要求(表4-1)。

表4-1 海南省各市县气候因子

市县	年均温/℃	最冷月平均气温/℃	最热月平均气温/℃	平均极端低温/℃	绝对低温/℃	年均降雨量/mm	年日照时数/h
白沙	23.9	17.2	28.4	5.5	-1.4	1 725	2 124
保亭	24.2	19.5	27.5	6.9	2.2	1 914.6	1 950
昌江	24.6	18.6	28.7	8.7	2.8	1 353.7	2 300
澄迈	23.8	17.2	28.4	5.6	1.1	1 786.1	2 059
儋州	24.3	17.5	27.8	6.7	2.1	1 815	1 856.5
定安	24	17.4	29	9.5	2.7	1 960.6	1 880
东方	25.2	18.4	29	9.3	1.4	1 580.6	2 593
海口	24.3	18	28	5	2.8	2 067	2 000
乐东	25.1	20.1	27.6	9	4	1 557.9	2 350
临高	24	17.6	28.7	8	2.7	1 417.8	2 050.6
陵水	25.4	20.6	28.6	8.3	5	1 717.9	2 261.6
琼海	24.9	17.9	28.2	8.1	5	2 042.6	2 155
琼中	22.8	16.2	26	4.2	0.1	2 320	1 800
三亚	25.7	21.4	28.7	13.2	5.9	1 417.5	2 425.2
屯昌	24	16.9	28	6.2	3.4	2 080.3	1 947.3
万宁	24.3	18.4	28.5	9.3	6.2	2 400	1 800
文昌	24.4	18.5	28.5	5.7	0.3	1 975	1 922.6
五指山	22.4	17	26	4.9	0.5	1 690	2 000

海南除高海拔地区，寒潮极少且时间短，具有槟榔生长发育优越的气候条件，全省大部分市县都可以种植槟榔，但海南各个地方种植产量和品质有差异，根据气候条件可以分为优势区、适宜区、次适宜区和欠适宜区。

综合海南18个市县自然环境条件、种植现状以及槟榔适宜条件，可将海南槟榔种植区域分为优势区、适宜区、次适宜区和欠适宜区（表4-2，图4-1）。

表4-2 海南槟榔种植区域布局情况

区　域	市、县
优势区	万宁、琼海、三亚、保亭、乐东、陵水
适宜区	琼中、屯昌、五指山、儋州、澄迈、定安、文昌、临高、白沙
次适宜区	海口、东方、昌江
欠适宜区	昌江西部、海口北部、澄迈北部、临高西部及北部、文昌东部及北部，以及海南中部和南部山区海拔450m以上的山地均不适宜槟榔种植

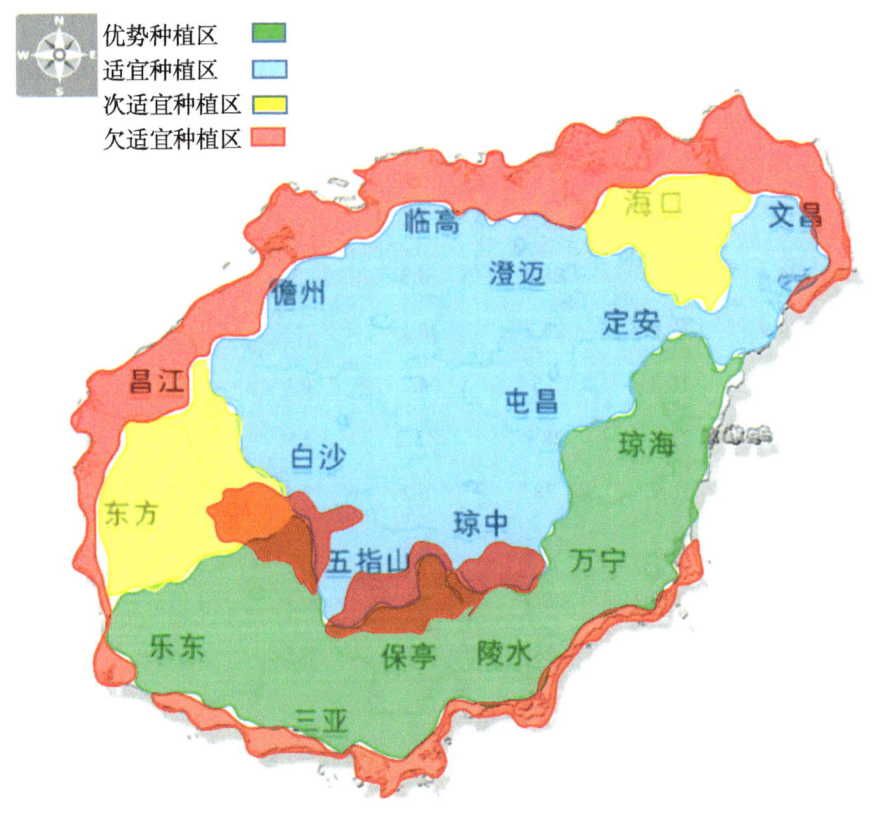

图4-1 海南槟榔种植区域布局示意

1. 优势区

包括万宁、琼海、陵水、保亭、三亚、乐东。该区域位于海南东南部，属热带海洋性季风和热带季风气候,年均温24.2～25.7℃,最热月平均气温27.5～28.7℃,最冷月平均气温17.9～21.4℃,年降雨量1 417.5～2 400mm,光照时数1 800～2 400h,夏长无酷暑,冬短无严寒,光照充足,雨量充分,除高海拔地区,寒潮极少且时间短,具有槟榔生长发育优越的气候条件。该区域是海南槟榔主要种植区域,2017年槟榔种植面积和干果产量分别为56 148hm²、148 058t,分别是占全省的54.8%、58.0%。据调查,该区域槟榔长势好、产量高,除黄化病感染园外,管理到位的槟榔园平均单株产量6～7.5kg,高产单株达15～30kg;乐东槟榔可提前1个月上市;三亚出产的槟榔鲜果比其他市县脆,鲜食口感好。该区域栽培历史悠久,种植和加工经验丰富,地方政府较为重视,群众生产积极性高,区域优势明显,是槟榔种植的优势产区,但应避开高海拔山区和黄化病区。

2. 适宜区

包括琼中、屯昌、五指山、儋州、澄迈、定安、文昌、临高、白沙。该区域年均温22～25℃,最热月平均气温26～29℃,最冷月平均气温16.5～18.5℃,年降雨量1 400～2 400mm,光照时数1 900～2 400h,光照充足,雨量充分,寒潮较少且时间短,具有槟榔正常生长发育的良好气候条件,槟榔平均单株产量8～12斤。琼中、屯昌2个县为槟榔传统种植面积较大区域,具有槟榔正常生长发育的良好气候条件,具有一定的产业基础,槟榔总面积23 539hm²、干果产量47 411t,分别占全省的22.9%和18.6%,该区域槟榔长势较好、产量较高,发展趋势和比较优势良好,但存在不同程度黄化病为害,应避开黄化病区域。五指山为热带山区气候,冬暖夏凉,较少受台风影响,且具有一定的产业基础,除高海拔山区外,具有槟榔生长发育的良好条件。儋州、澄迈、定安、文昌、临高、白沙目前种植面积小,发展较晚,产业基础弱,但槟榔黄化病为害轻,并且槟榔园栽培管理较好,平均单株产量6kg,是未来海南槟榔的重点发展区。

3. 次适宜区

包括海口、东方、昌江。该区域年均气温24.6℃,最冷月平均气温18.8℃,最热月平均气温28.6℃,年降雨量1 000～1 800mm,光照时数2 000～2 500h,基本具备槟榔正常生长发育的气候条件。海口地处北缘,冬季会受到低温寒害影响,影响槟榔正常的生长发育和结实;东方和昌江是海南降雨量最

少的地区，天气干旱也影响槟榔坐果率和品质；这三个市县槟榔种植较差，平均单株产量约2.5kg，可适度发展。

4.欠适宜区

昌江西部、海口北部、澄迈北部、临高西部及北部、文昌东北部，以及海南中部和南部山区海拔450m以上的山地均不适宜槟榔种植。这些区域位于海南北部、西部沿海地区和中部高海拔地区，容易受低温寒害和干旱影响，槟榔产量低、品质差、效益低，平均单株产量不足2.5kg，有些区域甚至不结果，浪费土地资源，不建议发展。

此外，山坡地种植槟榔，坡度不宜过大，一般以15°以内的缓坡种植，最大不能超过25°，坡度过大容易造成水土流失；槟榔生长过程中常使用农药化肥，不宜种于水源保护地；同时避免占用基本农田种植槟榔。

（二）土壤条件

种植槟榔在优先考虑气候条件的情况下，其次需考虑种植槟榔具体的土壤状况。土壤条件是决定槟榔产量高低、成本投入的关键因素。槟榔粗生易长，适应性较广，对土壤的要求不是很严格，除冲积的海滩、盐碱地、贫瘠的沙砾地、沙地、酸性较高的干旱地外，在平地和丘陵地等质地疏松、有机质中等以上、排水良好的砖红壤土、沙质壤土均可种植。土层深厚肥沃、保水力强、透气性良好的壤土或砂壤土最适合槟榔的生长，在地下水位过高和透气性差的黏性土壤上槟榔生长不良，最好不要选择低洼、易积水、重黏土的地块进行建园。

1.海南的土壤基本状况及槟榔适宜性

海南岛由于地形的影响，导致生物气候条件的分异，土壤分布具有明显的垂直地带性和地域性。

土壤的垂直带分布，由于西南部地形隆起，海拔高达1 867m（五指山），因而形成了比较完整的土壤垂直带谱。如海南山地的东坡，由基带上的砖红壤，随着海拔的升高而递变为山地赤红壤和山地黄壤；地南西南坡，基带上的土壤为燥红土或者砖红壤亚类。

海南岛因地形差异，引起降水量的湿度分布的地域性变异，降水和湿度一般沿海比内陆低，东部比西部高，形成了土壤分布的地域性，比如海南岛北部年降水量1 500～2 000mm，土壤为典型砖红壤即红色砖红壤亚类，东南部年降水量为2 000～2 500mm，土壤主要为黄色砖红壤亚类，而西南部雨量只有1 000～1 500mm，在干热的气候条件下形成了砖红壤土褐色砖红壤亚类和典型的热带干旱地区的土壤—燥红土。此外，还有一些地带性不明显的土壤类型，例如水稻土、潮砂土、滨海盐土和滨海砂土等，分布在不同的地貌部位上。

2. 海南的主要土壤类型

（1）山地黄壤。黄壤土类为湿润热带的土壤类型，在海南岛为垂直带谱上最高的土壤类型，属于山地土壤，因此称为山地黄壤。黄壤形成气候特点云雾多，日照少湿度大，气温较低，土壤由于氧化铁的水化而呈现黄色的特点。黄壤可分为黄壤、灰化黄壤、表潜黄壤和黄壤性土（粗骨性黄壤）等4个亚类，其主要是黄壤亚类，故统称为黄壤亚类，这类土壤不适合种植槟榔。

（2）赤红壤。即砖红壤性红壤，为我国南亚的地带性土壤，属于砖红壤和红壤的过渡类型，在海南岛赤红壤属于垂直带上的山地土壤类型，故称为山地赤红壤。赤红壤可分为红色赤红壤，黄色赤红壤和赤红壤性土（粗骨性赤红壤或幼年赤红壤）三个亚类，一般统称赤红壤亚类。这类土壤发育程度较低，土层较薄，水土易流失，种植槟榔要注意水土的保持。

（3）砖红壤。砖红壤土类是我国热带地区典型的地带性土壤类型，是海南岛面积最大，分布最广的土壤类型。由于水湿分异和母质风化发育的程度不同，可划分为4个亚类，即红色砖红壤亚类，黄色砖红壤亚类、褐色砖红壤亚类和粗骨性砖红壤亚类（砖红壤性土或幼年砖红壤）。

红色砖红壤与黄色砖红壤分别为两个亚类。红色砖红壤亦称典型的砖红壤，这一地区年降雨量为1 500～2 000mm，由于土壤剖面上氧化铁的脱水作用而往往呈红色，主要分布于海南岛北部的丘陵台地上。黄色砖红壤亚类主要分布于海南岛东部特别是内陆的山区，如琼海、万宁、陵水和琼中、保亭各市县，这一地区由于年降雨量多（年降雨量2 000～2 500mm）或者湿度大，土壤中氧化铁易于水化而使剖面呈现黄色或趋于黄色的特点。这类土壤较适合种植槟榔，但土壤易酸化，尽量使用中性或者微碱性肥料，土壤pH值较低时，建议隔年使用碱性的土壤调理剂进行防酸化处理。

褐色砖红壤为热带半干旱气候条件下的类型，是砖红壤向燥红土壤过渡的一个亚类，年降雨量1 200～1 500mm，土壤富铝化程度较低，土壤剖面常呈现褐红色，主要分布于海南岛西南部。这类土壤较适合种植槟榔，易获高产，但槟榔需配合灌溉，以提高肥料的利用率。

粗骨性砖红壤亚类或称砖红壤性土，幼年砖红壤，为风化发育处于幼年阶段的土壤，这类土壤肥水易流失，建立槟榔时要重施有机肥，以加强槟榔园土壤的保水保肥能力。

砖红壤是基带的土壤类型，但在垂直带谱的下缘，地形为低山丘陵，地势较高，坡度较大，因受地形的影响，土壤风化发育程度较轻，土质较粗，土层较薄，为了区别于一般的基带土壤，故划分山地砖红壤类型，这类土壤不适合种植槟榔。

（4）燥红土。燥红土是热带干旱地区的典型土壤类型，其形成的气候条降雨量少（750～1 000mm），年蒸发量大（2 500mm左右），年蒸发量为降雨量的2～3倍。土壤富铝化程度低，土壤黏粒部分硅铝率可高达2.6～3.3，土壤pH值及盐基饱和度都较高，典型的燥红土剖面呈红褐色，所以也曾称红褐土，这类土壤条件不适合种植槟榔。

（5）水稻土。水稻土是在长期种植水稻条件下形成的一类土壤，是海南岛重要的农业土壤类型。为保证粮田的面积，不建议种植槟榔等长期作物。

（6）潮砂土。潮砂土是滨海平原冲积或海积母质上经过旱耕而形成的土壤，属半水成土纲、潮土土类、潮砂土亚类。这类土壤海拔低（一般小于10m），地下水位较高（1～3m），土质多为砂壤，为主要的旱耕土壤类型。根据母质来源及特点可划分三个次一级的土壤类型（土属）：冲积潮砂土，海积潮砂土和河滩砂砾质土。这类土壤透气好，有机质相当丰富，种植槟榔易获高产。

（7）滨海砂土（热带砂土）。滨海砂土为近代海相沉积物上发育的土壤。一般分布于海滨较低的台地、阶地、或滨海沙丘、沙堤等滩地。滨海砂土按其自然与生产特点可分为三个类型—亚类或土属。

滨海砂土培面已有初步发育，受水分的影响，剖面有灰色、黄色、灰白色或红色等，土层深厚、砂质较重。可以种槟榔，但土壤有机质较低，建议重施有机肥进行土壤改良。

滨海松砂土主要指滨海阶地、沙丘、沙堤等海岸的近代堆积物发育的土壤，堆积物松散，土壤剖面尚无发育，土层深厚，含砂量可高达95%以上。在缺水覆盖的地表可受风力影响而流动或半流动砂土。这类地壤不适合种植槟榔。

由于地形平缓，土层内夹有黏土层或者紧实的粉砂层，土壤排水不良，雨季地下水位过高，或者季节性地表积水，土壤上层有潜育化现象；在旱季，地下水位消失呈现缺水，作物易渍易旱。这种土壤主要分布在海南岛的东北部，这类地壤不适合种植槟榔。

（8）海涂沼泽土。海涂沼泽土属于水成土纲、沼泽土土类，包括两个亚类、即红树林沼泽土和泥滩沼泽土，由于面积不大，而统称之为海涂沼泽土。这类土壤不适合种植槟榔。

（9）滨海盐土。滨海盐土属盐成土纲，盐土土类、滨海盐土亚类。系在海水影响下形成的土壤类型，在本岛这类土壤面积不多，这类土壤不适合种植槟榔。

（三）地形

种植槟榔在充分考虑气候和土壤条件的情况下，尽量因地制宜，选择较适槟榔种植的地形。海南中部山区种植槟榔应选择海拔在450m以下地区种植较适宜，避开生态林、水源涵养林，尽量避开高山、朝北山、陡坡山，选择在背风向阳的缓坡地段，坡度小于25°为宜。阳坡（南、西南、东南坡）由于日照时间长，照光量大，寒害比阴坡（北、东北、西北坡）轻，生长较健壮。但在高温季节，阳坡夏季升温快，土壤表层的细根易受高温伤害，强光照射易使树体灼伤，不利于生长；同时水分蒸发量大，易造成旱害，因此在高温干旱区建立槟榔园应配备灌溉设施，如果原来有树林的可保留防护林，或者营造小方格防护林，以改善种植环境。槟榔最适宜在微风条件下生长，微风可促进气体交换和光合作用，有利于花期花粉的传播。因此，在空旷平坦地区建园应避开风口，最好选择在村庄的南面，或北端有防护林，山坡地，最好选择在背风向阳的浅谷地。

第二节　园地的规划与设计

一、社会调查和园地调查

槟榔在海南的栽培历史悠久，主要分布在海南东部、中部和南部山区一

带，绝大部分是农民自发种植，生产管理较为粗放，土壤水土流失严重，槟榔园土壤肥力整体水平低下，导致槟榔产量较低。据调查，目前全省槟榔平均单株产量不足3.0kg，各市县均存在许多低产槟榔园，单位面积产量普遍偏低，有的槟榔园甚至不结果。造成槟榔园低产的原因除了干旱、田间管理不科学和病虫害影响外，还存在园地规划不合理的问题。

1. 选地不合理

部分槟榔园地下水位过高，而且没有起高垄和开有效的排水沟，槟榔园积水，槟榔根系长期浸水，造成根系腐烂，致使槟榔长势差，产量低。

2. 种植密度不合理

一些槟榔园单位面积内的种植数量严重超标，槟榔植株徒长，华而不实，造成人力、物力的浪费。而种植密度太低，不仅浪费土地资源，同时由于株行距过大，田间的荫蔽度不够，树干容易受到太阳光的爆晒而灼伤，槟榔果串易受到过强的光照而导致果实纤维的老化，土壤水分也容易蒸发，而浪费水源。

3. 间作的布局不合理

槟榔园内间作胡椒、番石榴等长期作物时，如未拉宽槟榔的种植间距，容易造成槟榔植株不能与间作物的和谐生长，未能达到间作生态模式最佳的经济效益。对在山区坡度较大的槟榔园，由于降雨较多，土壤冲刷较严重，间作物的搭配和布局更需在建园时做好规划。

4. 种植坡度大

部分槟榔园种植坡度大，种植时没有预先开垦环山行，造成槟榔园水土流失严重；长期光照不足，积温不够，造成槟榔植株节间变长，产量低，经济寿命短。

二、园地的规划

根据园地面积和形状，大面积连片园地，必须设计道路系统，便于物资运输和生产作业，并建设必要的辅助设施。

1. 道路布局

道路的布局既要有利耕作、节省劳力，又要节省土地。规划中，首先要考虑1条主干道（图4-2），使主干道连接着各区，并与外界公路相通，主路上可行驶汽车或大型拖拉机，为了方便小区日常作业，设置从主路通向各个小区的支路（作业路），在园区内的主路和作业路要形成道路网，并合理布局排水沟（图4-3）。

图4-2 主干道

图4-3 排水沟

2.辅助设施

辅助设施包括蓄水池、抽水机埠和管理房等。山坡地最好在园地高处建蓄水池，蓄水池的大小应根据每株槟榔树需水量和面积来建设，用于旱季蓄水或园地建设重力自压喷灌。管理房包括仓库、农具间等，应遵循便于管理的原则设置。

3.设防护林带

营造防护林是海南槟榔园一项重要的基本建设。它能减轻热带低压和台风所造成的叶片损伤和落花落果，有利于缓和低温所引起的寒害，有利于减少土壤水分蒸发和提高槟榔林间空气的相对湿度，有利于减缓地表径流，保持坡地水土，同时可以减轻台风季节病害的流行。防护林的类型一般选择透风结构林带，可以选择台湾相思或马占树作为槟榔园地防护林带，既可改善小环境，又可增加经济收入。

三、老园更新和黄化病区的建园

有些槟榔园种植时间过长，树龄超过30年，茎干高超过12m，采果和病虫害防治都较困难，果实的品质也会下降，建议进行更新。此类槟榔园更新时建议在槟榔园两行的中间与原来的槟榔大致成三角形错开种植补苗，补植的槟榔苗，建议使用高度1~2m，茎粗4~5cm的2~3年苗进行补植，更新补苗种植行都与相邻行错开，补苗数量与原槟榔园的数量基本一致。定植3~4年后，补种的槟榔苗少量开花时，使用砍伐林木专用的高空机械调离砍除的槟榔老树，去除边行的部分树头，重新补植大苗，这样槟榔园的株数几乎与之前相同，1~2年后槟榔园又重新获得高产。这样的方式更新槟榔园对产量的影响很小，但这种更新方式只适合于无黄化病的槟榔园。

以前槟榔园的建立，只考虑到气候和土壤、地形等自然条件问题，但建园时对黄化病害影响认识不足，目前大量槟榔园发生大面积的黄化现象、有些槟榔园减产严重、甚至绝产。在此黄化病区的槟榔园新建和更新一定要充分考虑黄化病的为害。

2019年5月，中国热带农业科学院槟榔研究室科技人员，从椰子研究所引进健康种苗到龙滚镇的和顺村槟榔黄化重病园，采用以下四种模式进行隔离试验：①在病园进行无任何保护措施的补苗；②用防虫网隔离的就地补苗种植，种植的土壤采用无病区的客土，种植的位置用砖头架高底部地膜垫底与原病园的土壤隔离；③在病区用防虫网隔离定植小苗；④无防虫网定植小苗，土壤采用无病区的客土共4种处理，同时、同批次种苗在文昌试验基地虫网隔离种植、露地种植两种处理。至2020年5月，在文昌试验基地防虫网隔离种植、露地种植两种处理未发现有黄化现象。在龙滚镇黄化病园进行无任何保护措施的补苗处理和无防虫网隔离架高客土补苗定植2种处理发病率超过70%，而用防虫网隔离的就地补苗种植、用防虫网隔离架高客土补苗定植两种处理90%都未感病。从当前的槟榔隔离种植试验说明，在黄化病园以"公孙树"补苗的方式在黄化病槟榔园进行种植都是不可行的。但从隔离试验的初步结果来看，槟榔黄化现象灾害与土壤无直接的联系，黄化病极有可能是通过虫媒传播，但其传播机理,还有待进一步的深入试验研究。

在黄化病区建立新槟榔园,要求相对较好的地型条件,周边有大面积的非槟榔树,如天然橡胶林、椰子林、或者其他果树与次生林,周边其他林木的山凹地等,相对封闭的环境进行隔离,距离槟榔病树1 000m以上,具体准确的安全距离有待进一步的大数据试验才能确定。在重病区的隔离区建园和更新老园,原病树和非病树一律要砍除、烧毁或者填埋,2~3个月后重新种植,种植的苗必须是健康种苗,并且槟榔园隔离区周边一律不能引进种植来源不明的槟榔苗。

在黄化病区的建园和更新种植,对环境条件的要求较高,但是由于当前黄化病的发病面积越来越大,寻找无病区适合种植槟榔的新地越来越少,只能从病园更新找出新的方法才能根本解决种植槟榔地紧缺的问题。

四、定植

1. 栽植时间

槟榔种植季节应充分考虑到温度、降水量和太阳辐射强度等因素。太阳辐射过强或温度过高都可能灼伤槟榔苗,槟榔种植后降水量的多少决定了是否需要灌溉及投入的人力、物力,这些都决定了槟榔苗的成活率及管理成本。在海南,槟榔种植的最适宜季节为3至5月或9至11月,因为这时期的温度和太阳辐射强度都较适中,而降水量相对比较充裕。定植时最好选择在阴雨天气。如果槟榔园种植时就有安装滴、喷灌设备,定植槟榔苗的天气条件可以相对放松。

2. 栽植密度

种植密度应根据地形、土壤肥力、区域和管理水平等因素来确定,一般株距2~2.5m,行距2.5~3m(图4-4),在海南的三亚、陵水、保亭、乐东、东方五个市县的低度海拔地区,可以种植到140~160株,海南其他市县建议槟榔种植密度在110株/亩左右,山地和坡地槟榔由于存在上下行的高差,错开采光,可适当密植,但不能超过130株/亩。为方便机械作业,采用宽行密株种植,行向一般采用南北行,因为东西行吸收的直射光要比南北行少,而且南北两侧受光均匀,中午强光入射角度大。

如果要在槟榔园间种胡椒、番石榴、橙子、沉香、花梨木、菠萝蜜、山柚或者椰子等长期作物时，建议加大槟榔树的行距，可以宽行密株，如4m×2m、如6m×2m等方式种植，具体密度以种植的具体作物而定。

图4-4　幼苗定植

3. 栽植方法

（1）一般农户常见的栽培方法。为增加土壤有机质含量和透气性，提高土壤肥力，在坡地栽植槟榔苗需挖大穴，山地沿等高线环山行内边挖长宽均为60cm、深45cm规格的穴位，平地开挖穴的规格为长宽均为50cm，深40cm，在砂土瘠薄地可适当加大。地下水位高或低洼地最好使用起垄栽植，起垄栽植既可防止雨水积涝，又能有效地增加土壤透气性。低湿地开挖穴应在畦上，不宜太深，低于地面10～15cm即可。开挖穴时应注意把表土和心土分开堆放，定植时先将表土填入定植穴底部，再把5～10kg的有机肥与心土混均匀后回入穴中，把槟榔苗放入定植穴内，去除营养袋，定植不要过深，根颈入土3cm左右为宜，并压实土壤，穴位土面低于外面地面5～8cm。栽植后及时浇足定根水，使根系与土壤充分结合，并根据阳光强度适当在周围插小树枝遮荫，每天适当浇水，到成活长出新叶，方可减少浇水次数。

（2）近年新出现和研发的一些栽培方法。地势较为平坦的坡地和台地，可采用开沟定植法（图4-5），如果是3m×2m的种植规格，每隔3m开一条宽60cm、深50cm的深沟，在深沟中定好标后，每隔2m种植一株槟榔，施足底肥后约回土10cm即可，回土随着雨水的冲刷在定植2～3年后会基本回填到种植沟，这种栽培模式省时省工，并且有利于苗期的保水、保肥和抗风。

图4-5 开沟定植法

此外,坡地和山地,也可使用大穴围洞法种植槟榔(图4-6)。在槟榔种植之前,使用挖掘机挖长80cm、宽80cm、深60cm的大穴,在定植时,把槟榔种植于穴位的底部,然后使用宽度40cm,长度2m的控根器围成一圈保护槟榔树,防阻洞穴周围的土过早流入槟榔穴位,而导致槟榔长势不良,并且有利于穴位周围的杂草控制和水、肥的保持,槟榔生长2~3年后,杆高约达1m时,可撤掉槟榔树头周围的控根器,让穴位周围土壤通过雨水的冲刷作用自然流入穴位,从而达到培土、护根的作用。槟榔大穴围洞种植法,在2018—2020年,中国热带农业科学院椰子研究所的槟榔试验基地经两年的试验,较常规栽培方法,每年的生长量(包括槟榔的株高和茎围)约大于常规栽培方法种植的15%,植后3年就开放花苞,以后产量的差异性还有待以后多年的跟踪观察。

(3)遮荫。在无灌溉设施的情况下,槟榔苗由于不耐高温易受太阳灼伤,应避免直接暴晒在太阳下。如果直接暴晒在太阳下会导致槟榔苗茎基部受热过度,从而使槟榔变得比较虚弱,这样就容易被风吹倒或者烂茎而引起死苗缺苗。因此,槟榔苗定植后需要提供遮荫保护,可以用槟榔叶片或其他树枝覆盖,也可以在园地的南面或西边种植一些生长较快且能提供荫蔽的作物如香蕉、木瓜来保护槟榔,间种同时也可以为农户带来槟榔非生产期的收益。

图4-6 大穴围洞定植法

（4）补苗。新建园幼苗经过2～3个月稳定期后，要及时对死亡苗用同规格苗进行补植，确保全园苗期整齐，以提高全园整齐度，为早产、高产做好准备，也可以在定植的同时，准备5%～10%大规格苗，假植于园中，补植时随时掘苗、栽植，以提高成活率，省时省工，林相整齐，有利于槟榔园的统一管理。

第五章　土壤管理和施肥

由于槟榔根系发达，几乎分布于槟榔园全园土壤中，施肥的同时要首先要注意全园土壤的管理，保持槟榔良好的土壤环境，以保证施入肥料供槟榔树高效利用。在保持良好的土壤状况基础上，进行科学合理的施肥，以保证槟榔树长势良好的同时能够促进槟榔开花结果，以获得高产、稳产。

第一节　土壤管理

一、土壤耕作

所谓土壤管理就是通过耕作、栽培、施肥、灌溉等方法对槟榔园的土壤进行合理的科学管理，主要包括土壤理化性状（如质地、结构、有毒物质等）的改善，土壤培肥，土壤耕作，间作，除草剂使用，以及根据土壤诊断结果进行合理的施肥和灌溉等。

槟榔园土壤管理是高效栽培的重要措施之一，对槟榔园土壤进行科学管理，能给槟榔树体一个赖以生存的良好土壤环境，并保证各种所需养分和水分供应及时，不仅可以促使槟榔根系良好生长，而且能增强树体的代谢作用，促

进树体生长健壮，提高槟榔产量和品质。

1. 土壤深翻熟化

深翻对土壤和槟榔树体生长有极好的促进作用。槟榔根系深入土层的深浅，与树的生长结果有着密切的关系，影响根系分布的主要条件是土层厚度和理化性状。深翻结合施肥，可改善土壤结构和理化性状，有利于土壤团粒结构的形成。研究表明，深翻后土壤含水量平均增长7.6%，土壤孔隙度增加12.66%，土壤微生物总量增加1.2倍。由于土壤微生物活动加强，加速了土壤熟化，使难溶性营养物质转化为可溶性养分，提高了土壤肥力。槟榔园深翻可加深土壤耕作层，促使根系向纵深发展，根的总量和根系密度均增加一倍以上。这是因为深翻能使底层疏松、熟化，为并槟榔树根系发育创造深厚、肥沃、疏松的土壤环境，从而使槟榔树体健壮、新梢长、叶片色浓。对于贫瘠的、板结的或含有石砾的槟榔园，深翻改土的效果尤其好。

2. 深翻时期

槟榔园在气温较低时可进行深翻，温度较高会导致槟榔园水分过度蒸发，引起槟榔落果。所以应根据槟榔园的具体情况，因地制宜的采取相应措施，才会收到良好的效果。一年深翻一次或两次，在施肥前、雨水充裕时进行，一般为3至4月和9至10月，也可两年深翻一次。深翻常与施肥同时进行，在槟榔穴位松土，然后摊开农家肥，或者绿肥包括细嫩的枝条和树叶、杂草等，最后在上面覆盖新土。

3. 深翻深度

深翻深度以槟榔树体主要根系分布层稍深为度，同时考虑土壤结构和土质情况，如山地土层薄，下部为半风化岩石，或滩地在浅层有砾石层或土质较黏重等，深翻的深度一般要达10~40cm。相反，若为砂质土且土层较厚，其深翻深度可适当浅一些。

4. 深翻方式

（1）带状深翻。一般适用于三年龄以上的槟榔树，根据槟榔树龄、根系生长状况不同，离槟榔植株80~120cm处挖宽、深各30~40cm的壕沟，然后分层施入有机肥和磷肥，分层回土后，多余的土壤用于露根培土或维修小平台。

（2）局部扩穴。适用于两年内的幼龄槟榔园，是在槟榔树两侧树冠幅边缘挖长、宽、深为1.2m×0.5m×0.4m的深沟2个，压青25kg/株、施磷肥0.25~0.5kg/株，然后回土。

（3）全园深翻。将栽植穴以外的土壤一次深翻完毕。这种方法需要劳动力较多，但翻后便于平整土地，有利于槟榔园耕作。

以上三种深翻方式，要根据槟榔园的具体情况灵活运用。一般槟榔幼龄树体根量小，一次深翻伤根不多，对树体影响不大。成龄树体根系已遍布全园，以采用隔行深翻为宜。深翻要结合灌水，也要注意排水。坡地槟榔园应根据坡度及面积大小等因素来决定，以便于操作，有利于槟榔树体生长为原则。

二、土壤改良

土壤改良是针对土壤的不良质地和结构，采取相应的物理、生物或化学措施，改善土壤性状，提高土壤肥力，增加作物产量的过程。一般根据各地的自然条件、经济条件，因地制宜地制定切实可行的规划，逐步实施，以达到有效地改善土壤生产性状和环境条件的目的。

1. 土壤改良过程

共分两个阶段。

（1）保土阶段。采取工程或生物措施，使土壤流失量控制在容许流失量范围内。如果土壤流失量得不到控制，土壤改良亦无法进行。

（2）改土阶段。其目的是增加土壤有机质和养分含量，改良土壤性状，提高土壤肥力。

2. 土壤改良技术方法

主要包括土壤结构改良、酸化土壤改良、土壤科学耕作和治理土壤污染。

（1）土壤结构改良是通过施用天然土壤改良剂（如腐殖酸类、纤维素类、沼渣等）和人工土壤改良剂（如聚乙烯醇、聚丙烯腈等）来促进土壤团粒的形成，改良土壤结构，提高肥力和固定表土，保护土壤耕层，防止水土流失。

（2）酸化土壤改良是已经酸化的土壤通过添加碳酸钠、生石灰等土壤改良剂来改善土壤肥力、增加土壤的透水性和透气性。

（3）减少化肥、除草剂的使用，多施用生物有机肥、水溶性肥等栽培模式减少土壤板结问题。

第二节 施 肥

槟榔种植后,最主要的投入就是施肥,施肥要根据槟榔园的土壤、设施、槟榔树的生长时期决定施肥方式、方法、配方。因地制定科学合理的施肥方案,不仅可以省省大量的肥料、人力,而且可以使槟榔获得高产和稳产。以下按槟榔的不同生长期,分为幼龄期和结果期槟榔施肥两阶段进行阐述施肥的措施。不同时期的施肥用量和方法要根据叶片等树体的长势及营养状况来决定施肥方案。平衡施肥是指导槟榔施肥的科学方法,此方法需要对槟榔养分需求规律、土壤肥力等信息进行全面分析,从而提高作物单产,培肥土壤地力和减少肥料污染。生产中种植户不易获得该信息,因此针对槟榔在特定地区的专用肥,能相对合理地指导农户施肥,提高槟榔产量和品质,但由于槟榔品种、树龄及环境的变化,需要定期调整专用肥。

无论是基肥还是追肥均应施在根系集中分布区域内,以使根系最大程度吸收养分,提高肥料的利用率。因此,施肥应根据槟榔的生长发育特点,采用合理的施肥方法,避免肥料养分流失和固定。

槟榔常用的施肥方法有环状沟施和条状沟施。环状沟施肥方法适合幼龄槟榔树,该法可结合深翻扩穴措施,距树干内径30~80cm挖一环形沟,沟深20~30cm,然后将有机肥填于环沟内,最后回土填平。第二次再施基肥时,要以第一次外径为第二次环状沟的内径挖沟,直至邻株相接,再改变施肥方法。条状沟施法适合成龄槟榔,沿着槟榔行间或隔行开沟施肥。此施肥法便于机械化操作,但翻耕的深度和施肥的效果不如环状沟施和放射状沟施。水溶肥宜使用追肥枪进行土壤注射式施用。槟榔施肥不宜表施,表施氮肥易挥发、磷肥易流失难以到达作物根部,表施或浅施不利于作物吸收,造成肥料利用率低,槟榔根系上浮于地表。

化肥与有机肥配合施用有利于槟榔的生长发育,长期单纯用化肥导致土壤板结、酸化等不良影响。单施有机肥对幼龄期槟榔的生长发育效果则不如上述两组显著。施肥能促进槟榔提早一年开花结果,且初产量较高,尤其有机肥配合化肥肥料效果最好。

第五章　土壤管理和施肥

一、营养诊断方法

在施肥之前需对槟榔园的叶片、花果在田间的表型进行观察（表5-1），同时对叶片进行营养测试分析，然后进行施肥（图5-1~图5-8）。

1. 田间表型诊断

表5-1　营养缺乏症状

营养元素	缺乏症状
氮	生长受到严重地抑制，通常较老的叶片先黄化，老叶片比嫩叶严重，严重缺乏的叶片发干成棕色，有些叶片甚至折断
磷	叶片边缘呈出焦枯状，较老的叶片在叶脉之间呈黄色，但通常呈现紫色在叶鞘处通常呈紫色，植株生长缓慢
钾	叶片呈浅蓝绿色和轻微的、交错的黄化，叶片边缘向下弯曲，在叶片边缘组织死亡和叶脉之间，树冠矮小
钙	叶片呈现相间类型的黄化，严重的生长点坏死，植株死亡
镁	下部叶片黄化但通常不出现斑点，从叶尖开始黄化，沿着叶缘和叶脉向内和向下扩展，叶缘朝上卷曲，叶中脉和叶脉呈绿色
硼	下部叶片的叶尖呈现斑点黄化，交错的黄化条斑最后合并成坏死损伤，花穗短小和果实发育不良、偏小，严重缺乏心叶扭曲甚至生长点死亡

引自《Arecanut》，2004

图5-1　缺乏氮磷钾

图5-2　缺氮

图5-3 缺钙、镁

2. 叶片营养诊断

槟榔营养诊断分析以采集植株叶片分析为主，土壤分析作为辅助手段，两种手段结合为施肥提供参考。

可以根据田间的地形情况，按对角线法、"S"形取样5株进行混合，每株选择第5片叶复叶的中部小叶（幼龄树一般取第三片叶），去掉中脉，剪去基部和末端，保留20cm长的中段叶片，擦净后100℃杀青于80℃烘干、粉碎、干燥用于分析。如果田间发现有个别单株营养缺乏的症状，也取单株作为一个样品，采集8~10株，每株作为一个重复，同时取3~5株正常生长的槟榔树作对照。在实验室进行各种营养元素的含量分析，最后的结果为各种营养元素的净含量占单位称量的比例来反映元素的丰缺程度。

槟榔叶片营养元素的测定能较准确地反映田间各种元素的丰缺程度，了解施肥对树体营养状况的影响，比通过观察槟榔植株的表型和产量来判断营养状况要准确得多。只要正确掌握槟榔叶片采样和分析技术，便能对槟榔养分的丰缺状况，进行比较准确的判断。同时应用该项技术，还能迅速地估测作物养分潜在的不足，或不均衡趋势，避免槟榔在生长过程中，因养分的失调而造成生长不良、病害和减产等。但是，也必须指出，由于受到土壤、气候、光照、温度、季节等因素的影响，养分分析的结果基本上是定性的，其丰缺程度都是相对的，而且影响计算还有赖于许多基本参数的获得，如槟榔正常植株的叶量、叶片养分量与整株树本、产量养分量间的相关性，以及当地槟榔对土壤养分和肥料养分的利用率等，所以说营养诊断对指导施肥仍是一种定性的方法，施肥最终的效果要经过槟榔生长和产量的试验，最终作一些调整。表5-2、表5-3是槟榔的叶片营诊断参考指标。

表5-2　海南槟榔幼龄树参考营养指标（适宜值）

营养元素	氮	磷	钾	钙	镁
含量（%）	2.5~2.7	0.17~0.23	0.70~0.95	0.40~0.50	0.18~0.40

注：引自张少若等《热带作物学报》，1990

表5-3　海南槟榔结果树参考营养指标（适宜值）

营养元素	氮	磷	钾	钙	镁	钠
含量（%）	2.0~2.3	0.18~0.21	0.80~1.30	0.60~1.00	0.30~0.40	0.08~0.20
营养元素	铁	锰	铜	锌	硼	钼
含量（mg/kg）	70~150	90~150	5.5~7.0	17~25	8~10	0.1~0.2

注：槟榔结果树氮、磷、钾、钙、镁、钠、铁、锰、铜、锌营养指标为椰子研究所"低产槟榔园改造项目"在海南各地调查综合调查分析的数据

二、施肥

（一）槟榔幼龄期施肥

幼龄树以营养生长（根、茎、叶）为主，对氮素的要求较高。施肥原则，以补充氮肥为主，适当施用磷、钾肥。

1. 固体肥的使用

如果种植时已打足基肥，在定植后3个月内可以只是浇水，不施肥。定植3个月后，可以离槟榔苗20cm处两边挖小穴，加入复合肥50g，每个穴位施入

25g复合肥，也可以用背负式小型施肥机点施化肥，然后回土。9个月后，在离槟榔苗的20cm处，两边开挖长30cm，深10cm的浅沟施入有机肥2kg，化肥100g，拌匀后回土。定植1~2年，期间可以一个季度施一次化肥，半年施一次化肥和有机肥，化肥用量100~150g，有机肥用量3~5kg，根据土壤肥力及树冠的大小调整施肥位置和用量。定植3~4年可以半年加一次化肥和有机肥，化肥用量200~300g，有机肥用量5~10kg，根据土壤肥力及树冠的大小调整施肥位置和用量。如果大量开花可加大磷肥和钾肥的施用量，而降低氮肥的用量。

2. 液体肥的使用

定植后2个月内，每株可施尿素5g+氯化钾5g或者5g磷酸二氢钾+5g水溶性好的磷酸氢铵，与水配成1∶1 000倍以上，用水管于穴位四周浇入，若有安装滴灌或者微喷灌可随管道灌溉时施入；也可用水稀释为300倍溶液，用注射施肥枪，注入土层10cm深处施肥。定植后2~6个月，每月每株可施尿素10g，氯化钾5g，磷酸二氢钾或者水溶性好的磷酸氢铵5g，与水配成1∶300倍，用浇水管淋水穴位四周浇入，如果有安装滴灌或者微喷灌随灌溉时施入。也可用水稀释为200倍液，用注射施肥枪，注入土层10cm深处进行施肥。定植后6~12个月，每月每株可施尿素20g，氯化钾10g，磷酸二氢钾或者水溶性好的磷酸氢铵5g，与水配成1∶（500~1 000）倍，用水管于穴位四周浇入，若有安装滴灌或者微喷灌可随管道灌溉时施入。也可用水稀释为300倍液，用注射施肥枪，注入土层10cm深处进行施肥。定植后12~24个月，每月每株可施尿素25g，氯化钾25g，磷酸二氢钾或者水溶性好的磷酸氢铵5g，与水配成1∶（500~1 000）倍液，用水管于穴位四周浇入，若有安装滴灌或者微喷灌可随管道灌溉时施入。也可对水50倍液，用注射施肥枪，注入土层10cm深处进行施肥。定植后24~48个月，每月每株可施尿素10克，氯化钾20g，磷酸二氢钾或者水溶性好的磷酸氢铵20g，与水配成1∶（500~1 000）倍液，用水管于穴位四周浇入，如果有安装滴灌或者微喷灌随浇水施入。也可用水稀释为10倍液，用注射施肥枪，注入土层10cm深处进行施肥。

水溶肥一般每两月施入一次，定植2年后可以根据槟榔树的长势加大肥料的用量，但原则上折算成的干肥用量不超过100g，以少施多次为原则。追施两年后，可以以开条沟的形式追加有机肥，每株10~15kg以防土壤板结。随后2~3年又可以追施水溶肥，如果定植的大量开花，应加大磷、钾肥的用量，而降低氮肥的用量，补充一些中微量元素，如镁肥、锌肥、硼肥等，促进开花结果。

（二）成龄期槟榔施肥

1. 固体肥施法

营养生长和生殖生长同时进行，以补充磷、钾为主辅以氮肥。要注意每年不同季节而采用不同的施肥方法。

花前肥：在当年12月至第二年2月花开放前施入，由于槟榔的花苞处于快速生长阶段，进入3至5月则花序陆续开放，树上头一年的果实也处于成熟期，故对钾需求量大。本次施以钾肥为主，配合施用氮肥。促进花苞正常发育，提高开花结实率和成熟期果实的饱满度，并使叶片正常生长。每株可以施厩肥10~15kg+过磷酸钙400g+尿素50g+氯化钾125~150g，离树头80~100cm处挖80cm长10cm深半月形浅沟施入，然后覆土。

壮果肥：每年6至9月施入，此时果实处于迅速膨大期，也是一年抽生叶片的旺盛期，对氮的需求迫切，应提高氮肥的用量和比例，以促进叶片的生长，提高座果率使果实体积增大。施厩肥5~10kg/株，尿素120~150g/株+氯化钾75~100g/株或用15：15：15的复合肥250~400g/株，离树头50~80cm处挖60~80cm长10cm深半月形浅沟施入，然后覆土。

2. 成龄槟榔液体肥的施用

促花保果肥：在当年12月至第二年3月花开放前施入，每2~3个月，每株可施尿素20~50g，氯化钾50~75g，磷酸二氢钾或者水溶性好的磷酸氢铵50~75g，与水配成1：（500~1 000）倍液，用水管于穴位四周浇入，如果有安装滴灌或者微喷灌随灌溉施入；也可用水稀释为10倍液，用注射施肥枪，注入土层10cm深处。4至7月开花和结果期间，可每株可施尿素25g，氯化钾50g，磷酸二氢钾或者水溶性较好的磷酸氢铵50g，与水配成1：（500~1 000）倍液，用水管于穴位四周浇入，如果有安装滴灌或者微喷灌可随管道灌溉施入；也可用水稀释10倍液，用注射施肥枪，注入土层10cm深处。

壮果肥：7至11月采果期间，每株可施尿素50g，氯化钾50g，与水配成1：（500~1 000）倍液，用水管于水穴位四周浇入，如果有安装滴灌或者微喷灌可随灌溉施入；也可用水稀释10倍液，用注射施肥枪，注入土层10cm

深处。

使用水溶肥的槟榔园，2~3年必须进行一次翻土，且每株补充施入有机肥15~20kg，以防土壤板结，每2~3年一个周期交替进行，达到省工、省肥而土壤肥力又不下降的目的。

3. 叶面肥施肥法

高度8m以下的槟榔树，每季度可结合病虫害防治，使用尿素，氯化钾，磷酸二氢钾，加些微量元素肥料和促花保果剂等与水配成1:500倍液，喷施于叶片的背面和心叶处。高度超过8m以上的槟榔树，由喷施的工作量过大，不推荐叶面喷施。

4. 中、微量元素肥料的补充

正常施入有机肥的槟榔园一般无需补充中、微量元素，但一些滨海地区有机质含量很低的槟榔园容易出现缺镁、缺硼、缺锌肥等现象，可根据症状有针对性地施入中微量元素肥料。成龄树施钙镁磷肥300~500g（不能再外施入其他磷肥，以免引起缺锌）、硫酸镁100~150g、硼砂50~75g、硫酸锌50~100g。幼龄树根据树体的大小酌情减少施入量，不宜每年施入，以免产生微量元素毒害作用，一般2~3年补充一次。如果是叶面喷施可以在开花、保果期间与别的农药一起混合，酌情喷施叶面和花穗。

李佳等（2018）以海南文昌市、琼中县、万宁市、保亭县、三亚市、陵水县、白沙县、乐东县主要槟榔主产区，选择三个产量水平（高产为20~30kg/株、中产为4~8kg/株、低产为0~2kg/株）的槟榔园采集叶片进行了对比试验，研究叶片中氮、磷、钾、钙、镁、硫、铁、锰、锌、铜、硼、钼等12种矿质元素含量的差异及其与产量的关系。结果表明，槟榔叶片中12种矿质营养元素的含量高低依次是氮>硫>钾>钙>磷>镁>锰>铁>锌>硼>铜>钼（表5-4，表5-5）。高产槟榔钙、镁、铁、锰、锌、硼、钼含量显著高于低产槟榔，而铜含量则相反。槟榔叶片中锌与氮、磷、钙、硼呈极显著正相关，认为锌对氮、磷、钙、硼存在一定的增效作用。叶片主要矿质营养元素含量与产量的相关分析表明，氮、磷、镁、锌与产量达到（极）显著正相关，相关系数分别为0.619、0.419、0.880、0.891（表5-6）。

表5-4 不同产量水平槟榔叶片的大中量元素含量（mg/g）

处理	氮	磷	钾	钙	镁	硫
低产	21.19±3.20b	1.84±0.13b	6.58±0.88a	3.02±0.50c	1.50±0.10b	8.46±1.82ab
中产	24.43±0.83b	1.99±0.23ab	6.12±0.72a	3.61±0.55b	1.54±0.19b	7.72±1.02b
高产	26.07±1.69a	2.14±0.04a	6.26±0.77a	5.05±0.36a	1.76±0.13a	9.58±1.06a

注：同列数据后不同小写字母表示差异显著（$p<0.05$）

表5-5 不同产量水平槟榔叶片的微量元素含量（mg/kg）

处理	铁	镁	锌	铜	硼	钼
低产	52.69±7.93c	84.74±8.55c	13.35±3.16b	4.05±0.67a	7.67±1.25b	0.31±0.05c
中产	119.30±9.14a	96.17±6.00b	14.49±1.41b	4.16±0.95a	7.52±1.17b	0.56±0.08b
高产	83.10±11.44b	110.93±7.71a	23.26±1.93a	2.96±0.74b	10.01±2.03a	1.12±0.21a

注：同列数据后不同小写字母表示差异显著（$p<0.05$）

表5-6 槟榔叶片矿质元素含量与产量的相关关系

元素	氮	磷	钾	钙	镁	锌	硼	株产
氮	1							
磷	0.474*	1						
钾	-0.226	-0.126	1					
钙	0.575*	0.366	0.015	1				
镁	-0.660**	0.067	0.235	-0.430	1			
锌	0.690**	0.622**	-0.050	0.737**	-0.320	1		
硼	0.283	0.443	-0.230	0.554*	0.095	0.540**	1	
株产	0.619**	0.496*	-0.060	-0.324	0.880**	0.891**	0.603*	1

注：*表示$p<0.05$的差异水平，**表示$p<0.01$的差异水平

（三）弱树和徒长树的施肥管理

槟榔种植3~5年后，有些树由于植株的个性差异、土壤肥力差异、病虫害、台风等天气的影响，有些槟榔树势较弱，还有些槟榔植株出现徒长现象，

长得过于旺盛，导致节间过长，或者华而不实，两者都会影响槟榔的产量和经济寿命（图5-4）。

对于槟榔园的树势较弱的树（图5-5），可以离槟榔树头40~50cm处，在东西方向或者南北方挖两条对称的50~60cm长、深20cm的半圆形、宽20cm的半月形弯沟，每条沟施入有机肥10kg，加入尿素150g+磷酸二氢钾+生根粉+保水剂，与表土混合后回土覆盖，半年后换方向重复操作一次，第二年后离树头60~80cm处，再重复操作两次，天旱时施肥后多浇水，基本可以实现弱树复壮。

对于槟榔园常出现的徒长情况，如树干节间特长，超过15cm，树干颜色绿而发黑，犹如竹杆。这类槟榔树易出现在密种、树林附近或者房前屋后，采光较差的槟榔园，或者养殖场旁边、水田地等有机质过剩的土壤（含量大于3.0%），这类槟榔易出现槟榔只长叶不开花，或者开化后，坐果率低，花穗干枯后出现扫把状。以上这类槟榔树，可连续两年以上不施有机肥，也不施入含氮肥料，加大磷、钾肥的用量，再配合适量的硼肥等微肥，可以实现控制节间长度，促进树干木质化，从而实现促进开花和保果，达到高产的目的，并且可以延长经济寿命。

图5-4 徒长树

图5-5 树势较弱槟榔树

第六章　水分管理

槟榔传统的种植方式，一般是在雨季种植，定植时浇几次定根水，成活后不再进行水分补充。但目前受到全球气候变暖的影响，海南经常出现极端高温天气，对规模化种植的槟榔园，水分管理越来越重要。

槟榔为浅根系作物，根系垂直伸展能力较弱，大部分根系向侧面伸展，所以槟榔不耐干旱，特别是在苗期干旱会导致死苗，即使是成龄树，一旦受到干旱影响，可能需要2~3年才能恢复和结果，但生产上由于干旱而导致成龄植株死亡的现象并不常见。海南各地每年的11月到第二年的4月是连续的干旱期。受干旱影响，造成新植槟榔成活率不高，幼苗及时浇水能提高其成活率，成龄树浇水有利于早开花，提高坐果率，促进幼果生长，促进增产增收。

一、灌溉

为了保证槟榔生长所需的水分，要因地制宜的利用河沟山泉、自打水井、山塘水库蓄水引水等条件建立灌溉设施。槟榔园地传统的灌溉方式主要是通过开挖灌溉沟渠，先将水抽入渠内，然后借助重力的作用在灌溉沟渠内从高到低引水，再让水慢慢渗滤。传统开渠灌溉方法存在弊端，不节约水资源，而且在灌溉时会对槟榔形成水淹环境，在两次灌溉间的干旱和水淹的周期性循环也对槟榔生长不利。此外，还有一个重要的方面，传统灌溉方式受到地形的限

制。槟榔园采用自动喷滴灌技术，既可节约用水，又可抗旱省工，还能够在不平坦的地形上也能有效灌溉，可溶性肥料也可以通过管道来输送，可以节省相当大量的费用。

二、槟榔园采用的主要灌溉方式

（一）沟灌

在海南有些地势较低或者山区位于山脚的在槟榔园附近常有流水经过，可以根据不同地势，参照各级水稻梯田的灌溉模式，在槟榔的行间沿等高线修建小水沟。把水源引入槟榔园的最高点，然后借助重力的作用在灌溉沟渠内从高到低形成槟榔园间的长流水，让水慢慢渗滤到槟榔的行间。这种灌溉方式的优点是成本极低，操作简便。缺点是受水源、地形和土壤条件的限制，海南只有部分槟榔园具备这样的自然条件。沟灌的槟榔苗一般适用于定植18个月以上的槟榔树，定植18个月以下的槟榔小苗期，由于根系尚不发达，较难吸收沟里的水分，建议前期进行人工浇灌。

（二）浇灌

要因地制宜地利用河沟山泉、自打水井、山塘水库蓄水引水等条件建立灌溉设施。高位水源处与槟榔的出水口的高差要保证6m以上，如果用电或者燃油做动力的抽水泵，扬程要保证10m以上。可以在园间铺设PVC管道，一般主管采用直径32mm、50mm、63mm规格的即可，出水的接口以25mm的PVC为宜，在槟榔园每个接水口间的距离一般不超过60m，约平均5亩地一个接口，浇灌的工作管道一般采用内径25mm的软管，长度在50m以下，可以把软管分割成两条25m、或者20m、20m、10m用一个或者两个活动接口连接成一条移动浇水管。拉管浇水时把软管沿一条行间伸展至离接水口的最远处，不宜在槟榔园以株行间的对角线穿插软管，以免浇水时软管缠绕槟榔树，影响工作效率。在浇水时，从最远处往水龙头接口方向往回倒退行走浇水，行走路线与铺管道的路线左右两边对称垂直，尽量避免沿槟榔行间的对角线方向行走浇水。当浇水回退到离接水口约20m处，可以扭动软管的活动接，脱掉一节的软管，减轻水管的重量，使用头上一节水管继续浇水。在一个接口处浇完一片槟榔后，往下一个接水口转移软管时，要站在水管的高处收管，排掉软管内的残留水，以减轻软管的重量。

人工浇灌适用于任何生长时期的槟榔园，具有材料便宜，造价低等优势，但浇水时费时、费工。在刚定植的槟榔园浇定根水时根据定植穴位的大小，浇透穴位，每株浇水10~20kg，每亩的用水量1~2t。槟榔苗定植后前3个月，每天约需补充水5kg，每亩地的需水量0.5~0.6t。定植后3~18个月，可以2~3d浇一次水，每次的需水量约10kg。定植18~36个月，可以3~4d，每次的浇水量约15kg。成龄的结果树，每2d浇一次水，每次每株的浇水量约30kg，所以建园水池的容积一般按照每亩3t的容积作为标准来建设，10亩地一般修建30t容积的水池。10亩以上的槟榔园可以根据规模而适当减小水池体积与槟榔种植面积的比例。

（三）滴灌和微喷灌

在海南坡地大面积种植的槟榔基地，建议安装滴灌和微喷灌系统。下面以100亩的面积为例滴灌和微喷灌的安装和使用作分析。

1. 水源的配置

必须保证每天150t以上的水量，如果槟榔基地有水库、大山塘、大水井作水源，可用水泵直抽供水或者结合水塔、高位水池等方式进行供水（图6-1）。如果是深水井作水源，每小时的出水量保证8t以上，水塔或者水池的容积在80m³以上。如果用水泵直接抽水作滴灌和微喷灌的水源，从水面到最高点出水点的高差控制在15m以内，抽水泵的扬程在30m以上。如果使用高位水池作供水源，高位水池与最高出水点的落差保证10m以上，水池附近小部分落差小的槟榔树可以

图6-1 水塔

用小马力的加压泵供水（图6-2）。

图6-2 加压泵供水

2.水泵和各级主管安装配置

如果用水泵直抽，建议需安装10kW左右水泵作抽水动力，水泵到水面的高差不超过8m，吸水口安装60目以上的过滤网，以免从水源带入小颗粒的杂物阻塞喷头。主管使用90mm或者110mm作一级抽水主管，一级主管供水长度在300m以内，保证每小时的出水量60m³以上。如果用水塔或者高位水池做工作水源，建议安装2~3kW的高扬程水泵作抽水动力，抽水管的主管一般采用50mm、63mm规格。工作水源从水池到主管使用90mm或者110mm作供水主管，在离水池下方落差10m左右的位置安装一个总水阀。在总阀的上方用三通与水池的抽水进水管连接，连接处安上水阀，方便水池引水管的灌水排空气引水，此水阀只是引水时使用，平时关闭。可以从高位水池不同方向，引出多条75mm、90mm、110mm主管同时进行浇水，但容积100m³以内的水池，引出的一级主管一般不超过6条。二级主管可以配制75mm或者63mm、50mm管径的PVC管，每条一级主管一般配制2~6条二级主管，每条两级主管供水面积5~15亩地，一级主管和二级主管在园间匀均分布，保证水压的匀均。切换1~2次水阀，能够把全园槟榔浇水一次，尽量减少水阀切换的次数，以提高浇水的工作效率。一级、二级主管建议开深沟埋于地下，以延长一、二级主管的使用寿命，每条二级主管对应用每行槟榔引出一条32mm或50mm管径的出水口，并安装上水阀（图6-3，图6-4）。

第六章 水分管理

图6-3 成龄槟榔园主管安装示意　　图6-4 幼龄槟榔园主管安装示意

3.接头和软管、滴、喷头的安装

从每行槟榔树引出的32mm、50mm管径的出水口处，用水管三通变头安装上丁字形出水口，在两边安装上带螺口内牙接口，安装上25mm或者，20mm软管的接口。在幼苗定植后半天内安好软管、滴头或者喷灌，25mm软管从出水口至末端建议软管长不超过50m，20mm软管不超过35m，保证水管压力的充足。第一次使用前，软管的尾端不宜封口，开足水源，先清洗水管内部的安装锯沫等小颗粒杂物、然后用木条或者小钢管固定软管的尾部。在苗期每株头部安装上滴头。滴头的出水量每分钟0.2～0.4L或者安装上喷洒半径50cm以内，每分钟出水量0.4～0.6L的微喷头，喷头安装方向统一朝下。如果是安装滴灌头，槟榔树生长2年后再进行更换微喷头，方向朝上，如果原来安装方向朝下的微喷头，扭转软管，转为朝上，浇水的范围能够达到50cm。种植4～5年后的槟榔树，在出水口用直通加装一段1.3m长的硬管，把软管悬挂于树干，离地面1.8m处使用铝线固定软管，以免软管滑落。更换喷洒半径2～3m、每分钟出水量1～1.5L的旋转微喷头，20mm、25mm软管连接处加装一段20cm长管径5mm的软管，并套上约50g的重坠，使喷头总能保持统一朝下（图6-5）。由于每个喷头出水量的加大，可以隔一行撤掉一条20mm、25mm的软管，隔一株撤掉一个喷头，整园可以保留1/4至1/3的喷头，以保证每个喷头的水压。边行的原微喷头保留，以防因常风吹洒，引起边行缺水。

图6-5 微喷灌示意　　　　　　　　图6-6 滴灌

4. 滴、喷灌的使用和维护

在幼苗定植后,可以使用滴头或者微喷灌头对定植的幼苗进行浇定根水,第一次使用时,可以打开浇水系统,一定要检查每株苗是否有漏装滴头或者是否有喷头阻塞现象,应及时进行补装、或者用小铁丝进阻塞的喷头进行清理或者更换滴头,另外用秒表计时,并计算一定时间内滴头或者微喷头的出水量。对于出水较大的软管,可以调节软管的控制水阀,减少出水量,尽量做到全园的喷头出水量相对匀均(图6-6)。浇定根水,每株控制在10L左右的水量,如果安装滴头、喷头每分钟出水0.4L,则浇水25～30min即可,第2d继续浇水25～30min,并进行每株喷头的检查,第3d以后可以减一半时间则为浇水12～15min,并进行每株喷头的检查。随后的时间可以逐渐减少喷头巡查的时间,还可2～3d检查一次喷头。定植约半个月后,浇水系统稳定工作后,可以一个星期巡查一次喷头,在槟榔园可放置约一定量的滴头或者喷头作为备用,同时配备1～2条小铁丝用于清理个别喷头阻塞物或者直接换掉磨损严重的喷头。如果使用电泵作为抽水动力,可以安装定时器,用定时器控制电泵的浇水时间,从而实现槟榔的定量灌溉。如果槟榔园附近覆盖wifi信号,可以在水泵的电路上安装一个信号接收器,连接电路控制器,利用物联网进行远程控制灌溉系统,也可以在槟榔园安装土壤水分传感器,根据土壤的含水量进行实时灌溉,达到省工省水的目的。

定植一年以内的槟榔,每次浇水5～6L,每次浇水时间10～15min,在干旱季节可以每天上、下午各浇一次水,定植两到五年的槟榔树每天每次灌溉时间20～30min,水量约10L,定植5年以上的成龄树,可以每天浇一次水,水量约15L。

5. 小农户滴、喷灌的安装使用。

如果是小农户房前屋后小面积种植槟榔,可以利用房屋顶部的水箱,将水管分接到槟榔园,用于滴、喷灌,或者在家附近安装一个专门的水箱,利用污水泵过滤抽取三级化粪池的污水,注入清水,污水与清水混合后再输送至槟榔园进行滴管或者喷灌,循环利用污水,达到节水节肥的目的。

6. 配套水肥一体化的安装和使用

在安装滴、喷灌系统的槟榔园,可用该系统进行施肥,主要是施用水溶肥。海南槟榔常用的槟榔水肥一体化的主要有四种方法。第一种,一些有水肥池的槟榔园,在拉管浇灌槟榔园时,在水肥池中加入过滤过的人畜粪尿或者用烂鱼沤制的有机液体或者加入可溶性的腐植酸肥料再按一定比例配方加入可溶性的化肥,如尿素、氯化钾、磷酸氢铵、磷酸二氢钾或者速溶的三元素复合肥等,在需施肥的时间,拉管浇水的同时施入肥料,这种水肥一体化的优点是,设备简单,安装造价低,直观。只要有水池、水箱、抽水泵,槟榔种植户即可进行操作使用,不易阻塞管道,缺点是较费人力。第二种方式是在水池中加入如上水溶性肥料,使用滴、喷灌系统施入槟榔园,这种方法的优点是省时省工,但由于多种肥料加入水池中,易造成水池的污染,加过肥料后,水池中容象长一些藻类生物,会给滴、喷灌系统造成阻塞,如果水池较大,肥料不容易混合匀均,造肥肥料的浪费。第三种方式是在滴、喷管的一级或者二级管道处安装加压进肥口,需要施肥时,在供水管口附近放置一个施肥桶。可以使用抽肥的加压装置,在一、二级管道处压入配制好的高溶度水溶肥料,此方法施肥较为高效,但需要另外一台加压设备。第四种方式是在滴、喷管的一级或者二级管道处安装一条小型的吸肥装置,可以利用水流的压力差吸入肥桶中的水溶肥,这种装置比第三种施肥效率低,但无需另外的动力装置,适合在山地拉电困难,搬运机械不方便的利用重力势能进行滴、喷灌的槟榔园。以上四种水肥一体化的安装可以根据槟榔园的具体情况,因在制宜使用(图6-7)。

图6-7 水肥一体化示范基地

7. 灌溉系统的成本和效益分析

2016—2020年，中国热带农业科学院椰子研究所在槟榔基地开展水分管理试验，根据槟榔安装喷灌系统浇水和不浇水的对照试验结果，不同的年份产量差异20%～50%，干旱年份差异较为明显。据印度学者的报道，有灌溉的槟榔园较非灌溉槟榔园产量提高约25%。

槟榔园安装喷灌系统浇水的效益显著。槟榔园安装喷灌设施的成本为每亩800元，设施使用周期为10年，则浇水设施安装成本为平均每亩地每年80元，加上每年更换喷头等配件的成本每亩约20元，安装喷灌设施的成本为每亩100元；根据每亩浇水100t计算，抽水成本约30元，加上每年一亩地一个人工浇水成本计算，以120元计；安装喷灌设施浇水总成本约为每亩250元。以海南平均单株产量3～4kg计算，按照槟榔园安装喷灌设施浇水后增产30%计算，每株每年增产0.9～1.2kg，根据近5年平均鲜果价格16元/kg计算，单株增加的产值在14～19元，则每亩地将增加产值1 400～1 900元。根据以上成本效益分析，槟榔园安装喷灌系统浇水每亩地可以增加1 150～1 650元的收入。

三、保水剂的应用

保水剂（SAP）是一类吸水能力超强的高分子聚合物，在短时间内吸水倍数可达几百倍，在干旱的情况下可将水分缓慢释放供作物利用，从而保证当土壤水分亏缺时植株仍能维持正常的生理代谢。在一些安装灌溉设施困难的槟榔园，使用保水剂可对槟榔园起到一定的耐旱效果，特别在苗期，可大大提高槟榔幼苗的成活率。中国热带农业科学院椰子研究所李佳等研究表明，使用0.3%的聚丙烯酰胺类保水剂可有效提高干旱胁迫槟榔幼苗叶片的渗透调节物质含量及其抗氧化酶活性，保障光合作用顺利进行，缓解干旱胁迫对槟榔幼苗的伤害（图6-8；图6-9）。

干燥保水剂　　　　吸水后保水剂

图6-8　保水剂

0.3%保水剂　　未加保水剂

图6-9　保水剂处理

四、槟榔园覆盖物土壤的保水作用

在海南的4至8月，海南的天气炎热，水分蒸发量大，在开花结果期间适当保留园间杂草减少蒸发，有利于保持土壤水分。利用槟榔的落叶、椰糠和地膜对树头进行覆盖，对保持土壤的水分也有一定的作用（图6-10；图6-11；图6-12）。在槟榔园种植一些适合槟榔园生长的绿肥，如平托花生、大叶油草、压草豆、板蓝叶等（图6-13），也是一种调整槟榔园生态环境的方式。

图6-10　成龄槟榔园行间地膜覆盖

图6-11　幼龄槟榔园树头地膜覆盖

图6-12　定植穴椰糠覆盖

图6-13　平托花生覆盖

五、保持土壤水分对抗寒的作用

在海南万宁以北及中部的琼中屯昌等地方，在12月至第二年的2月，有些年份会发生低温寒害，引起槟榔叶片大量干枯，特别是朝北的迎风坡向发生严重。如2008年和2016年的春季寒流，就导致海南几十万亩的槟榔园减产，在琼中部分海拔较高地区甚至绝产。而当时中国热带农业科学院椰子研究所在槟榔试验基地对槟榔进行了大量灌溉，取得了一定的抗寒效果，保住了部分种果，随后调查了海南大量的槟榔园，在水田地或者低洼地等地的槟榔园寒害较轻，说明土壤水分对槟榔的抗寒有一定的作用，所以建议在寒害来临之前及发生期间，对槟榔园进行灌溉，保持适度的土壤含水量，从而达到保持较高地温的目的。

六、排水

海南夏秋季节台风等强对流天气频繁，降雨量大。因此，园地规划需提前做好排水保土的措施。丘陵地建园，暴雨时园区积集大量雨水向下流，易引起冲刷，建立排水系统主要是防止水土流失。可在最高一行梯田的上方，约相距10m处设等高的截水沟，在梯田内侧设排（蓄）水沟和顺坡的纵行排水沟。一般的园地应有纵向排水沟和横向水沟，排除园地积水。尽量利用天然低地作为纵向排水沟，或在田间道路旁边设纵向排水沟，排水沟深、宽20~30cm。横向排水沟设在梯田内侧沟，且每一梯级环山间隔2株做一土埂，消除梯级内多余积水和积蓄雨水。

第七章 槟榔低产林改造技术

第一节 海南槟榔低产林的现状和特点

一、槟榔低产林的界定

目前，海南槟榔林平均产鲜果量为300kg/亩左右，产量较低。海南万宁、定安、琼中、白沙等地的主要槟榔主产区调查结果也表明，大量的槟榔林属于低产林的范畴。

二、海南槟榔低产林现状

海南省槟榔种植面积呈现井喷式增长，由2003年的64.7万亩增加至2017年的153.8万亩（表7-1）。2017年全省各市县槟榔种植面积见表7-2，其中，种植面积在10万亩以上的市县有6个，分别为万宁、琼海、琼中、屯昌、保亭和定安，共计110.38万亩，占全省槟榔种植面积的71.7%。调查发现，海南省低产槟榔园（槟榔单株产量1.5~2.5kg/年）约占全省种植面积的40.7%，中产槟榔园（槟榔单株产量4~5kg/年）约占全省种植面积的42.4%，高产槟榔园（槟榔单株产量6kg/年以上）约占全省种植面积的16.9%。全省槟榔高产区主要集中在陵水、保亭、乐东、琼海和屯昌，单株平均产量5.6kg/年。

表7-1　2003—2017年全国槟榔面积产量产值情况

年　份	面积/亩	全年总产量/t	单位面积产量（t/亩）	产值/亿元
2003	646 845	55 039	0.22	9.905
2004	700 995	62 700	0.23	15.600
2005	715 710	64 337	0.21	15.440
2006	795 990	74 800	0.21	18.700
2007	914 400	99 623	0.12	15.468
2008	941 595	116 511	0.12	23.302
2009	987 300	143 557	0.13	22.740
2010	1 038 405	152 105	0.13	24.336
2011	1 188 495	169 162	0.12	33.832
2012	1 322 295	202 757	0.12	41.470
2013	1 375 005	224 712	0.12	37.359
2014	1 411 005	231 014	0.12	41.582
2015	1 470 705	229 200	0.11	64.170
2016	1 494 900	234 200	0.11	72.836
2017	1 537 950	255 114	0.23	158.170

引自王华等，2019

表7-2　2017年各市县槟榔种植面积和产量

市　县	年末面积/亩	收获面积/亩	干果总产量/t
海口市	33 915	18 390	2 978
三亚市	85 605	73 035	19 946
五指山市	33 285	23 040	5 447
文昌市	40 215	25 035	6 601

（续表）

市　县	年末面积/亩	收获面积/亩	干果总产量/t
琼海市	244 665	199 470	42 079
万宁市	272 070	214 890	41 063
定安县	133 755	88 395	24 440
屯昌县	166 380	98 625	21 626
澄迈县	72 150	41 820	16 140
临高县	285	180	87
儋州市	7 155	4 590	1 265
东方县	5 310	2 040	325
乐东县	74 895	62 535	14 870
琼中县	186 705	121 605	25 785
保亭县	100 275	70 500	19 389
陵水县	64 710	56 790	10 711
白沙县	15 885	7 050	2 358
昌江县	675	105	4

引自孙慧洁等，2017

三、海南槟榔低产林特点

槟榔适应性较强，生长在深厚肥沃的林地上的槟榔产量高，经济寿命长，生长在瘠薄林地上的槟榔，会出现早衰低产的现象，若在不适宜的林地上造林则生长发育不良。

海南省槟榔种植现状的主要问题特征：立地条件差，缺乏必要的抚育管护，病虫害严重等。

1. 立地条件差

部分槟榔园地下水位过高，而且没有起高垄和开有效的排水沟，槟榔园积水导致槟榔根系长期浸水，造成槟榔长势差，产量低。部分槟榔园种植坡度大，海拔高，种植时没有预先开垦环山行，选成槟榔园水土流失严重；长期光照不足，积温不够，选成槟榔植株，产量低，经济寿命短。

2.管理粗放

槟榔被称为"懒人树"，长期以来，槟榔种植户管理意识淡薄，生产上大多停留在粗放型管理状态，重种植、轻管理，重产量、轻质量，重眼前、轻长远，管理组织化程度低。广大槟榔种植户忽视槟榔高产栽培技术在槟榔增产中的重要作用，尤其是忽视水肥科学管理技术，再加上劳动力成本逐年提高，农户成本投入不足或几乎不投入，"靠天吃饭"成为生产常态，导致槟榔"结果晚、产量低、品质差"，单位面积产量普遍较低，低产园单株年产量长期徘徊在1.5~2.5kg。

3.品种混杂，良莠不齐

当前海南槟榔生产上长期存在着品种混杂现象，除海南本地种类型外，台湾种、越南种、泰国种类型槟榔均有栽培，不同类型槟榔在产量、果实形状、槟榔碱含量、口感品质等方面不尽相同。由于长期以来在槟榔种质资源收集、评价、鉴定与利用等方面缺乏稳定的经费投入，高产、稳产、抗性强的优良品种匮乏且尚未大规模推广应用。近年来，槟榔种苗市场需求量日益增大，由于目前槟榔种苗生产均处于自发状态，缺乏统一严格的市场监管和可参考的标准繁育技术体系，导致种苗市场混乱，造成大量携病、种质不纯、来源不清的劣等苗木流入市场，导致种苗市场混乱，制约了槟榔种植业规模化、标准化生产，威胁着槟榔产业的健康发展。

4.病虫害严重

大多数的槟榔种植户对槟榔主要病害认识不够，不注重预防。槟榔常见的病害有槟榔黄化病、果腐病、芽腐病、炭疽病、细菌性条斑病、煤烟病、茎基腐病、大茎点霉叶斑病、镰刀菌根腐病、泻血病、褐根病、藻斑病。会造成严重减产和引起死亡的病害主要是槟榔黄化病。

槟榔的虫害常见的有椰心叶甲、红脉穗螟、二疣犀甲、基斑毒蛾、椰园蚧、椰花四星象甲、黑刺粉虱、矢尖蚧、螺旋粉虱、腹钩蓟马、蔗根土天牛、红棕象甲等害虫。目前以上虫害在槟榔园都会有一定程度的为害，其中为害最严重的主要是椰心叶甲和红脉穗螟，在海南各市县的槟榔园都有发生。

第二节　海南槟榔低产林的成因和类型

一、海南槟榔低产林的成因分析

海南省槟榔低产林的形成，既有客观因素也有经营管理方面的原因。

（一）客观因素

1. 造林立地条件差

部分槟榔园种植坡度大，海拔高，种植时没有预先开垦环山行，造成槟榔园水土流失严重；长期光照不足，积温不够，造成槟榔植株节间变长，产量低，经济寿命短。

2. 良种化程度低

当前，海南省槟榔林多为农户自留种，种源尚不清楚，果质差异大，遗传分化较为严重，绝大多数产量不高，加之长期的自然混交，致使品种混杂，品质退化严重，呈现产量下降趋势。同时，苗木繁育体系不健全，优良品种缺乏。

目前，经过国家、省级审定并运用到生产上的槟榔良种就只有中国热带农业科学院椰子研究所选育的"热研1号"槟榔新品种1个，有些中小企业也做些品种的初级的选种及一些推广工作，没有在海南省进行严格的、长期的区域性试验及适应性评价，品种的稳定性、可靠性缺乏严格的认证。现有槟榔林分中良种造林比例小，目前"热研1号"槟榔的推广面积仅有2万多亩，占海南省槟榔种植面积的1%，产业化推广良种寥寥无几，导致海南省槟榔品种"泛化"的结果，在槟榔产业化初期出现了苗木短缺，出现"见品种就引，是种就种"的情况。特别是近几年，由于槟榔价格持续走高，槟榔发展势头迅猛，种植面积迅速扩大，农民多种苗的需求量日益增大，目前槟榔种苗生产均处于自发状态，槟榔良种苗木繁育体系不健全，缺乏统一的市场监管和可参考的生产标准，造成大量携病、种质不纯、来源不清的劣等苗木流入市场，对槟榔产业的健康发展造成了极大威胁。因此，应进一步完善槟榔生产发展规划，重点扶持一批国家和地方实力较好的科研单位和龙头企业，建设一批集约化的种子、种苗生产基地和良种繁育基地，制定种苗质量标准，推进种植良种化和专业化。

3. 林分结构不合理，林分质量差

由于采用较为原始的生产方式，现有槟榔林地部分树龄长短不一，树体高矮不一，存在老、中、幼龄槟榔树在林分中交叉分布现象，老树虽然较高，但因为各种生理功能减弱，导致结果量少；幼龄树虽然生理机能强，但受荫蔽等负面生存条件影响，生长慢，结果量少甚至不结果。

（二）经营管理方面原因

1. 缺乏科学的经营管理

海南槟榔的种植多以农户自主种植为主，企业种植面积较少。大部分的农户在进行槟榔的选育培养时采用传统的方法，缺乏科学的理论支撑，对先进栽培技术的接受程度还较低，难以获得高产稳产。

槟榔要求的自然条件和土壤条件粗放，在管理上普遍存在轻种轻管、重种轻管、重收轻管、人种天管、规模化种植少的状况，而不注意进行土壤改良和有效肥水的管理，导致植株得不到充分的养分，进而使收获期变短，产量变低。管理正常的槟榔园可以收获30~40年，而海南有些槟榔种植不到20年就出现严重的衰退现象，其中一个重要的原因就是缺乏科学的管理措施。种植管理的粗放与槟榔种植户的传统习惯与观念不可分离。但是，简单粗放的槟榔种植管理，不利于槟榔产业的发展与壮大。

2. 密度控制不合理

林分密度直接影响群体和个体的生长，从而影响林分的经济产量。一些槟榔园单位面积内的种植数量严重超标，槟榔植株徒长，花而不实，造成人力、物力的浪费。而种植密度太低，不仅浪费土地资源，同时由于株行距过宽，田间的荫蔽度不够，树干容易受到太阳光的曝晒，易发生日灼等生理性病害，田间水分也容易蒸发。种植密度应根据气候、土壤条件和管理水平等因素来确定，一般株距2~2.5m，行距2.5~3m，每亩100~110株，山坡地由于上下光错开可以适当密植。

3. 病虫为害严重

种植技术落后、方法不当，槟榔种植易发生病虫害。海南槟榔由于种植

技术落后、方法不当，加之远距离跨地区调运苗木，加速了病害的传播扩散，使得各产区槟榔病害发生普遍，病害的严重发生导致树势早衰、外观品质下降，甚至植株死亡。专家提出，施肥不当，营养元素缺失，或者土壤养分失调，使植株产生拒抗现象，影响对养分的正常吸收，导致槟榔树生理失调，使槟榔容易感染生理黄化病，造成减产，降低效益。海南省种植槟榔历史悠久，然而许多农户仅凭经验，缺乏对槟榔生长周期、如何科学施肥等理论知识的全面了解，采用传统的轻种轻管、重种轻管的思想进行种植，使海南省槟榔产量普遍偏低，抵御病害能力不强。

4. 缺乏深加工的生产技术和产品市场的开发

海南槟榔深加工产业不成熟，经济价值没有得到充分挖掘。资料显示，自1998年以来，海南槟榔在成熟采摘后直接销往内地或仅经过简单初加工后出售给湖南、广西等企业，在湖南、广西等地进行深加工，达到产品的输出状态。在这一过程中，由于海南省对槟榔的综合开发利用、产品的研发、有效成分的提取和产业化加工技术研究方面不够成熟，其从种植槟榔中获得的效益只是槟榔经济价值中的基础部分，没有充分开发出槟榔的附加价值和延伸价值，槟榔青果价格较低时，农户种植效益低下，影响农户管理槟榔的积极性，甚至失管，从而造成槟榔低产。

第三节　海南槟榔低产林改造技术与模式

一、槟榔低产林改造的目标与原则

（一）目标

槟榔低产林改造的目标主要是提高槟榔产果量，结合低产原因，因地制宜改造低产林，使槟榔产量逐渐提高，最终保持在相对林地生产力条件下的稳定生产能力。目前海南大多数槟榔林地产量仍很低，通过低产林改造能够达到6kg/株左右鲜果的中产林水平，部分气候土壤条件较好的地区可以达到15kg/株以上的高产林水平。因此，海南槟榔林地增产潜力还很大。

（二）原则

1. 因地制宜，发挥自然能力与人为措施相结合

槟榔发展很大程度上依靠自然条件，地域性很强，深刻认识和充分利用自然力是经营槟榔生产的基础和前提。认识自然力，用人为措施科学地调节槟榔和自然条件的关系，以充分利用自然力就要应用科学技术。先进的科学技术就在于最大限度的利用和发挥自然力。发展槟榔产业，如果不充分认识槟榔的生物学基础、生态学基础等基本知识，不懂得槟榔生长发育规律，必然是事倍功半。要使投入的资金、人力、物力取得巨大的回报，就要充分发挥自然力，从而形成最佳的生产力，就需要这个投入是在科学技术指导下的投入，是符合自然规律和经济规律的投入。否则，不仅投入得不到最好的回报，还会造成自然力的巨大浪费。

2. 经济效益、生态效益和社会效益相结合

槟榔经营的主要目的是采收果实，而槟榔寿命长、常绿、耐贫瘠、有较强的生命力，这些生物学特性和生态学特性使槟榔的栽培在发挥其经济价值的同时，还能很好地发挥生态效益和社会效益。在海南，槟榔是一个调节生态效益、经济效益和社会效益的优良树种，是一个集三大效益于一身的经济树种。槟榔一般作为重要的经济林来发展，经济寿命30～40年，自然寿命50年以上，只要科学经营，它又是很好的生态公益林。

3. 分类经营

槟榔低产主要是由于品种混杂、立地条件差、水肥条件不足、长期荒芜等原因造成的。槟榔低产林改造要根据槟榔林的现状进行科学分类，然后对不同类型，采取不同技术措施，以达到投资少、收益快、高产稳产的目的。在实施槟榔低产林改造前，要开展基本情况调查，分析造成槟榔林低产的原因。分类经营的依据主要是林分结构、立地条件、树体营养状况、病虫害防治。根据林分情况，针对性地实施品种改良、林地清理、密度调整、垦复深挖、蓄水保肥、合理施肥、病虫害防治等技术措施，提高林分产量。

二、槟榔低产林改造步骤

槟榔低产林改造是一个由浅入深，由表及里，从形式到内容的循序渐进

的过程，一般主要涵盖三个层次。

第一层次：林相整理。针对海南低产林现状，首先进行的是调整林相结构，因多数槟榔林地长期缺乏科学管理，杂灌丛生。因此，首要的任务是割灌除草，剔除枯树、病树，做好林地管理。

第二层次：水肥管理、病虫害防治。虽然槟榔树种本身具有一定的抗逆能力，耐瘠薄，但想要获得高产量，水、肥管护对提高槟榔林地生产力尤为重要。槟榔因花、果同期，对养分和水分的需求量大，如水肥供应不足，会出现生理性落果，甚至膨果期发育不健全，因而提前施足底肥，同时兼具保水功能，有益于增产增收。具体措施为开挖环状沟以及必要的施肥等。槟榔低产林中病虫害较普遍，为害严重时，造成大量花、果脱落或干枯，甚至死亡。要按照防重于治的方针，以营林技术为基础，以生物、药物防治相结合的综合防治措施，力求"治早、治小、治了"。

第三层次：品种改良。在做好以上两个层次的基础上，针对一些品种不清、表现低劣的低产林分，实行品种改良。采取更新造林的方式，选择适合当地的优良品种，逐步实现良种更替。

三、槟榔低产林改造技术

（一）垦复与施肥

1. 垦复

垦复是槟榔林增产的基本措施，也是综合技术措施的基础。垦复可以增加土壤的持水能力，同时达到水肥耦合，提高水肥供给能力。海南省槟榔低产林地主要为坡地，开展垦复、保水保肥和合理施肥，是低产林改造的必要措施。槟榔低产林改造垦复的目的主要是改造立地条件。根据海南省槟榔林地为坡地的试剂情况，将林地挖成水平梯地，梯带边上做地埂，内侧沿埂平行挖沟，可减轻槟榔林地水土流失，切实做到林地营养均衡、丰富，为槟榔植物的迅速生长提供一个良好的立地条件。

铲除杂草及灌木是槟榔林管理中的一个主要措施。槟榔林每年除草次数可以和施肥结合进行，也可以单独进行。除草的次数视槟榔园杂草的生长情况及槟榔长势而定，一般幼龄期每年除草3~4次，成龄槟榔园每年除草2~3次。铲除槟榔种植穴内杂草，而对于槟榔园空地上的杂草则不需要铲除干净，主要是砍去生长过快的和高大的杂草，保留适当的植被有利于防止夏季槟榔园地水分过度蒸发，防止水土流失。此外，在槟榔园覆盖绿肥也能够防止水分过度蒸发、水土流失，还可以减少杂草的滋生。将掉落的槟榔叶等用作槟榔园覆盖物，能够增加土壤的有机质从而提高土壤肥力。

松土能够使土壤更好地保持水分和防止板结，特别是在一些土壤比较紧实的地区。一年松土一次或两次，在雨水充裕时并在施肥前进行，分别在3至4月和9至10月。松土常与施肥同时进行，在槟榔穴位松土，然后摊开农家肥，或者是绿肥包括细嫩的枝条和树叶、杂草等，最后再覆上新土。

2. 水分管理

海南槟榔主要种植在山坡地，水分条件较差，每年11月至第二年4月，海南气候连续干旱，干旱致使槟榔生长迟缓，成龄槟榔一旦受到干旱影响，可能需要1~2年才能恢复和结果。槟榔不耐旱，特别是在苗期，干旱会导致幼苗死亡，而由于干旱导致成龄植株死亡的现象并不常见。受干旱影响，成龄槟榔结果期推迟，甚至严重影响槟榔的产量。

加强灌溉可有效提高槟榔经济效益。成龄树加强灌溉有利于早开花，提高坐果率。传统开渠灌溉方式受到地形的限制，同时需要大量的水资源，灌溉效果不高效，加上灌溉不及时、灌溉不均匀会严重影响槟榔的生长。因此建议在不同的槟榔园条件下，采用简易的灌溉方法进行灌溉，比如安装喷灌、滴管设施，同时配合施肥完成水肥一体化，可进行水肥管理（图7-1，图7-2）。

图7-1 简易水肥一体装置

图7-2 简易水肥一体化滴灌装置

3. 施肥

处于低产的槟榔树，除了严重发生黄化病的槟榔园，一般情况是树林长势严重不良或者营养失调长势过旺而徒长，肥料的选择、配比和施用方式与中产、高产的槟榔园有所不同。总的原则上，长势不良的槟榔园，改造的前1～2年施肥方式以养树为原则；徒长槟榔园促进槟榔园树干木质化、控节为原则。施肥要做到因地、因林、因树、因时等几大要领，不同时期使用不同肥料。槟榔低产林改造施肥可分为常规施肥、微肥等。

（1）常规施肥。槟榔严重缺肥是低产林形成的原因之一，施肥是大幅度提高产量的主要措施。

施肥原则：立地条件好、长势旺盛的林分施磷肥、钾肥；立地条件差、长势较弱的树应施氮肥为主。

长势较弱低产的槟榔园。由槟榔树长势不良，但也不排除有部分槟榔树可以达到中产的正常结果水平，可以在园间用油漆绑绳子等方法做上标记，参照第五章的施肥方法进行施肥。剩余弱树，改造的前1～2年，以重施有机肥和氮肥为原则，施肥方法有如下几种。

固体肥施法：改造的前1～2年，每株可以施厩肥10～15kg+过磷酸钙200g+尿素100～150g+氯化钾50～75g/株，干旱的土壤还以加入50～100的保水剂随肥料施入，以增强肥料的效果。每年施2～3次，可以在2至3月、6至7月、10至11月进行。在沿树冠外围辐射地60～70cm挖圆环形沟（图7-3），也可以在槟榔林间开沟进行施肥，沟宽20cm、深15cm。将肥料均匀施在沟内，再培土。肥料要施均匀，不能堆放在一块，以避免不利于根系吸收；也不应施在地表上，以防蒸发或被雨水冲走。

图7-3 挖圆环形沟施肥

液体肥施法：营养生长以补充氮

肥为主。用浇水管淋水穴位四周浇入，如果有安装滴灌或者微喷灌随浇水施入；也可对水10倍液，用注射施肥枪，注入土层10cm深处。4至7月开花和结果期间，可每株可施尿素50g，氯化钾20g，磷酸二氢钾或者水溶性好的磷酸氢铵20g，与水配成1：（500~1 000）倍液，用水管于穴位四周浇入，如果有安装滴灌或者微喷灌可随管道浇水施入，对于已标记的正常开花结果树的喷头可以关闭，使用第五章的水肥配方进行另外施入，也可对水10倍液，用注射施肥枪，注入土层10cm深处（图7-4）。

图7-4 注射施肥枪施肥法

叶面肥施肥法：高度8m以下的槟榔树，每季度可结合病虫害防治，使用尿素，氯化钾，磷酸二氢钾，加些微量元素肥料1：500倍液，喷施于叶片的背面和心叶处。高度超过8m以上的槟榔树，由喷施的工作量过大，不推荐叶面喷施。

经过1~2年的改造后，通过观察槟榔树的叶片数量、长度、颜色、根系，如果槟榔树的长势已恢复，可以参照第五章施保花、保果和壮果肥方法进行施肥。剩余弱树继续做好标记，使用上述推荐的方法继续进行施肥改造。逐年减少弱树，向中高产的结果树转化。

（2）徒长低产槟榔园施肥。对于槟榔树长势过旺园，叶片过于浓绿、节过长，造成华而不实。但也不排除有部分槟榔树正可以达到中产的正常结果水平，可以在园间用油漆绑绳子等方法做上标记，参照第五章的施肥方法进行施肥。剩余徒长树，可以不施或少施有机肥，也可以使用椰糠等肥料基质代替；

化肥以钾肥、磷肥为主，可以不施氮肥或者少施氮肥，施肥方法如下。

固体肥施法：改造的前1~2年，过磷酸钙400g+氯化钾100~150g/株+硼砂50~75g。每年施2~3次，可以在2至3月、6至7月、10至11月进行。在沿树冠外围辐射地60~70cm挖圆环形沟（图7-3），也可以在槟榔林间开沟进行施肥，沟宽20cm、深15cm。将肥料均匀施在沟内，再培土。肥料要施均匀，不能堆放在一块，以避免不利于根系吸收；也不应施在地表上，以防蒸发、板结或被雨水冲走。

液体肥施法：营养生长以补充磷、钾肥为主。用浇水管淋水穴位四周浇入，如果有安装滴灌或者微喷灌随浇水施入；也可对水10倍液，用注射施肥枪，注入土层10cm深处。4至7月开花和结果期间，可每株氯化钾50g，磷酸二氢钾或者水溶性好的磷酸氢铵50g，与水配成1：（500~1 000）倍液，用浇水管淋水穴位四周浇入，如果有安装滴灌或者微喷灌可随管道浇水施入，对于已标记的正常开花结果树的喷头可以关闭，使用第五章的水肥配方进行另外施入。也可对水10倍液，用注射施肥枪，注入土层10cm深处，对于已标记正常开花结果的树使用第五章的水肥配方进行另外施入。

叶面肥施肥法：高度8m以下的槟榔树，每季度可结合病虫害防治，使用氯化钾、磷酸二氢钾、磷酸氢二铵1：（500~1 000）倍液，另加一些微量元素（如硼酸）和一些矮壮素（如甲硝唑），具体施用倍数参照产品说明书，喷施于叶片的背面和心叶处。高度超过8m以上的槟榔树，由喷施的工作量过大，不推荐叶面喷施。

经过1~2年的改造，通过田间观察槟榔树的叶片数量、长度、颜色及树干尾部节间的长度、颜色及花序的状况，并结合采集叶片、花序等营养分析，如果槟榔树的长势已恢复正常，可以参照第五章施促花、保果和壮果肥方法进行施肥。剩于徒长树继续做好标记，使用上述推荐的方法继续进行施肥改造。逐年减少徒长树，向中高产的结果树转化。

（2）微肥。微肥应用于槟榔低产林改造是一种较新的技术。槟榔缺少某种微量元素和落花落果是槟榔低产的原因之一。微肥主要以喷施或淋溶的方法进行。

正常施入有机肥的槟榔园一般无需补充中、微量元素，但一些滨海地区有机质含量很低的槟榔园容易出现缺镁、缺硼肥、缺锌等现象，可根据症状的表现有针对性地施入中微量元素营养肥料。成龄树施钙镁磷肥300~500g（不能再另外施入其他磷肥，以免引起缺锌）、硫酸镁100~150g、硼砂50~75g、硫酸锌50~100g。幼龄树根据树体的大小酌情减少施入量，不宜每年施入，以免产生微量元素毒害槟榔，一般2~3年补充一次。

落花落果的原因有授粉不良、营养不足、病虫为害和气候异常等，因此要从精心管护、垦复抚育、肥水管理和积极防治病虫害等方面的综合丰产措施着手，变粗放经营为集约经营，促进槟榔正常生长发育，增强树垫达到保花、保果的目的。通常情况下，微肥和复合肥、有机肥结合起来施用，可达到更好的增产效果，应加强科学施肥方法和技术的应用推广。

（二）林相管理

稀林补植，密林间伐。槟榔林过密或过稀都不可能高产。过密枝叶交错，树冠彼此压挤，不能形成较好的冠形，造成平面结果；过稀不能充分利用地力和空间，即使株产较高，单位面积产果总量还是偏低。调查结果表明，通常槟榔林郁闭度在0.5以下或0.7以上的，都为过稀或过密，必须进行个体与群体结构改造。一般保持在100~110株/亩为宜。总的原则是林地郁闭度控制在0.6左右。

（1）密林疏伐 将过密的槟榔林进行疏伐，伐除病、老、劣株及不结果株，使林地保持20%~30%相对均匀的林间透光度。

（2）疏林补植 对林间空地，即原有空地、清理林地和伐除老、残、病、劣后出现的林隙空地，凡超过3m×3m的要进行补植。选用2年生以上的良种大苗，挖大穴（直径60cm）整地栽植，每穴内施足基肥（有机专用肥约2kg或土杂肥5kg）。栽植时要根舒、苗正、填土压实。补植季节以早春为宜，每年在垦复、复铲、施肥的同时，对补植幼树要进行抚育，促进其快速生长。

（三）树体更新

槟榔低产林面积大，情况复杂，针对低产原因，结合当前与长远利益考虑，在品种改良方面有以下改造途径和方法。实施步骤如下。

（1）逐步更替。海南省20世纪80年代种植的槟榔林，到目前有一部分林分虽有一定产量，但品种差、林相乱。对此，可选育良种壮苗，进行定点预栽，碰在点上的老残林或劣林砍除，不在点上的老残株分批砍去。但必须保证预栽的幼树有阳光，最好用2~3年生的大苗带土移植造林，更利于幼树茁壮成长。

（2）高标准更新。对于老槟榔林，目前林分已经衰败，是生产能力极低的成林，但林地立地条件较好，适宜槟榔的丰产栽培，可将老槟榔林彻底更新，规格化重新培育槟榔林。补植补造选用通过国家或省级审（认）定的适合当地推广种植的优良品系，如中国热带农业科学院椰子研究所选育的槟榔品种"热研1号"。对立地条件好的老残林，连同清理的灌木杂草一起清理掉，重新造林。造林更新可不受条件限制，但收效较晚。

（四）综合改造

槟榔林综合改造措施主要适用于林分结构基本合理，立地条件一般，林相较为整齐，优良品种类型60%以上，老病残株10%以下，密度80株/亩以上，郁闭度0.6以上，坡度25°以下的槟榔低产林。

根据林分实际情况，采取各种相应的技术手段。对不同立地条件上的老、残、疏、衰型槟榔低产林，以采用良种良法全面更新的改造方式为好；对树体健壮的品种低劣型槟榔低产林，可选择丰产、稳产、优质的优良品种进行改造；对生长正常的缺株稀疏型槟榔低产林，可采用优良带土大苗进行补植改造；对稠密郁闭型槟榔低产林，可采用疏伐的措施进行改造；对经营管理不善的荒芜粗放型槟榔低产林，可采用林地抚育的措施进行改造；对地差坡陡型的槟榔低产林，可采用林地施肥、林下间作和水土保持措施进行改造；对多种原因形成的槟榔低产林，可采用改树改地等综合配套的措施进行改造。

槟榔低产林改造技术的每项措施都是相辅相成、相互促进的，只有全面实施好密林疏伐、垦复、合理施肥、水分管理，病虫害防治等低产林综合改造技术才能获得最佳的改造效果。槟榔低产林综合改造结果表明，进行槟榔低产林综合改造能较大幅度提高低产槟榔林单位面积产量，达到短期增产增效的目的。

（五）病虫害防治

对于长势较弱的槟榔树重点以防治椰心叶甲、红脉穗螟、黄化病和芽腐病害为主。而对于徒长树以防治红脉穗螟和炭疽病害为主。具体的防治方法参照第九章槟榔病虫害的防治方法进行，每年防治次数要比正常的槟榔多2~3次。

（六）有利于低产槟榔林改造的间种模式

有些缺水、缺肥的低产的槟榔园，通过间作其他作物向中高产槟榔园转化。槟榔林套种在槟榔产区目前采用较少，套种经济作物可补充一定的养分流失量，套种作物宜选择匍匐于地表或矮秆的药材及豆科植物如平托花生、柱花草、且早春生长较快，能快速地覆盖地表，这样既可有效改善林间小气候，也具有较好的水土保持效果。但必须注意的是，套种必须结合抚育、施肥进行才能收到显著的效果。有利于槟榔增产的间作模式可以参照第八章槟榔林间管理和经营介绍的技术进行建设。

四、海南槟榔低产林改造实例

1. 万宁市南桥镇高龙村的低产槟榔林改造

万宁市是久负盛名的"槟榔之乡"，槟榔种植历史悠久，并传承了自有的槟榔经营种植模式。

试验区位于万宁市南桥镇高龙村，面积约23亩，地势平坦，品种为海南本地种，2 100余株，种植规格为2.5m×2.5m，1996年定植，极少施肥，无黄化病（图7-5）。改造技术主要有除灌除杂、垦复施肥、病虫害防治等。在试验地采用了"对照（不施肥）""T1（施有机肥）""T2（施化肥）""T3（有机肥+化肥）""T4（有机肥+化肥+滴灌）"4种不同的施肥方式（图7-6），结果显示，从表7-3可以看出，施肥后低产槟榔叶片的营养状况得到明显改善。各种营养元素变化具体指标与改造前及对照的槟榔树营养比较，施肥处理小区的槟榔叶片营养元素N、P、K、Ca、Mg含量得到明显的提高（表7-3）。综合分析表明，T3处理使得槟榔叶片的各种营养结构较为合理，T4处理的效果更为明显，可能是由于充分保证了土壤湿度而增强了肥料的效果。

表7-3 示范点1槟榔园各处理叶片营养元素分析（%，mg/kg）

	处理	氮	磷	钾	钙	镁	钠	硼	铁	锰	锌	铜
	改造前	1.75	0.17	1.15	0.67	0.28	0.15	7.8	120.1	154.2	31.3	6.0
CK	2007年9月	1.66	0.16	1.07	0.66	0.27	0.14	7.4	111.4	146.2	29.3	5.8
	2008年9月	1.59	0.16	1.03	0.62	0.24	0.13	7.6	107.1	138.9	26.6	5.9
	2009年9月	1.54	0.16	1.02	0.65	0.25	0.14	8.1	109.4	156.2	25.2	5.6

(续表)

处理		氮	磷	钾	钙	镁	钠	硼	铁	锰	锌	铜
改造前		1.75	0.17	1.15	0.67	0.28	0.15	7.8	120.1	154.2	31.3	6.0
T1	2007年9月	1.82	0.18	1.12	0.74	0.33	0.14	8.3	127.2	164.9	32.3	6.4
	2008年9月	1.86	0.18	1.2	0.72	0.36	0.15	8.5	158.9	199.3	31.2	6.5
	2009年9月	1.94	0.18	1.15	0.76	0.35	0.15	8.8	167.2	208.9	35.3	6.7
T2	2007年9月	1.89	0.18	1.21	0.70	0.28	0.15	8.4	82.8	98.7	32.3	5.6
	2008年9月	1.87	0.19	1.26	0.70	0.29	0.14	8.9	84.8	88.2	30.3	5.9
	2009年9月	2.11	0.19	1.26	0.89	0.36	0.13	9.3	82.8	85.7	30.3	5.3
T3	2007年9月	1.92	0.18	1.25	0.70	0.35	0.14	9.8	111.8	127.5	32.5	6.3
	2008年9月	1.99	0.19	1.29	0.69	0.36	0.14	10.1	104.2	120.4	31.4	6.9
	2009年9月	2.14	0.20	1.28	0.89	0.38	0.14	10.8	101.8	108.4	33.5	6.4
T4	2007年9月	2.01	0.19	1.29	0.71	0.34	0.14	10.1	108.5	126.6	34.1	6.7
	2008年9月	2.05	0.19	1.34	0.84	0.35	0.15	10.4	95.9	112.5	31.2	6.5
	2009年9月	2.22	0.22	1.31	0.93	0.41	0.14	10.7	115.5	121.6	33.2	7.2

注：对照（不施肥）；T1施有机肥；T2施化肥；T3有机肥+化肥；T4有机肥+化肥+滴灌

图7-5 低产林改造示范基地

图7-6 槟榔肥配制

低产槟榔园进行改造后，与对照相比较，槟榔的长势得到恢复，产量也逐渐得到提高。示范点1各处理产量数据（表7-4）显示，2008年的各处理产量与对照相比都有明显的提高，T3与T1、T2比较增幅较明显；T4产量最高，但与T3比较产量差异不是很明显。经过改造2008年的产量与对照相比虽然有了大幅度提高，但还没有达到槟榔平均单株产量。2009年各处理的产量与对照相比有更明显的提高。T3与T1、T2比较增幅较明显，已达到正常的产量水平；T4产量最高，但与T3比较产量差异不显著。2009年由于受到热带风暴的影响，产量的增长受到一定的影响。

表7-4　示范点1各处理槟榔产量（kg/株）

处理	小区	2007年	2008年	2009年
CK	Ⅰ	2.3	1.8	1.6
	Ⅱ	2.1	1.5	1.4
	Ⅲ	1.9	1.2	1.4
	平均	2.1	1.5	1.5
T1	Ⅰ	3.1	6.0	8.0
	Ⅱ	2.7	6.7	7.7
	Ⅲ	2.6	5.5	7.4
	平均	2.8	6.1	7.5
T2	Ⅰ	4.1	6.6	8.5
	Ⅱ	3.9	6.2	8.0
	Ⅲ	3.4	6.1	7.8
	平均	3.8	6.3	8.1
T3	Ⅰ	4.6	10.6	12.7
	Ⅱ	4.2	10.2	11.8
	Ⅲ	3.8	9.7	11.5
	平均	4.2	10.2	12.0
T4	Ⅰ	5.0	11.9	13.1
	Ⅱ	4.4	12.3	12.8
	Ⅲ	4.1	9.9	11.9
	平均	4.5	11.4	12.6

注：以各小区30株的平均产量计算

2. 万宁市北大镇的低产槟榔林改造

万宁市北大镇槟榔低产园种植规模为30亩左右，树龄为7～9年，改造方法为除灌除杂，安装水肥一体化装置，在改造之前的平均单株产量约1.9kg，平均每亩产果203kg，改造后第1年平均单株产量为3.23kg，提高了70%，平均每亩产果355kg。改造后第2年平均单株产量为4.75kg，提高了150%，平均每亩产果522kg。改造后第3年平均单株产量为4.94kg，提高了160%，平均每亩产果543kg。以上测产结果表明低产林改造措施得当，改造效果显著（图7-7、图7-8）。

图7-7　低产林改造示范基地

图7-8　水肥一体化装置

3. 万宁市龙滚镇的低产槟榔林改造

2014年对河头村槟榔园作了田间的土壤、水分管理状况、种植方式、病虫害和产量状况的详细调查，经过测产估算，平均产量约2.1kg/株，处于较低产的水平，并且槟榔园有大约20%的畸形果。通过咨询其本人，结合田间调查的情况及叶片营养指标结果，发现此槟榔园主要存在5个方面的问题：①常年施用挪威进口复合肥，施用的肥料缺乏针对性，未根据不同的季节对N、P、K肥料配方进行相应的改变，导致大果串华而不实。②此园土壤有机质含量较低，而常年没有补充有机肥。③没有增施中微元素，如镁、硼、锌等中微量元素，导致每年5—7月落花落果严重，在果实采收时有大量的畸形果。④施肥方式不对，常年只是在雨季时期撒施肥料，导致肥料利用率偏低。⑤水分管理不到位，由于此槟榔园为沙性土壤，土壤保水性差，而只是在旱季时动用5~6个人拉管浇2~3次水，但此槟榔园面积大，每次只能浇50~70t水，每株只能浇20~25kg水，水分缺乏也是导致此槟榔园低产的原因之一。

（1）第一年管理措施和效果。

针对此槟榔园的情况为其制定2014—2015年的管理方案。①在2014年12月进行槟榔园枯叶、枯花的清理。②在2014年12月，每株施入牛粪7.5kg、钾肥150g、钙镁磷肥250g、尿素200g、并施入少量微量元素肥料；在2015年7月，增施有机肥4kg、钾肥250g、钙镁磷肥50g、尿素300g。③在2015年3月，安装了三相电、40m扬程水泵3台、90、63、50、32、28等不同口径的水管，每4株安装一个喷洒半径为3m的雨状喷头，干旱季节每天浇水1~2h，每株每天喷洒100~120kg水。④每2~4个月根据病虫害发生的情况，不定期地重点防治红脉穗螟及椰心叶甲的为害。经过精心管理，挂果率明量提高，畸形果减少到原来的8%，在2015年获得了每株4.2kg的中等产量。

（2）第二年管理措施和效果。

在2015—2016年，在前一年管理基础上，根据槟榔田间的变化状况及叶片状况分析，在2015—2016年再次对施肥配方作了调整。到目前为止，主要进行了5项管理措施：①在2015年12月进行槟榔园枯叶、枯花的清理。②在2015年12月，每株开沟埋施牛粪5kg、钾肥150g、钙镁磷肥250g、尿素200g；在2016年7月，又施入有机肥3kg、钾肥250g、钙镁磷肥100g、尿素200g。③干旱季节每天浇水1~2h，每株喷洒100~120kg水。④每2~4个月根据病虫害发生的情况，不定期地重点防治红脉穗螟及椰心叶甲的为害。⑤在2016年由于发生冬春特大寒害，在2016年3月上旬，进行了一次清园工作，捅枯叶、黑穗、败苞等工作，并且喷施1次磷酸二氢钾叶面肥及杀虫和杀菌剂。

经过两年的精心管理，到今年11月为止，已采收槟榔青果63 000kg。虽然受春节前严重的寒流影响，稍低于去年同期的产量，海南整体的槟榔园今年普遍减产严重，只有去年同期产量的1/3，但价格较高且稳定，仍获得了比去年更高的经济收益。

第八章 槟榔园林间管理和经营

槟榔园林间管理和经营主要包括草害防控、凋落物处理、林下种养等内容。

第一节 草害防控

槟榔种植管理粗放，草害为害严重。槟榔整个生育期都伴有杂草，同时杂草种类较多。杂草与槟榔争光、争水、争肥，严重影响槟榔生长。特别是在苗期，槟榔生长较慢，而杂草生长速度快，如果不能及时清理，槟榔小苗很快就会被杂草包围、覆盖，造成槟榔植株生长缓慢或死亡。槟榔园草害的防控措施主要有除草剂化学除草、人工或机械物理除草和间种活覆盖等，各槟榔园要根据实际情况综合选择一项或多项防控措施。

除草是槟榔园管理过程中的一项重要日常作业。槟榔园除草的次数通常根据槟榔园杂草的生长情况及槟榔的长势来确定，一般幼龄槟榔园每年除草3~4次，成龄槟榔园每年除草2~3次。槟榔园每年的除草可以和施肥松土结合进行，也可以单独进行。除草时铲除槟榔种植穴内杂草，而对于槟榔园空地上的杂草则不需要铲除干净，主要是砍去生长过快的和高大的杂草，避免过度暴露地表。因为保留适当的植被有利于防止夏季槟榔园土壤水分过度蒸发，防止雨季雨水的侵蚀，还可以减少杂草的滋生。同时，砍除的杂草可以用作槟榔园覆盖物，晒干后覆盖于槟榔树茎干基部。盖草可保持土壤温湿度，还能够增加土壤的有机质和提高土壤肥力。

此外，通过间种矮秆作物或绿肥等进行活覆盖是防控杂草的有效手段，其生态效益和经济效益显著，可抑制杂草生长，保持土壤湿度，改善土壤理化性质，还可直接或间接获得一定经济效益。通常，在肥力较高并且行间光照较充足的槟榔园，可间种甘薯和花生等矮秆经济作物；在肥力较低的槟榔园，可间种柱花草、假花生、爪哇葛藤、田菁、猪尿豆等绿肥。

第二节 凋落物管理

槟榔园废弃物包括从槟榔树上脱落的落叶、花苞、果实等，这些物质既需要及时清理，同时也是制备有机肥的原料。如果能合理利用，既可以增加槟榔的产量，又可以实现槟榔园的良性循环，提高槟榔园的整体效益。

一、不同树龄的田间废弃物调查

为了摸清槟榔园田间废弃物的总量情况，调查了不同树龄槟榔园的叶片、苞片、果穗等田间废弃物的产量情况。每个树龄段的槟榔随机选取30株进行调查，结果见表8-1。

表8-1 不同树龄的槟榔园田间凋落物的调查分析

树龄（年）	年凋落叶片数（片/株）	叶片脱落后重量（kg/片）	苞片数（片/株）	苞片脱落后重量（kg/片）	果穗数（串/株）	果穗鲜重（kg/串）	年凋落物重量（kg/株）	每公顷1 600株折算年凋落物重量（t）	干重（t/hm²）
2~3	4.13	0.26	0.00	0.00	0.00	0.00	1.07	1.72	0.31
3~4	5.60	0.81	0.13	0.06	0.13	0.16	4.56	7.30	1.31
4~5	6.23	1.82	1.67	0.14	1.57	0.35	12.12	19.40	3.49
5~6	6.76	2.16	3.27	0.16	3.37	0.52	16.88	27.00	4.86
7~8	7.03	2.51	5.37	0.17	5.37	0.72	22.42	35.88	6.46
14~15	7.23	2.76	5.67	0.17	5.67	0.91	26.08	41.73	7.51

调查结果显示，2～3年龄槟榔每年凋落的干物质总量较少；从3～4年龄至7～8年龄槟榔干物质的总量迅速增加，其槟榔园干物质从每公顷的1.31t增长到6.46t；而处于盛产期的成龄槟榔园的凋落的干物质含量则可达7.51t/hm²。根据不同树龄槟榔园凋落物的发生规律，建议4年以上的树龄必须注意田间凋落物的管理。

二、田间不同部位凋落物的营养成分分析

为了开展槟榔园废弃物的利用研究，进行了槟榔树叶片、果穗、花苞的11种营养元素的测试分析（表8-2，表8-3），为槟榔园的凋落物的利用研究提供理论依据。

表8-2 槟榔不同部位的凋落物6种大中量元素的含量分析 （g/kg）

部位	N	P	K	Ca	Mg	Na
叶片	17.8	1.8	13.4	6.2	3.1	1.1
苞片	13.1	1.7	14.6	7.1	3.5	1.6
果穗	13.6	1.9	13.7	7.6	2.9	1.3

表8-3 槟榔不同部位的凋落物5种微量元素的含量分析 （mg/kg）

部位	B	Fe	Mn	Cu	Zn
叶片	11.4	154.1	136.7	6.2	20.2
苞片	12.6	134.7	127.5	7.1	18.6
果穗	12.6	90.7	165.2	6.3	22.3

分析结果显示，槟榔园凋落物中含有N+P+K总量大于3%的总养分含量，并且含有一定量的Ca、Mg、Na等中量元素及B、Zn等微量元素。用抽样调查的数据对每公顷槟榔园的凋落物各营养成分总量进行分析估算（表8-4），4年龄槟榔园的凋落物相当于年产有机肥4.19t/hm²，含有N+P_2O_5+K_2O的养分

168.7kg；生产期槟榔园的凋落物相当于年产有机肥9t，含有N+P_2O_5+K_2O的养分363.0kg。

表8-4　不同树龄每公顷的凋落物的营养含量分析

树龄（年）	干重（t/hm^2）	有机肥当量（t/hm^2）	N（kg/hm^2）	P（kg/hm^2）	K（kg/hm^2）	Ca（kg/hm^2）	Mg（kg/hm^2）	Na（kg/hm^2）	N+P_2O_5+K_2O（kg/hm^2）
2~3	0.31	0.37	5.8	0.6	4.8	2.3	1.2	0.43	15
3~4	1.31	1.57	24.8	2.7	20.6	9.7	5.1	1.81	63.5
4~5	3.49	4.19	65.8	7.2	54.6	25.7	13.7	4.82	168.7
5~6	4.86	5.83	91.7	10.1	76	35.8	19	6.71	234.9
7~8	6.46	7.75	121.8	13.4	101	47.5	25.3	8.91	312.1
14~15	7.51	9.01	141.6	15.5	117.5	55.3	29.4	10.36	363

注：有机肥当量按照含水量20%计算

三、田间凋落物的降解方法研究

1. 通过石灰粉降解形式利用槟榔园有机废弃物

为了提高槟榔园田间凋落物的利用率，2010年9月至2011年8月在中国热带农业科学院椰子研究所槟榔基地进行了槟榔凋落物降解方法的试验。选择300株4~5年龄的槟榔树，以2 000m^2为一个单元进行收集槟榔树叶片，凋落时间不超过15d，每处理收集叶片100片，鲜重约200kg，并进行不同处理的方法研究。总共设置5个处理方法，首先进行人工砍短后自然堆沤和人工砍短到约20cm长度并撒入不同量的石灰粉处理，分别为0、2、4、6、8kg不同水平，每个处理3个重复。处理后每30d左右观察一次，观察方法为，取样前尽量捣碎，搅拌均匀，每次取3桶（体积为60dm^2）称重，然后过1cm的筛，不能过筛的部分进行称重，然后计算其比例（表8-5）。研究结果显示，槟榔叶片每200kg撒入2kg的石灰粉明显可以加快槟榔叶片的降解速度，5个月基本降解完全。加入4kg以上石灰粉虽然能提高降解速度，但差异不是很明显。但人工砍短叶片较费劳动力，成本较高。在人工砍短叶片处理的试验基础上进行简单的收集，然后把生石灰制成石灰水,每200kg叶片喷施相当于加入2、4、6kg石灰粉的处理(图8-1)。每个月进行定期观察,从叶脉处抽取叶片堆的中部10片叶进行称重,掉落的部分不进行称重,连续观察5个月(表8-6),5个月后由于叶片基本腐烂不再进行观察,并且对降解物进行营养成分分析(表8-7)。

表8-5 不同处理中不同时间过筛的百分比(%)

时间	不加石灰	2kg	4kg	6kg	8kg
1个月	3.2	10.4	13.4	13.4	13.4
2个月	6.4	50.1	56.1	58.1	58.5
3个月	12.4	84.6	91.9	91.6	93.6
4个月	30.5	90.6	98.4	98.2	98.6
5个月	40.1	95.5	—	—	—
6个月	60.6	—	—	—	—
7个月	71.2	—	—	—	—
8个月	78.2	—	—	—	—
9个月	80.4	—	—	—	—

注:打"—"表示过筛率超过95%后,为了节省劳动力不再进行调查统计

图8-1 石灰粉溶液喷施槟榔叶片

表8-6 不同处理的不同时间10片叶的总重量

时间	2kg	4kg	6kg
0月	22.5	23.4	21.5
1个月	12.4	11.3	10.1
2个月	6.5	5.4	4.1
3个月	2.1	1.8	1.5
4个月	1.3	1.1	0.8
5个月	0.52	0.41	0.40

表8-7 叶片降解的有机物营养状况 （%）

营养	0kg	2kg	4kg	6kg	8kg
水分	46.1	47.1	42.3	49.3	50.3
pH值	4.1	7.6	9.7	10.1	10.4
有机质含量	51.1	49.4	40.1	35.1	29.1
氮	2.11	1.92	1.21	1.10	1.08
磷	0.42	0.36	0.31	0.31	0.28
钾	1.51	1.52	1.48	1.37	1.38
钙	0.82	1.84	2.32	2.54	2.36

研究结果表明，加入石灰可以加速槟榔叶片的降解，但加入过量的石灰会造成降解物的碱性增强、氮素的部分损耗、有机质的减少及磷的固定等不利因素，并且会增加投入成本。因此，综合考虑，每100片叶，约200kg鲜叶建议加入2kg石灰粉。

2.通过蚯蚓粪便形式利用槟榔园有机废弃物

每公顷槟榔园每年可产生5.5～6t的有机废弃物，包括槟榔叶片、叶鞘、果串、淘汰果和杂草等，可直接覆盖于槟榔树盘附近，这对槟榔园保持湿度、培肥土壤起到了一定的作用，但利用率不高。而以蚯蚓粪便的形式利用这些有机物，回收率可以达到75%～88%。把槟榔的废弃物切成5～10cm长度放入水肥池中,按重量比加入10%的牛粪,进行浇水,湿度保持在30%~40%。2~3周后进行翻转以降低温度,2个月后按1t的重量比放入1kg的蚯蚓进行接种。要定期清理蚯蚓粪并将蚯蚓分离出来,这是促进蚯蚓正常生长的重要环节。收取蚯蚓粪时,先把粪转入土坑暂存,暂存期间可为槟榔树提供肥效。蚯蚓粪存放1个月以后,其中卵块已全部孵化出幼蚓后,即可把蚯蚓粪从土坑中挖出。蚯蚓粪是中性生物肥,接触树根也不会烧伤树木,含有机质高达11%~68%,能活化土壤,可以促进作物对磷的吸收,是高级园艺肥料,一般每株槟榔树只要有8kg的蚯蚓粪便就可以满足槟榔树的全年需求,有机碳及其他营养元素的利用可以提高30%左右,可大量节约化学肥料的使用和有利于槟榔园产量的稳定。

四、槟榔凋落物降解的肥料试验研究

在2011年12月,中国热带农业科学院椰子研究所开展了槟榔凋落物降解后的肥效研究,利用槟榔园的叶片、苞片、叶穗的降解物,加入适量的氯化钾、过磷酸钙、尿素、硼砂,总量约300g,配成类似复混肥进行了槟榔肥效作用的试验。总共设置了三种处理:Ⅰ每株施入5kg降解物+300g化肥,Ⅱ每株施入10kg降解物+300g化肥,Ⅲ对照为施300g化肥,每个处理进行三个重复。2012年的7月调查第二串挂果量(个)情况(表8-8),结果显示,与对照只加入化肥相比,加入田间有机降解物后产量明显高于单施化肥的槟榔树。但由于受试验时间的限制,肥料效果在较短时间内无法充分显示,必须进行更为长期的研究。以每公顷的干物质总量7.5t计算,转化成的机质物含水率40%,扣除50%的各个环节的损失,每公顷的槟榔园凋落物可以转化成相当于5t的有机肥,按每株施10kg有机肥计算,每公顷的槟榔园凋落物可以施槟榔树500株,相当于每公顷可以节约有机肥用量近1/3。

表8-8 不同肥效对槟榔树第二串挂果量(个/株)的影响

处理	Ⅰ	Ⅱ	Ⅲ	平均
300g化肥	85.1	70.2	81.1	78.8
施入5kg叶片降解物+300g化肥	105.6	112.6	111.6	109.9
施入10kg叶片降解物+300g化肥	90.5	135.6	120.6	115.6

五、槟榔凋落物利用田间效益分析

以1hm²成龄槟榔园为单位进行经济效益分析，每公顷每年凋落的叶片数约为11 000片，每个月的落叶数量约为900片，每个月集中处理一次；苞片由于重量轻不再另计工作时间，集中堆放槟榔果串，另加1个工作日，按照每年投入的工作量为13个工作日计，工作时间的成本投入为1 040元。每平均100片叶撒入2kg的石灰用量，每年的石灰用量为220kg，每千克为0.5元，石灰粉的投入量110元，每年总成本共1 140元。每公顷的槟榔园凋落物总量折算成有机肥约10t，经还田技术管理后，以降解50%估算，将产生5t有机肥，每吨有机肥以600元计算，每公顷相当于获得了3 000元的效益，扣除成本相当于每公顷节约了1 860元的投入。通过对槟榔园凋落物收集降解处理，减轻了病虫害的为害，槟榔园凋落物转化为有机肥施入，槟榔产量也得到提高。同时，在研究用生石灰降解槟榔叶片时发现对槟榔园的蛞蝓和蜗牛有明显的防治作用。

六、槟榔园废弃物还田生态模式示范基地的建设

在中国热带农业科学院椰子研究所槟榔科研基地的前期研究基础上，于2011年10月在万宁市龙滚镇的万宁心声种养合作社的10.4hm²槟榔园进行了废弃物还田生态模式的中试示范，每年可以节约50t以上的有机肥。由于槟榔叶片、果柄和苞片的利用，极大的减轻了田间的蜗牛、蛞蝓、红脉穗螟等虫害滋生。

七、槟榔园废弃物还田技术规程小结

1. 树龄及材料

适合于4年以上树龄，收集叶片、花苞、果穗、淘汰果。

2. 降解方法

每月收集材料一次，约100片叶放置一堆，按生石灰∶水=1∶10的比例调配石灰水，用简易喷枪逐层喷洒于叶片等废弃物上。

3. 降解物利用方法

4个月后，按照每株5kg降解物加300g化肥（包括氯化钾、过磷酸钙、尿

素），配制成类似复混肥。在离树头80cm左右开长80~100cm、宽20cm、深度为15cm的环沟，施入降解物和化肥，然后回土。

第三节　林下间种

间种是指在同一块地上种植两种或两种以上作物的种植方式。目前，间种已成为作物合理配搭、高效利用土地资源的重要栽培模式。槟榔树干高叶少，同时有幼树喜荫、成龄树喜阳、地面间隙大等特点，适合间作其他作物。在海南省文昌、万宁、琼海、琼中、保亭、陵水、三亚等多个市县的槟榔园里，林下间种较多。

幼龄槟榔园间种作物的选择要综合考虑土壤肥力，因地制宜。对于土壤结构差、肥力较低的幼龄槟榔园，以间种绿肥为宜，如柱花草、瓜哇葛藤、田菁、猪屎豆等，以抑制杂草生长、改善土壤理化性状、提高土壤肥力，同时减少人工除草支出和化学除草剂的施用，降低槟榔园生产管理成本；对于土壤肥力较好、灌溉设施配套的幼龄槟榔园，适宜间种一些短期经济作物，如花生、西瓜、菠萝、蔬菜等。

成龄槟榔园间种作物的选择，必须要综合考虑槟榔园的光照强度和间种作物生长及其根系分布特点，能充分利用光能和土地资源，形成主间作物间生产和生态平衡协调。成龄槟榔园适宜间种的作物主要有香草兰、胡椒、益智、可可等。

大量研究和实践表明，槟榔园间作可合理利用时间和空间，从而提高土地、光、热、水和肥的利用率和生物学效率，同时可以抑制杂草生长，保持水土，改善土壤物理性状和林地生态环境，丰富槟榔园产品结构，增加单位面积槟榔园经济收入。

国外，印度对槟榔园的栽培管理技术及相关的研究较为深入，总的技术发展趋势是对槟榔园进行节约、环保、多层栽培的生态经营。利用不同作物在槟榔园内垂直空间分布不同，建立槟榔园多物种高密度栽培模式，从而最大幅度提高槟榔园生物产量和经济效益。Abdul Khader等于1983年报道了在一个有17年树龄的槟榔园内建立的共有6个作物品种的多物种高密度栽培模型。初步的结果表明槟榔产量有稳定的增长，间作物三年后开始有产出，间作物经济干物质产量约占到总经济产量的27%。这个模型每公顷包括了1 300株槟榔，1 300棵胡椒，210株可可，180株苜蓿，390株香蕉和2 400棵菠萝，而槟榔产量没有受到不利影响（图8-2）。

槟榔间种富贵竹

槟榔间种麦冬

槟榔间种鱼藤

槟榔间种香蕉

槟榔间种木瓜

槟榔间种小金桔

图8-2　槟榔园间种图片

一、槟榔园间种花生

花生为豆科一年生草本植物,又名落花生,是一种重要的油料作物。花生较耐旱,对土壤的要求不高,是一种适应性广的作物,在我国各省区广泛种植(图8-3)。

图8-3 幼龄槟榔园间种花生

2008年,中国热带农业科学院椰子研究所在文昌建立幼龄槟榔园间种花生试验基地1个,面积约0.5hm²,开展了间种效益研究。研究结果表明,槟榔园间种花生能提高土壤保水保肥能力,改善土壤理化性质,改善林地生态环境,促进槟榔的生长。

(一)槟榔园间种花生技术

1. 园地选择

用于间种花生的槟榔园,需满足以下5项条件。

地势:槟榔园地势平坦或者较平缓,坡度不超过20°。

槟榔树龄:幼龄槟榔园,槟榔树龄在2年以下。

种植株行距：一般株距1.5～2.5m、行距2.5～4m，林间隙地大。

水源：靠近水源、水量充足且灌溉方便。

长势：槟榔园管理规范，长势良好。

2. 植前准备

（1）翻耕和土壤消毒。在槟榔园宽行间，距离槟榔树头50～60cm以外进行翻耕、犁耙槟榔树行间一遍，深度为20～30cm，并清除所有杂草、灌木及其根系等，要求地面平整。播种前进行土壤消毒，每亩施生石灰25kg，于犁地前撒施，既可消毒土壤，又可中和土壤的酸性。

（2）施基肥。土壤消毒3～5d后，采用一次性施肥方法，每亩施腐熟农家肥1t、花生专用肥50kg或复合肥75kg，加过磷酸钙40～50kg、氯化钾10kg、硼砂1kg，均匀撒施于间作带后耙平。

（3）种子准备和处理。选择适合当地种植的花生品种，并选用果大饱满、形状整齐、无破碎的荚果。花生荚果在剥壳前要晾晒2～3d，以提高种子的活力。种植前1d或当天剥壳，选饱满的籽粒做种。播种当天用50%辛硫磷乳油加水拌种，药液：水：种仁的比例为1∶20∶800，以防治苗期地下害虫；每30kg种仁加入100g25%多菌灵可湿性粉剂拌种，以防治苗期病害。

3. 播种

海南一年可种植2季，分春种和秋种，一般以春种为主。春花生宜适当提早播种，海南岛春花生的最佳播期为12月至第二年2月，气温回升到20℃以上时则可种植。起畦播种，行距为23～25cm、株距17～20cm，穴播2粒（粒距2～3cm），播种深度3～4cm；播种后盖土，与厢面平整。播种盖土后，喷施封闭除草剂，抑制杂草生长。

4. 田间管理

（1）查苗补种。在花生播种后7～10d及时进行查苗，如发现缺苗断垄，要立即催芽补种，保证密度。补种时可追施适量化肥，促进幼苗早生快发。

（2）清棵。在花生基本出齐苗后进行清棵，将植株幼苗周围的表层土壤扒开，使其子叶直接露出地面，有利于促进花生幼苗第1对侧枝的生长，有利于花生根系的发育，能有效清除根际杂草。

（3）中耕培土。一般在苗期、团棵期、花期进行三次中耕除草，能够促进根系的发育，清除田间杂草，但要注意苗期防止壅土压苗，花期防止损伤果针，花生开始下针后就要停止中耕。培土是在花生盛花期大批果针入土时进行，能够有效防止倒伏，缩短果针入土的距离，创造疏松的结果层土壤，有利于果针入土和荚果发育。

（4）水肥管理。花生较耐旱，总的需水规律是"两头少，中间多"，即幼苗和饱果期需水量较少，开花和结荚期需水多。幼苗期宜保持土壤干爽，一般播种后至盛花期前不旱不灌；盛花期要保持土壤湿润，有利于开花结荚；后期要注意清沟排水，防止雨后渍水。

（5）施肥管理。花生苗期根瘤菌尚未形成，宜早施速效氮肥，促进早生快发，一般在齐苗后主茎具3~4片叶时每亩施尿素5kg。花针期不用追施氮肥，宜结合培土，每亩撒施20kg草木灰和25kg氯化钾。

硼是花生一生中不可缺少的微量元素之一，在花生的始花期或充实期喷施效果最好，每亩用硼砂150g兑水80kg喷施1次。还可于结荚期以后进行根外追肥，叶面喷施0.5%的尿素溶液和0.2%~0.3%的磷酸二氢钾1~2次。

（6）病虫害防治。花生的病害主要枯斑病、褐斑病与炭疽病等。在发病初期，可以用多菌灵可湿性粉剂和水按照一定的比例配合之后对花生进行喷洒，连续喷洒2~3次，间隔时间为7d左右。花生的虫害分为地上虫害和地下虫害两部分。地上虫害主要有蚜虫，可用吡虫啉可湿性粉剂进行喷洒防治。地下害虫的防治主要通过播种前对种子进行包衣处理进行防治。

5.收获

花生的生育期一般是125d。当植株表现衰老状态，顶端停止生长，上部叶片变黄，基部和中部叶片脱落，大多数荚果籽仁饱满，即可收获。适时收获可避免营养物质倒流损失和产量损失，获得最大的产量和经济效益。

（二）槟榔园间种花生的经济效益

幼龄槟榔园间种花生，平均每亩年收获鲜花生300kg，按照鲜花生平均售价8元/kg计算，扣除间种花生的生产管理成本平均1 000元，同时核减间种花生后减少的槟榔园控草等生产管理成本300元，平均每亩年收益约1 700元。

二、槟榔园间种柱花草

柱花草原产拉丁美洲，是一种饲肥兼用的豆科作物，用途广泛。作为绿肥，柱花草根瘤菌可以固定空气中的氮，进而增加土壤中的氮；大量落叶可以增加土壤中的有机质，改良土壤结构，提高土壤肥力；其较强的根系能涵养土壤水分，防止水土流失。同时，柱花草还是一种优良的饲料作物，在世界热带地区广为利用（图8-4）。

图8-4 幼龄槟榔园间种柱花草

2011年，中国热带农业科学院椰子研究所在文昌建立槟榔园间种柱花草试验基地1个，面积2.33hm^2，开展了间种牧草后对槟榔园土壤和树体影响的研究。研究结果表明，槟榔园间种牧草后，槟榔园表层（5cm）地温大幅度降低，土壤含水量明显增高，土壤养分明显增加。

（一）槟榔园间种柱花草技术

1.园地选择

用于间种柱花草的槟榔园，需满足以下5项条件。

（1）地势：槟榔园地势平坦或者较平缓。

（2）槟榔树龄：幼龄槟榔园，槟榔树龄在4年以下。

（3）种植株行距：一般株距1.5～2.5m、行距2.5～4m，林间隙地大。

（4）水源：靠近水源、水量充足且灌溉方便。

（5）长势：槟榔园管理规范，长势良好。

2. 植前准备

（1）整地和备耕。首先清除槟榔园宽行杂草，可以采用喷药（化学除草剂）、人工或小型机械等措施清除。其次是备耕，在距离槟榔树头50～80cm以外区域进行翻耕、耙碎，开排水沟；深翻土层15～20cm，同时每亩撒施有机肥200～300kg、磷肥10～15kg，并耙平整地起垄。

（2）品种选择。当前，柱花草属有14个国审品种。在我国热带地区推广应用最多的是由中国热带农业科学院热带作物品种资源研究所选育的品种"热研2号"柱花草。

（3）种子处理。播种前将柱花草种子先用约80℃的热水浸泡3min，洗净，以提高种子发芽率，然后用0.1%多菌灵水溶液浸泡10～15min，以杀死种子携带的炭疽病菌。新植区，宜用柱花草根瘤菌拌种。

3. 播种

（1）播种方法。常见的播种方法是条播；园地要求高的，也可以进行育苗移栽，育苗移栽有助于后期防除大田杂草。

（2）播种时间。在我国南方地区，春夏季节均可播种，一般温度要求达20℃。前期雨水量充足，可提高种子发芽率。

（3）播种技术。将处理后的柱花草种子与1～2倍的细沙或细土拌匀，按行距50cm，开浅沟条播于间作带，每亩播种量0.5kg，播后轻耙覆土1～2cm。

4. 田间管理

（1）苗期管理。苗期要注重除草。柱花草初期生长较为缓慢，4～7d出芽，约2个月生长的高度只能达到10～15cm，并很容易受到杂草侵害，应视情况进行2～3次中耕除草。

柱花草苗期对水有一定需求，在晴天应每天浇水，宜保持土壤湿润；但又不能渍水，渍水容易发生根部腐烂，雨季要注意开沟排水。

苗期可适当补施一些磷、钾肥及少量的氮肥，以加快柱花草的生长，每亩按20~30kg撒施。

（2）生长期管理。作为豆科作物，柱花草前期生长很慢，杂草较为严重，需注意除草。当柱花草生长到一定高度后，它可以抑制其它杂草的生长。生长期管理主要是追肥。在施足底肥的基础上，一般可不追氮素肥料。如土壤贫瘠，播后30多天发苗，没有根瘤或根瘤很少，每亩可追施尿素4~5kg。生育中期，植株生长迅速，适当增施磷、钾肥可显著提高产量。

（3）病虫害防治。柱花草的病虫害较少，主要病害是炭疽病。该病主要侵害叶片、叶柄、花序和茎秆等部位，呈椭圆形、棱形、多角形或圆形的褐斑点。其防治方法是用5%多菌灵可湿性粉剂1 000倍液或40%灭病威300~500倍液在晴天喷雾于牧草叶上，每隔2d喷一次，连续喷施3~5次。

5. 收获

柱花草的利用管理主要是适时刈割。种植当年，苗高60~80cm时，进行第一次刈割，刈割时留茬高约30cm，割后若再生良好，还可在11月前刈割一次。以后每年可刈割3~4次。每次刈割后施肥，每亩施磷肥约10kg，旱季应注意浇水。

（二）槟榔园间种柱花草的经济效益

柱花草用途广泛，当年种植当年收益。根据中国热带农业科学院椰子研究所在海南省文昌市的试种结果，平均每亩年产草粉0.56t，按照草粉价格1 500元/t计算，扣除间种柱花草的生产管理成本300元，同时核减间种牧草后减少的槟榔园控草等生产管理成本300元，平均每亩年收益约800多元。

三、槟榔园间种香草兰

香草兰为兰科香草兰属多年生热带藤本香料作物，其加工产品含有250多种天然芳香成分和16种氨基酸，素有"天然食品香料之王"的美誉。香草兰的生长需要一定的荫蔽度，研究表明，50%~70%的荫蔽度有利于香草兰的生长发育（图8-5和图8-6）。

图8-5 成龄槟榔园行上间种香草兰

图8-6 成龄槟榔园行间间种香草兰

国内,开展槟榔园间种香草兰研究的单位主要有中国热带农业科学院香料饮料研究所和中国热带农业科学院椰子研究所。其中,中国热带农业科学院香料饮料研究所对槟榔园间种香草兰开展了较系统的研究。王华等(2013)研究表明,槟榔园间种香草兰可显著提高土壤微生物数量、pH值、有机质、全钾、有效磷和有效硼的含量。

(一)槟榔园间种香草兰技术

槟榔园间种香草兰技术见附录标准《槟榔间作香草兰栽培技术规程》。

(二)槟榔园间种香草兰的经济效益

香草兰种植2~3年后开花结果,产生经济效益。根据中国热带农业科学院椰子研究所在海南省文昌市的试种结果,槟榔园间种香草兰平均每亩年产香草兰鲜果50kg,按照海南香草兰鲜果市场收购价300元/kg计算,扣除生产管理成本6 000元,同时核减间种香草兰后减少的槟榔园控草等生产管理成本300元,平均每亩年收益约9 000多元。

四、槟榔园间种胡椒

胡椒是胡椒科胡椒属多年生常绿藤本植物,是世界上最重要的香辛作物,用途非常广泛。胡椒是浅根性作物,同时胡椒和槟榔地上部分相互影响小,非常适合与槟榔间种。槟榔园间种胡椒可改善土壤微生态结构,对胡椒连作障碍具有一定消减作用(图8-7)。

图8-7 成龄槟榔园间种胡椒

槟榔园间作胡椒是海南槟榔间作体系中应用较广的一种模式。国内，中国热带农业科学院香料饮料研究所对槟榔园间种胡椒开展了较系统的研究。王灿等（2015）研究了胡椒园间作槟榔对胡椒产量及养分利用的影响，结果表明：相对胡椒单作，胡椒/槟榔间作提高了土壤中速效养分的含量，促进了胡椒对磷、钾等养分的吸收，从而提高了其肥料利用效率，并最终提高胡椒产量。钱军等（2016）采用田间调查法研究了槟榔间种胡椒后对槟榔害虫及天敌资源的影响，结果表明：间种胡椒后槟榔园害虫数量呈现减少的趋势，而与此相对应的害虫天敌数量呈现上升的趋势；可见在槟榔园进行胡椒的间种可降低槟榔害虫的虫口数量，减轻槟榔植株受害程度。

（一）槟榔园间种胡椒技术

槟榔园间种胡椒的栽培模式可分为两类：一类是槟榔园间种胡椒的宽窄行种植模式，槟榔种植的株距为2m、行距为4m，胡椒种植于行间4株槟榔正中间，具体胡椒的种植技术参照附录标准《胡椒间作槟榔栽培技术规程》；一类是以胡椒种植为主，槟榔种植为辅的胡椒间种槟榔栽培模式，具体见附录标准《胡椒间作槟榔栽培技术规程》。

（二）槟榔园间种胡椒的经济效益

胡椒是多年生作物，种植后3～4年开始投产，经济寿命可达20年以上。槟榔园间种胡椒的宽窄行种植模式下，平均每亩年产胡椒干果约80kg，按40元/kg计算，扣除每年平均生产成本约1 500元，同时核减间种胡椒后减少的槟榔园控草等生产管理成本300元，平均每亩年收益约2 000元。

五、槟榔园间种益智

益智是我国"四大南药"之一，果实入药，具有益脾胃、补心肾、益精固发功能。益智适应性强，栽培管理粗放，喜半荫蔽环境，在荫蔽度60%～70%下生长良好，但在强光下生长缓慢、产量低甚至绝产，非常适宜与槟榔等经济林进行间作（图8-8）。

图8-8 成龄槟榔园间种益智

2011年，中国热带农业科学院椰子研究所开展了槟榔园间种益智的研究，在万宁南桥镇的后村和南林农场的常青队建设槟榔园间种益智示范基地共3.67hm²，其中后村2hm²，常青队1.67hm²。研究结果表明，间作益智的槟榔园，经过2年的管理，槟榔在当年的产量增长幅度不大，每株增加的产量不到1kg，但第二年增幅明显，每株槟榔产量增加了近5kg产量。

（一）槟榔园间种益智技术

1. 园地选择

用于间种益智的槟榔园，需满足以下5项条件。

（1）地势：槟榔园地势平坦或者较平缓，坡度不超过20°。

（2）槟榔树龄：槟榔树龄在7年以上，林下荫蔽度50%~70%。

（3）种植株行距：一般株距1.5~2.5m、行距2.5~3m。

（4）水源：靠近水源、水量充足且灌溉方便。

（5）长势：槟榔园管理规范，长势良好。

2. 植前准备

（1）合理规划和整地。在定植前半个月，在槟榔园行间进行带状或块状整地，挖定植穴，植穴规格为长40cm×宽40cm×深30cm。益智宜种植于4株槟榔中间处，益智单行种植为宜。

（2）施底肥。每穴施底肥（有机肥）5kg左右。

（3）种苗。种苗应挑选健壮、无病虫害植株，3～5分蘖芽苗/丛、高35～50cm的袋装苗。

3. 定植

一般在每年春季（2—3月）或秋季（7—8月）定植。宜选雨后或阴天定植，如遇干旱天气，要在下午定植。定植时每穴种1丛，回土轻轻压实，不能弄断幼芽，浇足定根水。种植后如遇天气干旱，应及时淋水保苗。

4. 田间管理

（1）灌溉与排水。益智种植后，必须保持土壤湿润，在干旱季节要适时淋水。尤其是花果期，持续干旱，会影响花果的生长发育，导致落花落果，影响产量。最好引水灌溉，或者进行喷灌，保证湿度，林间相对湿度稳定在80%以上。但遇降大雨暴雨，则要及时排水。

（2）松土除草。每年中耕除草2次。6—7月果实采收后，以及11—12月花芽分化、孕育期间，应及时松土除草。松土宜浅，同时不宜靠近植丛，以防损伤根状茎和嫩芽；植丛周围的杂草用手连根拔除。

（3）修剪割苗。一般情况下，益智植株生长20片叶后，便可开花结果，结果后植株就会慢慢枯死。这时就要及早割除这些已结过果实的分蘖株，以及一些老、弱、病、残植株和过密植株，减少养分消耗，促进新芽生长，增加能开花结果的植株。另外还要剪去3—7月期间萌生的新株，因这些植株不可能在当年冬季或第二年春季开花结果，而又等不到后年的开花季节就早已株老叶黄，枯老死亡，影响产量。

（4）培土施肥。一般以有机肥为主。第1年宜多施氮肥，以促使多分蘖，在每丛植株周围施粪肥尿水10～15kg；种植后第2～3年开始开花结果，应以磷钾肥为主。每年施肥2次：6—7月松土除草后，在每丛植株周围施复合肥100g；越冬前每丛施腐熟的农家肥10kg和复合肥100g，以提高其抗寒能力、促进花芽分化。施肥要结合培土，把周围的表土肥泥覆于植株周围，以保护根状茎和新芽的生长。

（5）病虫害防治。主要病害有立枯病和轮纹叶枯病。在立枯病发病初期，用50%多菌灵可湿性粉剂1 000倍液或络氨铜500倍液进行防治，隔7～10d喷1次，连喷2～3次；严重时，及时拔除病株并烧毁，并在其穴周围撒施石灰粉进行消毒。在轮纹叶枯病发病初期，宜选用灭病威或50%托布津800倍液等防治。

主要虫害有益智弄蝶和益智秆蝇。益智弄蝶虫害发生时，可使用吡虫啉或氯氰菊脂1 000倍液喷施，施药距采收间隔期不少于20d，同时人工摘除虫苞或捏死幼虫。益智秆蝇幼虫发生期尽早使用吡虫啉或氯氰菊脂1 000倍液喷施，施药距采收间隔期不少于30d。

（6）保果。在花苞开放期，于下午或傍晚喷施0.5%硼砂或3%过磷酸钙溶液，可以提高结实率，达到保果的目的。

5. 收获

一般种植2～3年即可开花结果，第5年进入盛产期，有20～30年的经济寿命。每年5—6月，当果实由青变成淡黄、果皮茸毛减少、果肉带甜、种子呈棕色或棕褐色，鼻闻有芳香、口嚼有姜辣味时，即可采收。晒干，除去果穗柄，即成商品。

（二）槟榔园间种益智的经济效益

益智种植3年后便可开花结果，第5年进入盛产期，槟榔园间种益智平均每亩年产干果约50kg，按照干果平均市场价格48元/kg计算，扣减间种益智的生产管理成本1 000元/年，同时核减间种益智后减少的槟榔园控草等生产管理成本300元，平均每667m^2年收益约1 700元。

第四节　林下养殖

林下养殖是农林复合生态系统的一部分，是以林地资源为依托，充分利用林下自然条件，从事林下养殖立体经营，从而实现资源共享、循环利用和种养业协调发展的现代化林业生态经济模式。林下养殖充分利用林地空间资源，可提高土地的利用率；同时饲养动物以昆虫、青草等为食，变废为宝，可降低虫害和草害的为害；此外，禽畜粪便又是很好的有机肥料源，可改良林地土壤结构与提高土壤肥力，实现资源循环利用；另外，能提供绿色健康畜禽产品，丰富了林地产品结构，可增加单位面积的经济收入。可见，林下养殖具有投资少、见效快、产出高、优质安全、生态环保的特点，其生态效益、经济效益和社会效益皆显著,具有广阔的应用前景。槟榔树茎杆笔直,杆高叶少,林下空间充足,空气流动性好,同时还有一定的荫蔽度,适合林下养殖。在槟榔园养殖的模式主要有养殖鸡、鸭、鹅、牛、羊等家禽。海南槟榔园林下资源丰富,因地制宜,大力发展林下养殖,可丰富槟榔园产品结构,拓宽农民增收的渠道,提高林地单位面积产值,对海南槟榔产业和畜牧业的健康和可持续发展具有重要意义(图8-9)。

图8-9 槟榔园养殖图片

一、槟榔园养鸡

2011年中国热带农业科学院椰子研究所在万宁市的心声种养专业合作社建立了2hm²槟榔园养肉鸡示范基地。在该养鸡示范基地内,利用槟榔茎杆、水泥柱、铁丝网等搭起半敞开的简易鸡舍,鸡舍旁边设置一定数量的饲料槽和饮水槽,整个槟榔园作为鸡群的天然运动场,肉鸡不仅可以自由活动,还可以啄食虫蚁、砂砾、杂草等,食物丰富,营养也比较充足,有利于鸡的健康生长。由于鸡有啄食、扒地等特性,加上排出的粪便,所以槟榔园里放养的鸡群一定程度上起到了除害虫、松土壤、施有机肥等作用,非常利于槟榔树的生长。白天天气晴朗的时候进行放养,晚上关入笼舍以防野鼠等的祸害。槟榔园每亩养殖800~1 000只,每年养殖2批,每批鸡的养殖期为120d左右,包含小鸡棚养期和放养期两个阶段,放养期一般为70~90d。

中国热带农业科学院椰子研究所在万宁市心声种养专业合作社建立的槟榔园肉鸡饲养基地开展养鸡肥效试验。对试验前槟榔园进行不施肥、只施化肥、有机肥、有机肥+化肥、槟榔园养鸡5个处理，各施肥处理量见表8-9。

表8-9　不同处理的施肥量

处理	有机肥（kg/株）	N（g/株）	P$_2$O$_5$（g/株）	K$_2$O（g/株）
不施肥	0	0	0	0
化肥	0	118	82	198
有机肥	5	0	0	0
有机肥+化肥	5	118	82	198
槟榔园养鸡	0	0	0	0

以槟榔园单株产量、土壤肥力、槟榔叶片营养状况和总体经济效益为评价指标，考察各处理下槟榔园养鸡的实施效果。

1. 槟榔果实产量

不同处理对槟榔园果实产量影响显著，不施肥处理时的单株平均株产量只有1.5kg，而进行施肥各处理后其单株平均产量与不施肥相比差异达到极显著水平，而养鸡槟榔园的产量最高，可达到10.26kg（表8-10）。

表8-10　不同处理槟榔单株平均年产量（kg）

处理	产量
不施肥	1.50 ± 0.17^{cC}
化肥	6.07 ± 0.35^{bB}
有机肥	6.30 ± 0.16^{bB}
有机肥+化肥	10.17 ± 0.26^{aA}
槟榔园养鸡	10.26 ± 0.33^{aA}

注：大小写字母分别表示差异达0.01和0.05水平显著

2. 土壤肥力

由于地形复杂，只测了对照不施肥与园内养鸡的土层0~10cm的营养状况（表8-11）。结果表明，除了速效钾、速效钙和有效镁以外，其养鸡槟榔园的全氮、速效磷、速效钠的含量均比对照的高。

表8-11 槟榔园养鸡0~10cm土层土壤肥力变化

	测定项目	对照（不施肥）	成龄槟榔园养鸡
肥力状况	全氮（%）	0.040^{bB}	0.062^{aA}
	速效磷（mg/kg）	38.11^{bB}	118.44^{aA}
	速效钾（mg/kg）	67.80^{aA}	52.00^{bA}
	速效钠（mg/kg）	1.25^{bB}	7.27^{aA}
	有效钙（mg/kg）	65.60^{aA}	33.43^{bB}
	有效镁（mg/kg）	17.85^{aA}	11.93^{bB}

3. 叶片营养

如表8-12所示，通过各种施肥处理槟榔叶片的营养状况比对照得到明显改善，槟榔树N、P、K营养元素得到显著提高，Ca、Cu、Zn也有所提高，但都没有达显著水平，Fe含量无明显变化，而叶片的Mn含量明显降低。

表8-12 不同处理槟榔叶片营养

处理	N (g/kg)	P (g/kg)	K (g/kg)	Ca (g/kg)	Fe (mg/kg)	Mn (mg/kg)	Cu (mg/kg)	Zn (mg/kg)
不施肥	15.9 ± 0.4^b	1.6 ± 0.06^b	10.5 ± 0.4^c	1.6 ± 0.07^a	106.97 ± 9.25^a	138.87 ± 23.23^a	6.26 ± 0.06^a	30.25 ± 0.05^a
化肥	18.6 ± 0.9^a	1.8 ± 0.03^a	11.6 ± 0.4^{bc}	1.8 ± 0.03^a	107.30 ± 7.20^a	120.37 ± 6.98^a	6.76 ± 0.56^a	31.23 ± 0.19^a
有机肥	18.7 ± 1.0^a	1.9 ± 0.07^a	12.4 ± 0.2^{ab}	1.9 ± 0.06^a	104.77 ± 9.13^a	109.27 ± 9.82^a	6.36 ± 0.04^a	30.33 ± 1.04^a
有机肥+化肥	19.9 ± 0.4^a	2.0 ± 0.02^a	12.9 ± 0.4^a	1.9 ± 0.02^a	104.20 ± 11.20^a	108.00 ± 4.92^a	6.92 ± 1.0^{2a}	31.37 ± 1.05^a
槟榔园养鸡	20.1 ± 0.5^a	2.0 ± 0.03^a	12.8 ± 0.4^a	1.8 ± 0.05^a	104.480 ± 12.24^a	115.00 ± 43.65^a	6.85 ± 0.88^a	30.28 ± 0.85^a

注：同一列大小写字母分别表示差异达0.01和0.05水平显著

4.效益分析

槟榔园养鸡的模式多为散养，在以饲料为主的同时，鸡可摄食昆虫、草籽、槟榔园废弃物等自然食物，并有充足的活动空间，阳光充足，空气清新，鸡得病的机率降低。这种模式接近自然状态下的养殖，因而鸡肉的品质要好于圈养或笼养的鸡肉。表8-13列出了槟榔园养鸡需要投入的成本和收益，结果表明，槟榔园养鸡的效益较好。各处理的效益顺序为：园内养鸡>有机肥+化肥>有机肥>化肥>不施肥。

表8-13 成龄槟榔园养鸡效益情况分析（元/亩）

模式	投入			产出			纯利润
	肥料	人工	合计	槟榔果	其它（肉鸡）	合计	
不施肥	0	150	150	990	0	990	840
化肥	240	250	490	3 960	0	3 960	3 470
有机肥	600	450	1 050	5 158	0	5 158	4 108
有机肥+化肥	840	450	1 290	6 360	0	6 360	5 070
肉鸡	0	54 000	54 000	5 460	64 000	69 460	15 460

注：槟榔果按6元/kg计算

二、槟榔园养鹅

槟榔园林下养鹅，环境良好，氧气充足，还能减少阳光直射。夏季林下温度比鹅舍低，鹅的活动面积比在鹅舍里喂养要大，空气也更新鲜，发病少，提高了鹅的成活率。鹅在林下自由觅食，园内可补充丰富的牧草和杂草，同时也省去除草剂费用和减少人工投入，降低环境污染，另外还可利用鹅产生的粪便与吃剩的草渣、枯叶混合，增加了土壤中有机质含量，改善了土壤结构，快速补充土壤养分，促进了槟榔生长，实现循环养殖。

1.槟榔园养鹅注意事项

（1）品种选择。需要根据当地市场情况及饲养条件来选择品种，宜从防疫措施严格的种鹅场购买。

（2）鹅舍。舍地建在地势较高，干燥，水源充足，排水良好的地方。鹅舍适宜坐北朝南，这样通风透光性好。

（3）围网。槟榔园四周要围网，防止鹅丢失。

（4）水池或者池溏。如果槟榔园是旱地，养鹅必须要建水池或池溏，长、宽一般2m×3m左右，每隔0.27hm²左右建1个，距离鱼塘近的地方则可少建部分水池。如果槟榔园内有很多水沟，则无需要建水池，把沟做大做深一些即可。

（5）密度。每亩可放养鹅仔（1月内大）90~120只，放养成鹅60~80只。

（6）土壤。槟榔园最好是1~2年翻耕一次，防土壤板结。

（7）防护。园内适当养一些狗，防止老鼠等咬鹅。

2. 经济效益分析

按照每亩养殖70只鹅计算，每只体重5kg，批量单价30元/kg，合计收入12 250元；如果每亩槟榔园养鹅成本按照投资鹅舍、水电、人工及饲料等平均40元/只估算，则每亩可获益7 000元以上。

三、槟榔园养鸭

1. 槟榔园养鸭技术简介

（1）品种选择。重点考虑生命力旺盛，适应性广，抗逆性强的优良品种。

（2）管理。须科学管理，给鸭子创造适宜的温度、湿度、空气、光照、营养和清洁安静的环境，鸭子白天放养，晚上鸭棚圈养。

（3）鸭舍。鸭舍宜坐北朝南，10日龄前每平方米饲养30~40只，以后随着日龄增加逐渐减少密度，出栏前20d左右以每平方米4~6只为宜。鸭舍高度为1.5~2m，面积根据实际情况按每10只鸭占空间1m²的大小折算构建，鸭舍必须通风透气，又要避免日晒雨淋，舍底用木板或竹板平铺。鸭舍可在防止鼠害的基础上设置一些小凉棚。

（4）放养密度。适当密度是保证鸭群健康生长的前提条件，大鸭为每亩20~50只，幼鸭可根据情况适当增加。

（5）围网。槟榔园四周要围尼龙网或铁丝网，围网高60cm以上，防止鸭丢失。

（6）饲料。宜选用新鲜、清洁、营养、颗粒大小适中、适口性好、易于消化的饲料如稻谷、玉米、饲草等，注意定时、定点饲喂，视情况增减饲喂量，不可过足或过少。杜绝用发霉、发臭、生蛆的饲料喂养。如虫害较重时，减少补料，让鸭处于半饥饿状态，大量采食害虫，充分发挥防治害虫的目的。

（7）饮水。鸭子饮用水要清洁卫生，防止污染。经常清洗饮水用具和换掉脏的饮水，装入新鲜的水。

（8）水池或者池溏。应注满水，让鸭多嬉水，起到防暑降温的作用。

（9）防疫。开放性饲养，容易感染疫病和传播疫病，应十分注重鸭子防疫工作，定期消毒。发生过鸭瘟或带传染病鸭子走过的地方，以及被污染的水面等地均不能放养鸭。

2. 经济效益分析

按照每亩养殖45只鸭计算，平均每只重量约4kg，批量单价20元/kg，合计收入3 600元；如果每亩槟榔园养鸭成本按照投资鸭舍、水电、人工及饲料等平均20元/只估算，则每亩可获益2 700元以上。

四、槟榔园养羊

1. 槟榔园养羊技术简介

（1）品种。海南槟榔园养羊一般为黑山羊，是偶蹄目（Artiodactyla）、牛科（Bovidae）、山羊（Capra）动物。黑山羊具有生长发育快、产肉性能和皮板品质好的特点。黑山羊肉质细嫩，味道鲜美，膻味极小，营养价值高，蛋白质含量高达20%，脂肪低于3%，胆固醇含量仅为60mg/kg，15种氨基酸含量齐全，特别是人体必须氨基酸尤为丰富，滋补作用极强，长期食用，可补虚、强体。黑山羊皮板张幅大，厚薄均匀，富于弹性。此外，黑山羊能适应产区0～40℃的气温环境，繁殖率高，一般可年产两胎，每胎可产两羔。

（2）羊圈。羊圈是供羊群休息睡眠的场地。一般每只公羊占地0.7～1.5m²，母羊每只0.6～1m²。羊床可在扩建的枕木上盖活动式木条作羊床，定期清扫，定期冲洗，保持清洁即可。黑山羊圈要建成内部干燥、空气流通、光线充足、舒适卫生、冬暖夏凉的敞开式羊圈。要有防雨淋、防太阳晒、防疾病传播、防动物为害等功能。羊圈外边要建有贮粪池。

（3）围网。槟榔园外围要有围墙或铁丝围网，高度1.5～2.5m。园内应架设饮水装置、草架、食槽等。

（4）放牧模式与密度。黑山羊生性活泼好动，实行圈养与放牧相结合，适宜养殖在成龄槟榔园中，较为常见的模式为槟榔园—牧草—黑山羊，采用轮牧放养模式，即将该区域隔开成2处，轮流放养，放牧时间从下午3时至7时为宜。每亩黑山羊存养规模6～10只，保证羊群的健康和生长需要。

（5）饮食。羊属食草动物，养羊饲草应先行，优质牧草不只是粗纤维的来源，还提供了维生素、一定量的蛋白质等，可节约精料的饲喂量，因此规模养羊应种植一定量的牧草。饲料应以禾本科、豆科牧草、树叶为主，精料为辅，牧草旺盛季节，应多喂些草料、树叶，牧草缺乏的季节应多喂些混合饲料解决饲草不足的问题，主要有水稻、小麦、玉米、杂粮及豆类，外加矿物质适量，每只羊每天喂食盐5g。对重胎、哺乳母羊、种公羊和育肥羊归牧后必须补喂一定精料。

2. 经济效益分析

养殖黑山羊投资小、见效快、效益高。羊肉营养丰富，含蛋白质、脂肪，有多种氨基酸、矿物质，是城乡人民喜吃的肉食品之一。羊粪又是极好的有机肥料，一只成年羊一年可生产厩肥800kg，养羊积肥，减少了槟榔种植过程中的肥料购买量，降低了槟榔生产成本。槟榔园内按照每亩平均养殖7只小羊，每只小羊购买价格为1 000元，小羊以园内的牧草为主要食物，每亩槟榔园内牧草种植与部分其他支出约为2 000元，小羊一年可以长至平均重量达30kg，以80元/kg计算，平均每年纯收入为：7只×30kg/只×80元/kg-7只×1 000元/只-2 000元=7 800元，经济效益十分可观。

五、槟榔园养殖存在问题与解决方案

槟榔园林下养殖，虽然前景良好，但养殖过程中却也在着一系列的问题。首先，部分养殖和种植户没有与市场进行良好对接，消息闭塞，造成供求信息不对称，不能将产品市场情况与地域经济发展的特点和要求相结合，在选择适宜畜禽品种上也存在着一定盲目性。其次，在管理上，养殖户大多采用传统的养殖方式，对科学养殖技术掌握不够，从而造成养殖成本高，效益差的局面。此外，资金不足是限制林下经济发展的重要因素之一。养殖经费缺乏，工作开展较难；国家、政府部门对林下畜禽养殖户金融支持力度不够，并缺少必要的政策支持和引导，养殖业的风险防范机制不健全。

槟榔园林下养殖需要大力推广科学的、成功的模式，以市场为导向，因地制宜，合理布局，提高槟榔园生物量和生产力，在科学经营与规范管理的基础上重点研究和推广新的有前景、效益高的槟榔园林下复合经济模式，采用家庭承包经营、龙头企业+基地+农户、产业化经营等发展模式，并根据区域优势，构建多个槟榔园林下复合经营试验示范基地，通过技术集成、示范推广等方式，不断增加槟榔园单位面积的综合经济效益，建立起一批具有海南乡土特色的槟榔园林下养殖基地，走规模化经营之路，真正把林下经济做强做大。

第九章 病虫害防治

一、主要病害及防治

(一) 槟榔黄化病

1. 分布与为害

槟榔黄化病是一种缓慢引起槟榔产量降低,最终绝产,导致植株死亡的毁灭性病害。1949年,该病最早报道于印度喀拉拉邦,至20世纪60年代,该病已经遍及整个喀拉拉邦,在奎隆地区的发病率高达90%。1976年的一项调查显示,喀拉拉邦的发病率为38.4%,卡纳塔克邦发病率为24.4%。1987年此病在Sullia和Dakshina Kannada地区流行,发病三年后可造成果实减产50%。在随后的几十年里,该病在印度其他槟榔种植区也逐渐流行起来,给印度的槟榔产业造成了巨大损失。我国槟榔黄化病于20世纪80年代初最早出现于海南省屯昌县,1985年以后在屯昌、万宁等地大量发现,目前该病已蔓延至海南省琼海、万宁、陵水、琼中、三亚、乐东、保亭等市县。一般槟榔园的发病率为10%~30%,重病区发病率高达90%左右,造成减产70%~80%,甚至绝产。由于至今未发现有效的防治药剂,只能采取砍除烧毁的方式来处理病株,因此大面积的发病槟榔园遭砍伐,是目前我国槟榔生产上的最重要病害。

2. 病害症状

据印度学者报道，槟榔黄化病在发病初期，心轴叶上出现直径为1～2mm的半透明斑点，在未展开的叶片上产生与叶脉平行的褐色坏死条纹；叶片自叶尖开始黄化，并逐渐扩展到整叶，黄化部分与正常绿色组织的界限明显，在叶脉部位有清晰的绿色带，从而与生理性黄化症状区分开来；感病叶片短小、变硬，呈束状，叶片皱缩，最后完全脱落；节间缩短，树干缩小，花序停止发育；病树茎干松脆，输导组织变黑碎裂，侧根少，根尖褐色并逐渐腐烂；果实开始脱落，核仁褪色，不宜食用。

我国海南的槟榔黄化病表现为黄化型和束顶型两种症状。黄化型黄化病在发病初期，植株下层2～3片叶叶尖部分首先出现黄化（图9-1），花穗短小，无法正常展开。结有少量变黑的果实，不能食用，常提前脱落。随后黄化症状逐年加重，逐步发展到整株叶片黄化，干旱季节黄化症状更为明显（图9-2）。整株叶片无法正常展开，腋芽水渍状，暗黑色，基部有浅褐色夹心。感病植株常在顶部叶片变黄一年后枯死，大部分感病株开始表现黄化症状后5～7年内枯顶死亡；束顶型槟榔黄化病的病株树冠顶部叶片明显变小，萎缩呈束顶状，节间缩短，花穗枯萎不能结果（图9-3）；叶片硬而短，部分叶片皱缩畸形，大部分感病株表现症状后5年内枯顶死亡（图9-4），大量槟榔遭到砍伐（图9-5）。

图9-1　发病初期症状

图9-2　整园发病症状

图9-3 束顶型症状

图9-4 发病后期顶梢枯死

图9-5 整园被砍伐

3. 病原

印度是槟榔的第一生产大国,对槟榔黄化病的研究开展较早。印度地区槟榔研究站早在1959年就开始对槟榔黄化病进行研究,此后印度槟榔研究中心和作物研究中心(Central Plantation Crop Research Institute,CPCRI)相继对该病进行了研究。其中,关于槟榔黄化病的病原是首要解决的问题。

1957年Khandige认为槟榔黄化病的发生与一种生物有关，并在病叶中发现有螨虫存在，随后Menon证实螨虫与槟榔黄化病无关，并在植株树液中发现含有一些蛋白质亚单位；1976年Rawther发现患有槟榔黄化病的植株根部腐坏，推测真菌可能是病原，但随后的研究发现根腐与槟榔黄化病无关，同时健康叶片与染病叶中的真菌也无显著差异，从而证明了真菌并非槟榔黄化病的病原；Bopaiah等将从染病的叶、根、根际土壤中分离出的细菌重新接种，结果表明细菌与槟榔黄化病也无关；Nair于1964年报道了感病植株的根部发现有根结线虫，但无法确定线虫种群数量与黄化病的关系；Koshy等从患有槟榔黄化病的植株根际土壤中分离到21个属的植物寄生线虫，致病性测定结果表明，这些线虫可导致幼苗生长缓慢、根系腐烂变黑，但不会形成槟榔黄化病的典型症状，说明槟榔黄化病与线虫无关。以上研究排除了槟榔黄化病的病原是由真菌、细菌、病毒、线虫和螨类的可能性，也有专家推测槟榔黄化病可能是一种生理性病害。20世纪60年代有报道称在染有黄化病的槟榔园土壤中，氮和磷不足，pH值较低，有机碳、有效磷、有效镁含量低，病叶中的氮、磷、镁和锌含量低；但1972年Yadav等研究认为，营养缺乏不会产生黄化病症状；1976年Mohapatra研究发现，病区土壤中交换性铝和铁的含量高，但提高健康土壤中可交换铝和铁的含量也不会引起黄化病症状，其他一些微量元素缺乏也有记载，但研究证实营养缺乏不会引起黄化病（图9-6）。

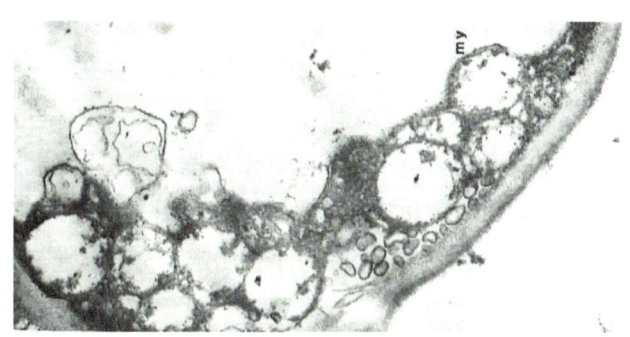

图9-6　未展开花序韧皮部细胞内的类菌原体（MLO）引自Nayar，1978

1971年Nayar等从病叶组织中培养出一种类似类菌原体（Mycoplasma like organism，MLO）的支原体，随后他们通过电子显微镜证实，在患有槟榔黄化病的病组织中存在着MLO，这与之前报道的椰子致死性黄化病植原体形态相似，而在健康样品中则没有发现，从而认为植原体（*Phytoplasma* sp.）是槟榔黄化病的病原，同时用四环素氢氯化物处理病株，可使症状暂时消除，但用青霉素和蒸馏水处理则会使症状加重，这都进一步证明槟榔黄化病是由植原体引起的（图9-7）。

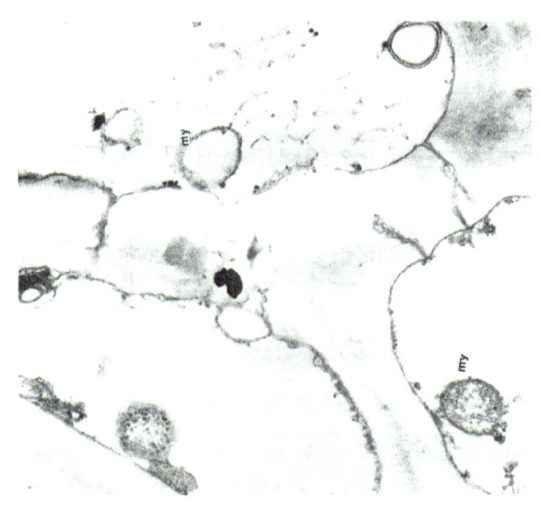

图9-7　韧皮部细胞内的类菌原体（内部空泡即为消解的MLO）引自Nayar，1978

我国槟榔黄化病的研究开始于上世纪80年代初。1986年据俞浩等报道，发生在万宁、屯昌等地的槟榔黄化病是由于缺钾引起的，但追施钾肥后未见症状减轻，病害仍继续蔓延；金开璇等通过电镜观察，在感染黄化病的槟榔薄壁细胞和韧皮部筛管细胞内发现了类细菌（Bacteria Like Organisms，BLO）和类菌原体，而健康植株的对照没有观察到BLO及MLO的存在，从而初步认为槟榔黄化病是由BLO和MLO复合侵染引起的一种新病害；罗大全等对海南槟榔黄化病病株组织进行电子显微镜观察和四环素族抗菌素注射诊断，结果认为植原体是引起海南槟榔黄化型黄化病的一种病原。随后采用巢式PCR技术扩增植原体16S rDNA片段，通过对扩增片段的序列测定和分析，将病原划分到翠菊黄化植原体组。

4. 发生规律

槟榔受黄化病侵染后表现出一定程度的解剖学变化，疏导组织堵塞坏死，叶片、花序、果实、根、茎细胞表现出瓦解症状。栅栏组织堵塞并有色素沉淀现象，根的韧皮部导管增生。通过显微镜观察，在老的叶片和根部的导管内发现有球形、近球形颗粒状的物质，在受害植株小穗轴和根部的筛孔内发现有胼胝体积累，韧皮部组织破碎坏死。和健康植株相比，各龄受害植株的气孔调节功能均受到损害，蒸腾作用降低。叶片上角质层蜡显著增加，受害植株光合作用下降，荧光指数降低，类胡萝卜素和叶绿素合成减少。受害叶片Mg含量降低，由于韧皮部受到破坏，糖和淀粉运转受阻，从而导致碳水化合物积累。受害叶片内甾醇的含量显著降低。受害植株的氨基酸代谢也发生了系列变化。随着病害的发展，胱氨酸和甲硫氨酸显著增加，苯丙氨酸及丙氨酸含量降低，苏氨酸含量显著降低，赖氨酸和精氨酸含量增加；丝氨酸和谷氨酸在叶片中缺乏，在花序中则大量存在；根部脯氨酸、胱氨酸、组氨酸完全消失；丝氨酸、苏氨酸和精氨酸在茎部组织中的含量下降。此外，多酚氧化酶、过氧化物酶、过氧化氢酶、抗坏血酸、抗坏血酸氧化酶随着病情的扩展也会发生相应变化。发生黄化病的土壤中，pH值较健康土壤低，有机碳，硼、磷和镁元素含量低。受害槟榔根部和叶片内铝元素含量增加，但研究发现单独施用铝元素也不会形成黄化症状。

黄化病可为害槟榔的各龄植株，幼苗及成株期均可受害。据印度学者报道，在干旱季节开始时，黄化症状会有隐退现象。Nair和Daniel在研究该病的传播途径时发现，在受黄化病侵染的槟榔叶片上有棕榈长翅蜡蝉 *Proutista moesta*（Westwood）的活动，推测这种含有刺吸式口器的昆虫可能能够传播该病；Ponnamma等在电子显微镜下从棕榈长翅蜡蝉的唾液腺中观察到了植原体的存在，说明长翅蜡蝉在取食时可获得病原菌，并可保持其增值能力，从而可以将病害进行传播，槟榔幼苗在接种21～32个月后表现出了典型的黄化病症状；随后利用棕榈长翅蜡蝉和菟丝子进行接种传播试验，结果发现供试的槟榔小苗表现黄化病症状，从而指出了该病可通过长翅蜡蝉和菟丝子进行传播。

5. 病害综合治理

目前，槟榔黄化病还没有有效的防治方法，迄今所报道的药物及施药方式的治疗效果尚不理想。虽然发病初期注射四环素族类抗生素可以使症状隐退或消失，但有复发性。因此，目前槟榔黄化病的防治仍主要是以预防为主，即减少初侵染源、切断传播途径和提高植株的抗耐病能力三个方面。

减少初侵染源。槟榔黄化病的早期为害具有隐蔽性的特点，因此往往并没有引起人们的足够重视，并且极易与栽培不当引起的黄化症状相混淆，导致病害的扩展蔓延。槟榔黄化病在槟榔园内的为害存在明显的发病中心，病害发生初期的轻病园，如果少量植株出现发病，应该及早挖出病树，就地烧毁。如果全园大部分植株出现类似情况，建议间作其他作物，加强施用有机肥和无机肥，收获2～3年经济产量，待间作作物有经济产量时砍伐槟榔树。对于重灾区病园，有经济产量的可以增施有机肥和复合肥，保证1～2年经济产量，替换种植其他作物；如果病害比较严重，无经济产量，建议立即彻底清除病园，种植其他作物，同时严格禁止在发病区域留种繁苗。

切断传播途径。印度学者认为槟榔黄化病可通过棕榈长翅蜡蝉进行传播，根据其他棕榈科作物黄化病传播途径的相关规律研究，我国海南槟榔黄化病的传播可能与槟榔园中具刺吸式口器的叶蝉、飞虱有关。因此在槟榔花果期，应及时喷施氰戊菊酯、溴氰菊酯等拟除虫菊酯类农药杀灭潜在媒介昆虫，延缓病害蔓延；印度Ponnamma等研究发现膜翅目姬蜂科（*Paraphylax* sp.）的一种内寄生虫能够降低槟榔黄化病传播介体棕榈长翅蜡蝉的虫口密度，将来具有一定的生防潜能；此外在调查中发现，人为引种带毒种苗也是病害传播的一个重要途径。应加强检疫，不从槟榔黄化病严重发生的地区引进种苗。

提高植株的抗耐病能力。由于目前槟榔黄化病的防治尚无有效的化学和生物药剂，因此通过加强水肥管理和选育抗黄化病的槟榔品种，提高槟榔的抗耐病能力显得尤为重要。应尽快改变过去粗放的槟榔种植管理模式，重视水肥管理，施足基肥，及时追肥，提高树体的抗病能力。印度农作物研究中心通过多年的研究发现，多施P肥可以延迟黄化病的发生并显著提高产量；此外，在施NPK肥的同时辅施锌、硼和镁，也可减少病害发生；叶面喷施Mg和Mn可以减轻黄化症状；土壤施用NPK肥、石灰和硫酸锌可显著地缓解叶部黄化症状。通过施用其他微量元素和加强灌溉对缓解病情无任何影响。虽然该病无法治愈，但通过营养改良仍可提高患病槟榔园的产量。

目前国外对槟榔黄化病的防治主要集中在抗耐病品种的选育上。在印度，四个槟榔品种*Mangala*，*Sumangala*，*Sreemangala*和*Mohitnagar*均感病，印度学者通过大量的杂交实验，筛选获得的杂交种Saigon×Mangala具有较高的耐病性，迄今为止还未选育出抗黄化病的槟榔品种。

（二）槟榔炭疽病

1. 为害与症状

槟榔炭疽病是槟榔生产上的一种常见病害，在海南省各县市都有发生，发病率可高达70%以上。该病引起幼苗生长势衰弱，叶色淡黄，对幼苗生长影响较大。成龄结果树的叶片、花序、果实等也可染病，造成落花落果，严重减产。据印度学者报道，该病对幼苗及成龄结果树的花序、果实等均可造成严重为害，可减产10%~30%。

该病在幼苗和成龄期均可发生，可为害叶片、花序和果实。感病初期，叶片呈现暗绿色水渍状小圆斑，随后变褐色，边缘有一黄晕，病斑像麻点样遍及整个叶片（图9-8）。随后病斑进一步扩展，形状变化较大，呈圆形、椭圆形、多角形或不规则形，病斑长0.5~20cm。病斑中央变褐色，边缘黑褐色，病斑微凹陷，有时具云纹状，发病后期叶片病斑累累（图9-9），产生少量小黑粒（病原菌分生孢子盘），重病叶整叶变褐枯死，幼芽受害导致腐烂或枯萎。青果感病，果皮表面呈圆形或椭圆形的病斑，病斑黑色凹陷。成熟果实上的病斑近圆形，褐色、凹陷，病斑进一步扩展，使果实腐烂。外界环境湿度较高时，病部会产生粉红色孢子堆。

图9-8 炭疽病叶片初期症状

图9-9 严重发病的叶片

2. 病原

该病的病原为胶孢炭疽菌 *Colletotrichum gloeosporioides* Penz.，属半知菌类、腔孢纲（Coelomycetes）、黑盘孢目（Melanconiales）、黑盘孢科（Melanconiaceae）、炭疽菌属（*Colletotrichum*）真菌。菌丝初期无色，后变灰黑色，有隔膜。分生孢子盘黑色，卵圆形，直径为120~250μm，散生于表皮下，后突破表皮，周围有深褐色刚毛，大小为（50~73）×（4~5）μm；盘内密生短小、不分枝、无色的分生孢子梗，大小为（13~21）×（4.2~5.0）μm，盘的四周有时长有褐色、具分隔的刚毛；分生孢子着生在梗上，单细胞，无色，长椭圆形至圆筒形（图9-10），有1～2个油滴，大小为（12.2～15.8）×（4.0～5.9）μm。该菌可在15～35℃的范围内生长，最适温度为25～28℃。

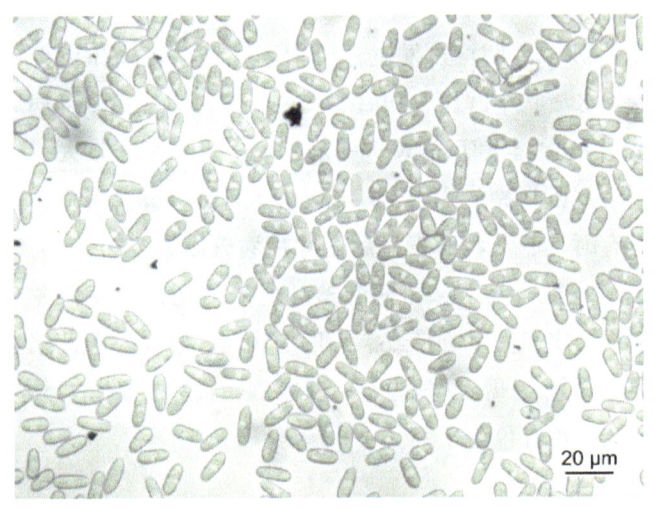

图9-10 病原菌分生孢子

3. 发生规律

病害多发生于多雨高湿季节，尤其当遭遇连阴雨天气，温度在20～30℃时发生较为严重。分生孢子萌发时在孢子中部形成1～2个隔膜，从每个细胞长出一个芽管，芽管顶端形成附着胞。本病的初侵染源是槟榔园内病株及其残体。在高湿条件下，病菌产生大量分生孢子，借风雨、昆虫传播，从伤口和自然孔口侵入寄主。发病后病株又产生新的分生孢子，造成再次侵染。槟榔园密植、失管荒芜、通风不良时有利于病害发生；遭受台风刮伤、寒害冻伤、害虫咬伤的植株也易发病；槟榔园施肥不合理，植株生长衰弱，抗病能力下降时有利于病害的发生和流行。

4. 防治

加强园内管理。改善排水系统，排除积水；消灭荒芜，合理密植和施肥，提高植株抗病性；及时清除田间病残组织，减少初侵染源；苗圃荫棚高度要适当提高，以利通风透光，降低苗圃湿度。

化学防治。在发病初期，喷施络氨铜进行保护，每隔15d喷1次，连喷

2～3次；还可用甲基托布津、苯醚甲环唑、吡唑醚菌酯、咪鲜胺锰盐、福美锌等药剂，连续喷洒数次，能有效控制该病的发生和蔓延。

（三）槟榔煤烟病

1. 为害与症状

煤烟病为槟榔的一种叶部病害，在我国发生普遍。发病初期，感病叶片上形成煤烟状、圆形小霉斑。以后病斑逐渐扩大，相互连接，使受害部位覆盖一层煤粉状的黑霉，即为病原菌的菌丝体及分生孢子（图9-11）。霉斑呈辐射状扩展，严重时整个叶片几乎布满煤烟状霉层，病斑老化时煤粉层呈片状，易剥落（图9-12）。煤烟层能阻碍槟榔叶片正常的光合作用，导致植株生长势减弱和产量下降。

图9-11　叶片上的霉斑及黑刺粉虱

图9-12　叶片上煤粉层脱落

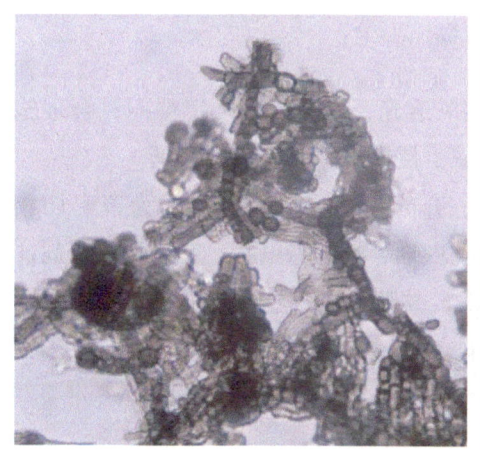

图9-13　煤食菌菌丝

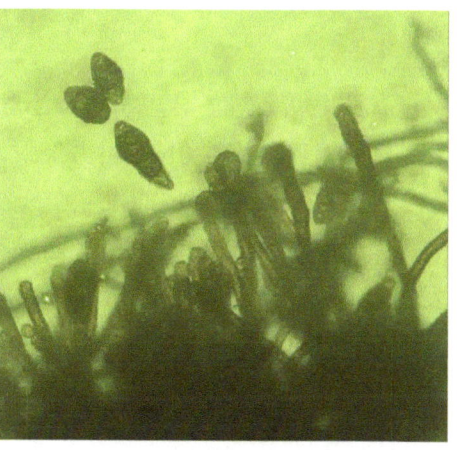

图9-14　链格孢菌分生孢子

2. 病原

引起槟榔煤烟病的病原有多种，较常见的有煤炱菌属（*Capnodium* sp.）、链格孢属（*Alternaria* sp.）和小煤炱菌属（*Meliola* sp.）真菌等，以上病原常可复合侵染，共同造成为害。

煤炱菌属子囊菌门、腔菌纲、座囊菌目、煤炱菌属真菌。菌丝体绒毛状，由圆形细胞组成（图9-13）。子囊座无刚毛，表面光滑，或有菌丝状附属丝。子囊孢子具纵横隔膜，砖格形，多胞，褐色。

链格孢菌属半知菌类、丝孢纲、丝孢目、链格孢属真菌。分生孢子梗单生或数根束生，暗褐色；分生孢子倒棒形，褐色或青褐色，3～6个串生，有纵隔膜1～2个，横隔3～4个，横隔处有缢缩现象（图9-14）。

小煤炱菌属子囊菌门、核菌纲、小煤炱目、小煤炱菌属真菌。病菌菌丝表生、黑色，菌丝细胞两旁长出许多附着于寄主表面的附着枝及刚毛。子囊果球形，无孔口，后期不规则破裂放出子囊，子囊束生，数目少，囊内含椭圆形，暗褐色，多胞的子囊孢子。

3. 发生规律

病原菌以菌丝体、分生孢子及子囊孢子作为初侵染源，在外界环境条件适宜时开始侵染活动。分生孢子可借气流、雨水和昆虫传播，造成重复侵染。当槟榔叶片表面有蚜虫、介壳虫、黑刺粉虱等的分泌物时，病原菌即可在其上面生长繁殖。凡管理粗放、通风不良、荫蔽潮湿、虫害严重的槟榔园，均有利于此病的发生。

4. 防治

加强栽培管理。合理密植，注意通风透光，切忌园内环境湿闷；合理施肥，增强树势；及时剪除病叶并烧毁，减少侵染来源以防病害蔓延。

化学防治。煤烟病的发生与蚜虫、介壳虫、黑刺粉虱等的为害密切相关，因此应注意防治有害昆虫，可喷雾吡虫啉、吡蚜噻虫胺、呋虫胺等药剂；发病初期喷雾灭病威，每隔10～15d一次，共喷三次；也可喷雾甲基托布津等杀菌剂，7～10d喷一次，连喷三次进行防治。

（四）槟榔大茎点霉叶斑病

1. 为害与症状

该病发生较轻，主要为害成龄槟榔叶片。发病初期，叶片上呈现黑褐色的小斑点，随后病斑扩大呈不规则形大病斑，长0.5~2cm，病斑中央灰白色，边缘深褐色，病斑上密生黑色小点（病原菌分生孢子器）（图9-15，图9-16）。受害严重时，整张叶片密密麻麻布满病斑，小病斑汇合形成更大不规则形病斑，能严重影响植株的光合作用，最后叶片枯死。

图9-15　叶片发病症状

图9-16　叶部病斑放大

2. 病原

本病的病原为半知菌类、腔孢纲、球壳孢目、大茎点霉属（*Macrophoma* sp.）真菌。病菌分生孢子器黑色，球形，有孔口，分生孢子梗短小，不分枝，分生孢子卵圆形，单胞，无色（图9-17）。

3. 发生规律

本病常见于多雨高湿季节，园内病株及其残体为初侵染源。在外界条件适宜时，病残体

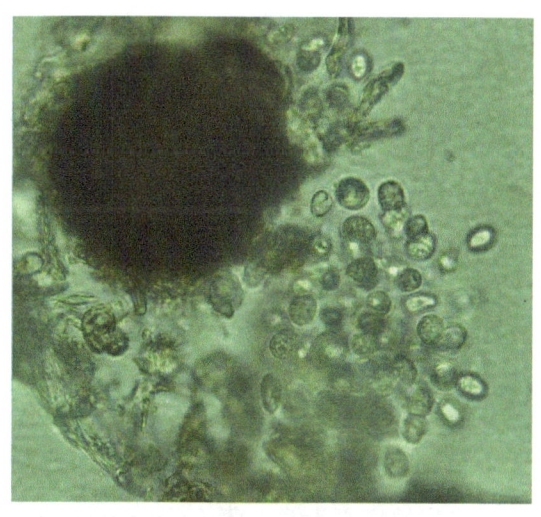

图9-17　病原菌分生孢子器及分生孢子

中的菌丝萌发产生分生孢子，可通过风雨、流水和农事操作进行传播，从伤口和自然孔口侵入寄主。在高湿条件下，病菌产生大量分生孢子，造成再次侵染。该病在我国海南从3月下旬开始，一直到11月为止。槟榔园管理粗放、植株生长不良时有利于病害发生。

4. 防治

加强栽培管理。合理密植和施肥，提高植株抗病性；改善排水系统，排除积水；及时清除田间病残组织，清除重病枝集中烧毁，减少初侵染源。

化学防治。发病初期，喷施络氨铜进行保护；还可喷雾甲基托布津、多菌灵、百菌清等药剂防治，对控制该病的发生有较好效果。

（五）槟榔镰刀菌根腐病

1. 为害与症状

该病发生较轻，幼苗和成株期均可受害，造成根及茎基部坏死腐烂（图9-18，图9-19），植株萎蔫，最后整株死亡。槟榔根部受害后，地上部叶色变黄萎蔫，生长势差。挖出病株，根部染病部位变成黄褐色或腐烂，维管束坏死，根皮外有白色絮状菌丝层。该病在每年5—8月高温高湿季节有零星发生。

图9-18　茎基部受害症状

图9-19　幼苗茎基部受害症状

2. 病原

该病的病原为镰刀菌（*Fusarium* sp.），属半知菌类、丝孢纲、瘤座菌目、镰刀菌属真菌。病原菌在PDA培养基上菌丝较发达，初为白色绒毛状生长，不久成呈紫色的棉絮状菌落，可产生大小型两种分生孢子，大型分生孢子镰刀型，多细胞，有3~6个分隔，大小（28.9~42.1）×（4.6~6.2）μm；小型分生孢子无色单胞，少数有1~2个分隔，呈卵状、梨状、椭圆状，椭圆形至纺锤形，大小（9.2~14.5）×（5.2~5.9）μm（图9-20）。

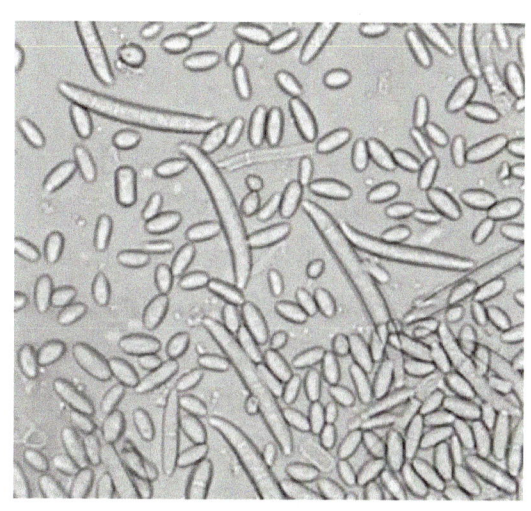

图9-20　病原菌大小型分生孢子示意

3. 发生规律

本病以土壤及病残体中的菌丝体和分生孢子作为初侵染源，在外界环境条件适宜时从根或茎基部的伤口侵入而引起发病，随后病原菌转移至茎基内潜伏寄生为害。分生孢子可经雨水、灌溉水及农事操作进行传播造成二次侵染。病原菌可在土壤环境的植株残体上长期存活，病害发生的最适温度为27~32℃，当环境温度低于15℃或高于33℃时，病害扩展受到抑制，病原菌进入潜伏状态。土壤板结，偏酸性，含水率持续性偏高及高温对土表茎部的高温灼伤等也是促进病害发生的外部因素。

4. 防治

加强栽培管理。合理施肥，施足基肥，提高植株抗病性；改善排水系统，排除积水，注意通风透光；发现园内零星病株，及时清除并予以焚毁，减少初侵染源。

化学防治。挖除病土并淋灌70%敌克松可湿性粉剂500倍液或50%克菌丹

500倍液杀菌剂,控制病害发展。

(六)槟榔细菌性条斑病

1. 为害与症状

该病于1947年在印度首次报道,目前是我国海南槟榔生产上的主要病害之一,重病区发病率达60%以上,重病株多数叶片枯死,严重影响槟榔生长和产量。

槟榔苗期和成株期均可染病。该病主要为害叶片,也可为害叶柄和叶鞘。发病初期在叶片上形成不规则形深绿色至淡褐色水渍状小斑点,密集排列成栅栏状,随后病斑逐渐扩大,沿叶脉疏导组织形成1~4mm宽、5~10mm长的暗绿色条斑,病斑边缘形状多样,笔直或呈波浪状,周围黄晕明显,病斑穿透叶片两面(图9-21)。随着病情的发展,病斑可逐渐汇合成不规则形,宽1cm以上、长10cm以上的更大斑块(图9-22)。长期高湿条件下,叶片背面会出现白色粘稠、奶油状渗出物,干后变为一层白色菌膜。横切病组织,可在光学显微镜下观察到菌溢现象。重病株病叶破裂,严重影响了植株光合作用,导致叶片变褐枯死。幼苗受害可导致树冠枯死,整个植株死亡。横切受害病组织在显微镜下观察,切口处有大量的细菌溢出。为害叶柄可形成棕褐色、长椭圆形至不规则形病斑,边缘无黄晕。叶鞘病斑褐色至深褐色,无黄晕,微凸起,单个病斑近圆形,后期病斑汇合成不规则形的大斑块。病斑穿透叶鞘两面,并深达里层的第2、第3片叶鞘。

图9-21 发病初期症状

图9-22 受害严重的叶片

2. 病原

该病的病原为须芒草伯克霍尔德氏菌 *Burkholderia andropogonis*,革兰氏阴性、杆状,具有一根极生鞭毛,不具有精氨酸双水解酶活性,不能水解明胶和淀粉,不能产生果聚糖,具有过氧化氢酶活性;在NA培养基上菌落为白色。

3. 发生规律

该病的发生和流行与降雨量、温度、湿度、台风等气候因子密切相关,温热、多雨、高湿是病害发生发展的重要条件。在我国海南周年均可发生,8—12月为病害盛发期。

连续大量降雨,相对低温(17.5~25.5℃),槟榔园湿度高,有利于病原菌的繁殖、侵入和传播。种植在山坡地的槟榔,由于湿度低,发病较轻。不同树龄的槟榔树,发病程度差异较明显,3~6龄的幼树较幼苗和成龄树发病严重。本病害周年可发生,但以下半年高温多雨、又是台风发生季节时病害发展快。发病的高峰期通常出现在8—12月;1—2月低温干旱,病情减弱。高温干旱,病害受到抑制或扩展缓慢。发病初期,叶片上形成一层水膜,病斑背面产生大量细菌溢脓,为病害发生和扩散提供了大量菌源,短期内病情严重。病斑扩展与雨量、雨日呈正相关;反之,雨量小、湿度低,病斑扩展慢。Sampath Kumar发现病害发生率与降雨密切相关,在雨季(7—10月)月平均降水量达130mm或月降雨天数超过10d时,病害发生率高。由于病原菌在土壤中最长可存活75d,因此土壤不是病原菌的主要来源。带病种苗、田间病株及其残体是病原菌的主要侵染来源,病菌从伤口和自然孔口侵入寄主,靠雨水、流水、昆虫和农事操作进行传播。尤其是台风雨,造成植株伤口增多,不仅有利于病菌入侵,还能使病菌作远距离传播,是导致病害流行的主导因素。台风雨在台风过后的1~2个月内是病害发生的高峰期,若台风提前,发病高峰期也随之提前出现。

4. 防治

农业防治。加强槟榔园栽培管理,消灭荒芜,排除积水,合理施肥,及时清除田间病死株及其残体,培育或选用无病健壮种苗。

化学防治。发病初期喷雾福美双、农用链霉素,每两周喷1次,连续2喷次具有良好的预防和治疗效果。

（七）槟榔藻斑病

1. 为害与症状

该病可为害槟榔树干、叶柄、叶鞘和叶片，破坏叶和茎部的表皮层。叶片病斑近圆形，中央凹陷和有黄色晕圈，直径0.3~0.8cm，深褐色，稍凸起，其上有黄褐色毛毡状物（图9-23，图9-24），严重时导致叶片提早落叶，影响树势，进而引起减产。在叶柄、茎干和果实上的病斑较多而密集，常汇合成不规则形的较大病斑（图9-25~图9-27），严重发生时可引起槟榔长势衰弱。

图9-23 叶片发病初期症状

图9-24 叶片背面发病症状

图9-25 叶柄受害症状

图9-26 茎干受害症状

图9-27 槟榔果受害症状

2. 病原

该病的病原为一种弱寄生绿藻绿色头孢藻 *Cephaleuros virescens* Kunze，属植物界、绿藻门、桔色藻目、头孢藻属。病部的毛毡状物为藻类的营养体，后期病部长出的毛状物是孢子囊梗和孢子囊；梗顶端膨大，其上生8~12个小梗，每个小梗顶生一个卵形孢子囊，橙黄褐色，大小（14~20）×（16~24）μm（图9-28），成熟后脱落，遇水释放出侧生双鞭毛、椭圆形、无色的游动孢子。

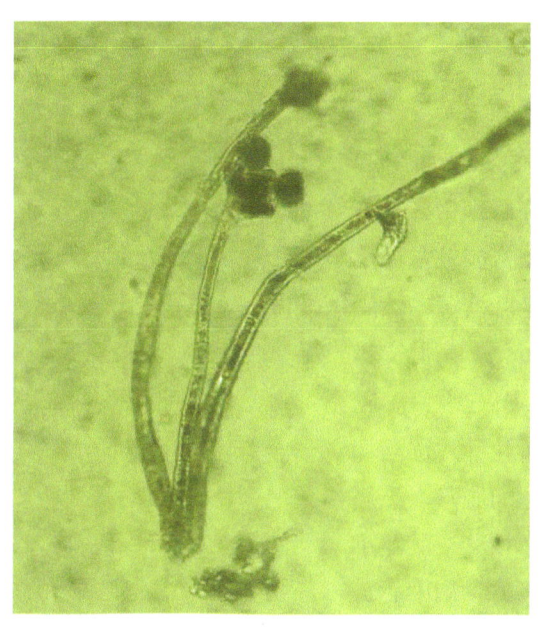

图9-28　头孢藻孢子囊梗及孢子囊示意

3. 发生规律

该病的发生同植株本身生长条件和外界环境因子密切相关。寄主生长不良，栽培管理不善，如土壤贫瘠、杂草丛生、地势低洼、阴湿或过度密植、通风不良、干旱或水涝的条件下，寄主易受侵染，发病较重；外界环境潮湿闷热、降雨频繁有利于病害发生和蔓延。寄生藻以营养体在寄主组织上度过不良环境，在条件适宜、叶面有水膜时，孢子囊释放出游动孢子，游动孢子可从气孔等自然孔口侵入，并通过风雨传播。绿色头孢藻寄主范围较广，除槟榔外，还可为害可可、柑橘、丁香、胡椒、番石榴、茶、橡胶、芒果、玉兰、桂花等植物。

4. 防治

加强栽培管理。合理密植，清除田园杂草，通风透光，避免过度荫蔽。

绿色头孢藻易感染生长势弱的植株，因此应合理施肥，提高植株抗病性；清除园内病残体，减少侵染源，在一定程度上也可减轻病害的发生。

化学防治。雨季结束后可喷洒灭病威进行保护；多种杀真菌剂，如代森锰锌、苯醚甲环唑等，对寄生藻都有较好的防治效果。

（八）槟榔生理性黄叶病

1. 为害与症状

本病是由于缺元素而引起的生理性病害，在管理粗放、施肥制度不合理的槟榔园较常见。发病初期最下层老叶变黄，然后逐渐向上部叶片黄化，病健交界处界限不明显（图9-29）。随着病情的发展，黄化叶片逐渐坏死，后期完全黄化而脱落。患病株花序瘦小、过早枯萎，雌花小而多败育。此病没有发病中心，有时多株同时黄化或成片黄化，造成严重落花落果，该病对植株的正常生长影响很大，导致产量下降。

图9-29　生理性黄化病症状

2. 病原

本病主要是由缺钾引起的一种生理性病害。成龄树在每年新叶萌发和花序迅速发育成长的时期，会消耗大量钾肥；槟榔园水土流失，也带走一些钾肥，使土壤中有效钾含量低，若没有及时增施肥料，致使土壤中钾的含量越来越少，导致植株严重缺钾而产生黄叶。

3. 发生规律

该病的发生同树龄、结果量和槟榔园立地条件密切相关。植株树龄愈大，钾肥消耗愈大，养分吸收不平衡的矛盾愈突出；结果量愈高，消耗的钾肥越多，黄化越严重；槟榔园内土层薄，砂性重，保水保肥力差，酸度过强，根系多分布于表土层，不能保持静风荫湿的环境，造成土壤水分亏缺，发病较重；此外，施肥不合理、长期持续的低温也能促使黄化。

4. 防治

加强管理，增施钾肥，配合施用氮、磷肥，适当增施尿素、氯化钾、复合肥，还应加施适量硫酸镁；对酸性过强土壤要适当增施石灰，中和酸度；对于坡度较陡的槟榔园应修建保水保肥工程，减少水土流失。

二、主要病害及防治

（一）椰心叶甲

1. 简介

椰心叶甲 *Brontispa longissima* Gestro 属鞘翅目（Coleoptera）、叶甲总科（Chrysomeloidea）、铁甲科（Hispidae）、铁甲亚科（Hispinae）昆虫，又名椰子扁金花虫、椰子棕扁叶甲、红胸叶虫，是我国林业危险性有害生物之一。该虫在国外主要分布在澳大利亚、印度尼西亚、越南、菲律宾、巴布亚新几内亚、柬埔寨、所罗门群岛、密克罗西尼亚、老挝、新喀里多尼亚、法属波利尼西亚、新赫布里底群岛、俾斯麦群岛、萨摩亚群岛、塔西提岛、关岛、马来西亚、日本、斐济群岛、瓦努阿图、新加坡、法属瓦利斯和富图纳群岛、马尔代夫、马达加斯加、毛里求斯、塞舌尔、泰国、缅甸等，在国内主要分布于广东、广西、海南、云南、福建、香港、澳门、台湾等地。

椰心叶甲主要为害棕榈科植物，寄主包括椰子、槟榔、老人葵、斐济榈、大王棕、西谷椰子、卡喷特木、美丽针葵、皇后葵、刺葵、鱼尾葵、假槟榔、布迪椰子、散尾葵、红槟榔、软叶刺葵、酒瓶椰子、青棕、红棕榈、日本葵、棕榈、短蒲葵、海枣、短刺葵等。

2. 为害与症状

椰心叶甲的成虫和幼虫在未展开心叶中沿叶脉平行取食表皮薄壁组织，在叶上留下与叶脉平行、褐色至灰褐色的狭长条纹（图9-30），严重时条纹连接成褐色坏死条斑，叶尖干枯，整叶坏死。椰树严重受害时，心叶可有成百上千头椰心叶甲为害，树龄在5年以下或长势较弱的棕榈寄主受椰心叶甲危害后，恢复能力一般较弱。植株受害后期表现部分枯萎和褐色顶冠，严重可造成树势减弱后植株死亡（图9-31）。

图9-30 椰心叶甲幼虫为害槟榔心叶

图9-31 受椰心叶甲严重为害的槟榔园

3. 形态特征

椰心叶甲全生育期经过4个虫态，即成虫、幼虫、蛹、卵。成虫体扁平狭长，雄虫比雌虫略小。体长8~10mm，宽约2mm，触角粗线状，11节，黄褐色；顶端4节色深，有绒毛，柄节长2倍于宽。触角间突超过柄节的1/2，由基部向端部渐尖，不平截。沿角间突向后有浅褐色纵沟。头部红黑色；头顶背面平伸出近方形板块，两侧略平行，宽稍大于长。前胸背板黄褐色，略呈方形，长宽相当。具有不规则的粗刻点。前缘向前稍突出，两侧缘中部略内凹，后缘平直。前侧角圆，向外扩展，后侧角具1小齿。中央有一大的黑斑。鞘翅两侧基部平行，后渐宽，中后部最宽，往端部收窄，末端稍平截。中前部有8列刻点，中后部10列，刻点整齐（图9-32）。足红黄色，粗短，跗节4节。

幼虫一般有5龄，白色至乳黄色（图9-33）。1龄幼虫长1.5mm，宽0.7mm，头部相对较大，体表的刺较老龄的明显，胸部每节两侧各有1根毛，腹部侧突上有2根毛，尾突的内角有1个大而弯的刺，背腹缘上有5~6根刚毛。2龄幼虫更趋近于成熟幼虫，腹部侧突比1龄幼虫的要长，每个侧突上有4根毛，分布在端部的不同点，刚毛比成熟幼虫的要长。尾突内角上的刺和1龄幼虫的一样不太明显。成熟幼虫体长9.0mm，宽2.25mm，体扁平，两侧缘近平行。前胸和各腹节两侧各有一对侧突，腹9节，因8、9节合并，在末端形成对内弯的尾突，实际可见8节。头部触角2节，单眼5个，排成二行，前3后2，位于触角后，上颚具2齿。蛹长10.5mm，宽2.5mm，与幼虫相似，但个体稍粗，翅芽和足明显，腹末端仍有尾突，但基部的气门开口消失（图9-34）。卵椭圆形，褐色，长1.5mm，宽1.0mm。上表面有蜂窝状平凸起经常有分泌物覆盖（图9-35），下表面无此结构。

图9-32　椰心叶甲成虫

图9-33　椰心叶甲幼虫

图9-34　椰心叶甲蛹

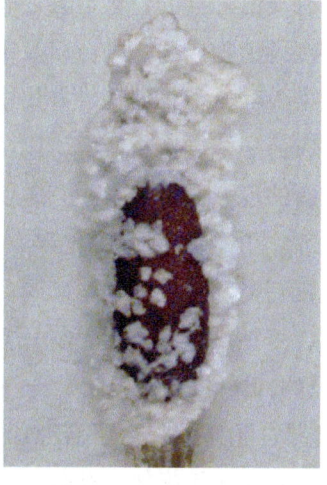
图9-35　椰心叶甲卵

4. 生物生态学特性

椰心叶甲在我国一般每年发生3～6代，具有世代重叠现象。椰心叶甲的发育历期受取食寄主植物和外界环境温度影响，各虫态的发育起点温度均在11℃以上；在常温下，卵期4～6d，幼虫期30～40d，预蛹期3d，蛹期6d，成虫期可达236d。高温对椰心叶甲各虫态发育不利，室内饲养椰心叶甲在温度32℃以上时，成虫与卵均不能成活。干旱有利于此虫的发生，海南的西南部市县降水相较于其他市县略少，故当地为害程度略重；在高温多雨的情况下，此虫虽发生但并不造成严重为害。取食寄主对成虫产卵前期有一定的影响，一般产卵前期在6d以上，雌虫一生可产卵100多粒。

卵产于未展开心叶的小叶片内，单个或3～5个一纵列黏着于叶面。成虫对光具有负趋性，但具有一定的飞翔能力，可以日飞行400m左右，多在近距离内扩散；飞行时间一般在早晨和傍晚，白天多缓慢爬行。幼虫同样对光敏感，成虫和幼虫多从叶梢上部向下为害，最终成虫和幼虫多集中在羽叶柄处。老熟幼虫多化蛹于取食后的干叶片间。成虫除非遇到意外情况，如食物缺少，或外界干扰，一般不会主动扩散，因而可常看到一株为害较重，周边棕榈植物则不被为害的现象。强风气流有利于椰心叶甲成虫的扩散。另外，交通工具和寄主植物调运也是椰心叶甲扩散的主要途径。

5. 防治

检疫措施。一旦发现椰心叶甲疫情，要严密封锁疫区，禁止槟榔种苗的调运，包括有疫情的县内、县与县之间和省际之间的调运；禁止从疫区国家和地区进口棕榈科植物成株、种苗以及果实。在新疫点发生初期，应立刻剪去受害部位的感染心叶，密封处理，并集中烧毁，对疫点附近的棕榈植物进行喷施或滴灌化学农药于棕榈植物心部，以防止周边的槟榔或其他棕榈植物感染椰心叶甲，形成新的疫点，并经常检查，使疫情消灭在萌芽状态。

化学防治。化学防治可用化学农药进行喷洒或滴灌植株心叶，常用的药剂有高效氯氰菊酯、啶虫咪、辛硫磷、敌百虫等；此外，从疫区调运棕榈植物种苗或苗木，可在熏蒸室内对植株用溴甲烷熏蒸2h，熏蒸浓度为$20g/m^3$，可杀死各虫态的椰心叶甲。

中国热带农业科学院椰子研究所在2019年研发了槟榔树精准施药技术和产品。发明了专用于槟榔树的药包，主要成份包含了多种微肥、杀虫、杀菌粉剂，可用于防治槟榔的椰心叶甲、红棕象甲、红脉穗螟、心病腐、叶片畸形等生理性病害，并且创新了多种不用人工上树的多种施药方法，可以把药包精准放置于不同高度的槟榔中心叶片位置，该技术已在海南万宁、陵水、乐东、白沙、儋州等市县的槟园大量推广应用，该技术可大大降低农药施用量和劳动力生产成本，同时降低了环境污染，应用前景广阔。

生物防治。自然界中的寄生蜂、绿僵菌和一些捕食性天敌都是椰心叶甲的生物防治资源，如分布在印尼爪哇岛的椰心叶甲卵寄生蜂在田间对椰心叶甲卵寄生率达15%，另一种卵寄生蜂对椰心叶甲卵有10%的寄生率，印尼爪哇的一种赤眼蜂可以寄生椰心叶甲和其他椰子害虫的卵，曾被成功引进到斐济、巴布亚新几内亚和所罗门群岛。椰心叶甲寄生蜂有椰甲截脉姬小蜂 *Asecodes hispinarum* Bouček，已被引进到萨摩亚、瑙鲁、泰国、马尔代夫、越南、菲律宾和中国等地。椰心叶甲啮小蜂 *Tetrastichus brontispae* Ferriere对蛹的寄生率达60%以上，对高龄幼虫的寄生率约10%，被认为是控制椰心叶甲最有效的寄生蜂，在澳大利亚昆士兰区、我国台湾等地有较早应用。对椰心叶甲有致病性的病原菌有绿僵菌 *Metarhizium anisopliae* 和球孢白僵菌 *Beauveria bassiana*，捕食性天敌有垫跗螋、黄猄蚁、蜘蛛、树蛙等。

（二）红脉穗螟

1. 简介

红脉穗螟 *Tirathaba rufivena* Walker属鳞翅目（Lepidoptera）、螟蛾科（Pyralidae）昆虫。该虫在国内分布于广东、海南和台湾等地；国外分布于马来西亚、印度尼西亚、菲律宾、斯里兰卡、南亚、澳大利亚。除槟榔外，红脉穗螟还可为害椰子、油棕、美丽针葵、鳞皮金棕、老人葵、金山葵等植物。

2. 为害与症状

该虫主要以幼虫取食槟榔的花穗、果实及心叶进行为害，其中花穗受害最为严重，幼虫在槟榔或椰子等棕榈植物未展的花苞内取食，将粪便、食物残渣和花缀成簇，加上其排泄物筑成遂道，藏匿其中，嚼食花穗，使花穗不能正常开放（图9-36，9-37），未能展开的花穗枯死，受害较轻的花穗展开后，能开花结果，但果实容易脱落。在盛果期，幼果和中等果也容易受幼虫为害，幼虫一般蛀果为害，蛀食果实内的种子和部分内果皮，受害果实内有1～2头幼虫,幼虫也会啃食外表皮,造成流胶或形成木栓化硬皮,影响果实品质(图9-38)。幼虫钻食叶及生长点,造成心部停止生长和畸形(图9-39),严重可导致植株死亡。黄山春等调查结果表明,红脉穗螟在海南槟榔种植地区普遍发生为害,槟榔植株受害率一般达6.67%～56.67%,受害重的达60%～86.67%。

图9-36　红脉穗螟为害槟榔花穗

图9-37　红脉穗螟为害槟榔花序

图9-38　红脉穗螟为害槟榔果实

图9-39　红脉穗螟为害槟榔心部

3.形态特征

成虫:体长13mm左右,翅展23～25mm,初羽化颜色鲜艳。前翅绿灰色,中脉、肘脉及臀脉和翅后缘均被有红色鳞片,使脉纹显现红色;中室区有白色纵带1条，除外缘有1列小黑点、中室端部和中部各有1大黑点外，翅面尚散生一些模糊的小黑点，以翅基和顶角较多。翅中央有一大黑点。后翅及腹部橙黄色（图9-40）。雄蛾体较细小，体色较浅而鲜艳，下唇须短，翅外缘两条银白色斑纹明显可见；雌蛾体较粗大，体色较深，下唇须长，从背面明显可见。翅外缘两条银白斑纹不太明显。雌虫体长12mm左右，翅展23~26mm。雄虫体长11mm左右，翅展21~25mm。

卵：长0.55~0.64mm，宽0.40~0.44mm，椭圆形，具网状纹，初产时乳白色，一天后呈黄色，卵孵化前呈橘黄色。

幼虫：老熟幼虫体长约22mm，体圆筒形，向两端渐细，初孵化的幼虫白色透明，随着虫龄的增长体色逐渐变深而呈黑褐色，老熟时略呈淡褐色，头及前胸背板黑褐色，有光泽，臀板黑褐间黄褐色（图9-41），中胸背板具有5个不规则的褐色斑点，腹部各节亚背线、背线、气门上下线处均各有1对黑褐色大毛片，其上着生1~2根长刚毛。体背具不甚清晰的暗褐色纵走阔纹，散生刚毛，腹足趾钩双序缺环。

蛹：体长10~13mm，赤褐色，背面有一条明显而颜色较深的纵脊，翅芽下端伸达第四腹节后缘，腹末有臀棘4枚。雄蛹生殖孔在第九腹节，生殖孔两侧有两个乳状突起；雌蛹生殖孔在第八腹节，两侧无乳状突。

茧：长12~15mm，宽3.8~6mm，长椭圆形。

图9-40　红脉穗螟成虫

图9-41　红脉穗螟幼虫

4. 生物生态学特性

成虫于18：00—21：00羽化，羽化率平均为95.2%，羽化后第2~3d夜间交尾，少数当夜即可交尾。3~5时为交尾盛时，交尾持续20~90min，平均51min。交尾后次日晚开始产卵，产卵期3~9d，平均6.5d，产卵时间多为21：00—24：00。产卵部位因物候期不同而异。在槟榔佛焰苞未打开前，卵产于佛焰苞基部缝隙或伤口处，初孵幼虫由此钻入花穗；开花结果期，成虫产卵于花梗、苞片、花瓣内侧等缝隙、皱褶处；果期，产卵于果蒂部收果后还可产卵于心叶处而造成对不同部位的为害。卵多为几十粒聚产，亦有几粒产在一起者。产卵量为81~220粒，平均125粒。雌雄性比为1.25∶1。以5%糖水作为补充营养，成虫寿命为4~17d，平均12.2d。

卵在29℃左右，相对湿度90%下孵化。孵化率为86.2%~98.3%，平均为92.3%。昼夜均可孵化，尤以9：00—11：00最盛。

幼虫行动敏捷，畏光。一个花苞内可多至几十头、百头幼虫集中为害。被害花苞常在未打开前就发黑腐烂。一个被害果内一般有1头幼虫，偶有2头。幼虫食尽种子和部分内果皮，被害果很易脱落。幼果和中等果受害尤重。果实长大后幼虫常啃食果皮，造成流胶或形成木栓化硬皮，影响商品质量。秋季收果后至春季开花前，幼虫还可为害心叶和邻近的羽状复叶，使心叶抽不出或枯死，严重影响植株的生长，以致造成植株秃顶或死亡。老熟幼虫在被害部位吐丝结缀虫粪作茧，1~2d后化蛹。

据室内饲养观察在日平均温度22~27℃的自然变温和相对湿度76.0%~95.3%条件下，红脉穗螟完成一个世代需30~43d，其中卵期2~3d，幼虫20~22d，蛹10~11d。幼虫有5龄，个别有6龄。

5. 防治

做好田间虫害监测工作，如发现该害虫，及时消除被红脉穗螟幼虫为害的花穗和被蛀的果实，对抑制红脉穗螟的发生有一定作用。

农业防治。一是合理施肥灌水，增强树势，提高树体抵抗力；二是科学修剪，剪除病残花序，改善通风透光条件，在冬季结合清理槟榔园，把园内的枯叶和枯穗、落果集中烧毁或堆埋。此外，从槟榔开花至收果前，定期检查槟榔园，注意捡拾落地虫果及树上严重被害的虫穗并将其深埋处理；冬季结合清园，集中烧毁或堆埋园内枯叶、枯花、落果，减少来年的虫源。

保护和利用天敌。减少化学杀虫剂的使用，可首选生物药剂，使生物药剂和天敌共同制约该害虫。扁股小蜂*Elasmus punctulatus*是槟榔害虫红脉穗螟的重要寄生性天敌；钟宝珠等调查研究表明，海南省红脉穗螟天敌有15种，包括寄生蜂3种，即扁股小蜂*Elasmus* sp.、大腿小蜂*Brachymeria* sp.和具瘤爱姬蜂*Exeristes roborator*（Fabricius），混合寄生率在8%～32%；捕食性天敌10种，主要有黄猄蚁*Oecophylla smaragdina*（Fabricius）、垫跗螋*Chelisoches morio*（Fabricius）、中华螳螂*Paratenodera sinensis*（Saussure）、四斑月瓢虫*Chilomenes quadriplagiata*（Swartz）和六斑月瓢虫*C.sexmaculata*（Fabricius）；病原菌2种，其中绿僵菌*Metarhizium anisopliae*致病力较强；林玉英等研究表明，稻螟赤眼蜂*Trichogramma japonicun*对红脉穗螟卵具有较强的寄生能力，松毛虫赤眼蜂*Trichogramma dendrolimi*和食胚赤眼蜂*Trichogramma embryophagum*作为红脉穗螟卵补充优势赤眼蜂，这三种赤眼蜂可共同防治红脉穗螟。

化学防治。春季槟榔第一批花开放时，施用内吸性杀虫剂可控制整个花期和幼果期虫害于经济阈值以下。如与氮磷钾肥混施不仅有治虫效果，还可使槟榔产量增加。在槟榔心叶被害时和槟榔红脉穗螟幼虫发生高峰期用苏云金杆菌乳剂稀释100倍加吡虫啉或苏云金杆菌乳剂100倍加氯氰菊酯10mg/kg液喷雾。另外敌杀死和杀灭菊酯对槟榔害虫红脉穗螟均有较高的药效，对槟榔花穗均无药害，且残效期长，建议使用浓度为敌杀死为6.25mg/L，杀灭菊酯为62.5mg/L；钟宝珠等研究表明阿维菌素和高效氯氰菊酯以质量浓度比5:1混配时表现出对红脉穗螟的增效作用。

（三）黑刺粉虱

1. 简介

黑刺粉虱*Aleurocanthus spiniferus*（Quaintanca）属同翅目（Homoptera）、粉虱科（Aleyrodidae）昆虫，国外主要分布于印度、印度尼西亚、马来西亚、菲律宾、日本、东非等地，国内主要分布于广东、广西、福建、浙江、江苏、江西、湖南、安徽、湖北、四川、海南、台湾等地。除槟榔外，黑刺粉虱还可危害椰子、油棕、月季、蔷薇、白兰、米兰、玫瑰、阴香、樟、榕树、散尾葵、桂花、九里香、柑橘等几十种植物。

2. 为害与症状

黑刺粉虱若虫群集在槟榔叶片背面固定吸食汁液，引起叶片因营养不良而发黄，进而影响叶片的光合作用，致使叶片最终叶片黄化枯死。该虫的排泄物能诱发煤烟病，使叶、果受到污染，严重为害时可影响槟榔产量和质量（图9-42）。

图9-42　黑刺粉虱为害槟榔

3. 形态特征

成虫：体长1.0～1.3mm，头、胸部褐色，被薄白粉；腹部橙黄色。复眼橘红色。前翅灰褐色，有7个不规则白色斑纹；后翅淡褐紫色，较小，无斑纹。雄虫体较小，腹部末端有抱握器。

卵：长约0.22mm，卵圆形，基部有一小柄，卵壳表面密布六角形的网纹；初产时乳白色，渐变淡黄，近孵化时变为紫褐色（图9-43）。

图9-43　黑刺粉虱卵

若虫：初孵化体扁平，椭圆形，淡黄色，长约0.3mm，体周缘呈锯齿状，尾端有4根尾毛。固着后体渐变为褐色至黑褐色，触角与足渐消失，体缘分泌白色蜡质，体背生有6对刺毛。2龄若虫暗黑色，周缘白色蜡边明显，腹节可见，背刺毛10对。3龄时体长0.7mm左右，黑色，有光泽，背部刺毛14对。

蛹：漆黑色，有光泽，椭圆形。雌蛹体长0.9～1.3mm，雄蛹体长0.7～1.1mm。具白色棉状蜡质边缘，背中央有一隆起纵脊。成虫胸部背面有刺4对，腹部有刺10对。亚缘区刺雌性11对，雄性10对，向上竖立。管状孔处显着隆起，心脏形。

4. 生物生态学特性

在我国一年发生4～5代，在海南没有越冬现象。各代若虫发生期：第1代4月下旬至6月，第2代6月下旬至7月中旬，第3代7月中旬至9月上旬，第4代10月至第二年2月。成虫喜较阴暗的环境，多在树冠下面外部老叶上活动，卵散产于叶背，散生或密集呈圆弧形，数粒至数十粒一起，每雌可产卵数十粒至百余粒。初孵若虫多在卵壳附近爬动吸食，共3龄，2、3龄固定寄生，若虫每次蜕皮壳均留叠体背。卵期：第1代22d，2～4代10～15d。蛹期7～34d。成虫寿命6～7d。

5. 防治

农业防治。抓好清园修剪，改善槟榔园通风透光性，创造有利于植株生长，不利于黑刺粉虱发生的环境；清除树上外部老叶，合理施肥，勤施薄施，避免偏施过施氮肥导致植株密茂徒长而有利害虫滋生；在5—11月寄生蜂等天敌盛发时，结合灌溉措施，用高压水柱冲洗树冠，可减轻煤烟病发生为害的程度。

生物防治。保护和利用天敌，以免大量杀伤天敌，必要时也应选对天敌影响较小的黑刺粉虱蛹期喷药；生物防治园内不宜多次施用对天敌影响较大的溴氰菊酯、氯氰菊酯等农药。槟榔园中常见天敌有瓢虫、草蛉、寄生蜂、寄生菌等，其中刺黑虱黑蜂、黄色跳小蜂、斯氏寡节小蜂、黄盾捕虱蚜小蜂，东方长棒蚜小蜂寄生率高，分布广，是控制黑刺粉虱的有效天敌。

化学防治。在黑刺粉虱发生较重时，可于1～2龄若虫盛发期选用20%扑虱灵可湿粉2 500～3 000倍液，或用95%蚧螨灵乳油200倍液，或用90%敌百虫晶体500～800倍液等药剂进行防治。

|槟榔栽培|

第十章 采收与贮运

一、采收

槟榔全身是宝，其种子、果皮、花等均可入药。槟榔的采收主要包括槟榔果的采收和槟榔花的采收。

（一）槟榔果采收

1. 槟榔果简介

在中国，槟榔果实常被用作药材，是中国四大南药（槟榔、砂仁、益智、巴戟）之首。槟榔性味苦、辛、温，归胃、大肠经，具有杀虫、消积、下气、行水、截疟等功效，主要用于治疗虫积食滞、脘腹胀痛、水肿、脚气、痢疾、绦虫病、胆道蛔虫、血吸虫病、青光眼等症。同时，槟榔也是世界四大嗜好品（香烟、酒、咖啡、槟榔）之一，食用方式主要分为鲜果嚼食和干果嚼食。嚼食槟榔可使胃肠平滑肌张力升高，增加肠蠕动，促进消化液分泌，增加食欲，适量食用槟榔具有保健作用。

2. 槟榔果采收标准和时间

适时采收槟榔果是获得高质量产品和良好经济效益的重要保障。在海南,成龄槟榔树一般2月开始开花,当年8月进入果实采收季节,槟榔采收期一般从8月至第二年5月。槟榔果实的具体采收时间主要根据其槟榔品种、果实成熟度、开发用途和市场价格行情等因素综合确定,同时各地气候不同也存在一定差异。海南槟榔的主要用途有食用和药用,槟榔青果主要用于食用,槟榔成熟果实主要用于药用和种果,槟榔的初加工产品一般有榔干、榔玉和大腹皮。因此,根据果实的主要用途和成熟度,槟榔采收时间一般分为青果采收期和成熟果采收期两个时期。

(1)青果采收标准和时间。槟榔青果,其主要用途是食用,包括鲜食和加工食用槟榔干。青果采收期以采收果皮呈深绿色、果形长椭圆形或椭圆形、基部带宿萼、剖开内有未成熟瘦长形种子的青果为佳,通常是果实定型,果仁刚好饱满充实前的果实。每千克槟榔青果有40~50个。青果采收期的采收时间一般从当年8月至第二年1月,每隔12~15d采收一次,一个生长周期一般采收9~11批次。

(2)成熟果实采收标准和时间。成熟的槟榔果实,其主要用途是药用和做为种果,宜采收果皮呈橙黄或鲜红色、果形圆形或卵形、剖开内有饱满种子的成熟果实为佳。此外,育苗所用成熟果实要求较高,其母株宜选远离黄化病区的盛果期槟榔树,叶片清绿、叶柄短而柔软、茎干上下粗细一致、节间均匀、长势旺、开花早、结果多而稳定、每年抽生三蓬以上果穗,单株产果300个以上,叶片8片以上且浓绿而稍下垂的植株;同时宜选第二蓬、第三蓬,5—6月开花的,果大量多的果穗,要求果实饱满无裂痕无病斑,充分成熟,大小均匀。每千克槟榔成熟果实有18~22个。成熟期采收时间一般从第二年3月至5月,一般根据成熟度,分批次采收(图10-1,图10-2)。

图10-1 槟榔青果

图10-2 槟榔成熟果

3. 槟榔果采前准备

槟榔种植户在每年槟榔果开始采收前需提前做好统筹规划和相关准备。首先，要时刻关注槟榔市场价格行情，根据槟榔品种、果实成熟度和当前的市场价格行情，以及自身和市场的需求情况，确定槟榔果的产品功能用途和采收时间，制定详细的槟榔果采收方案。其次，根据制定的槟榔果采收方案，提前联系确定客商，商定具体采收事宜，达成协议。最后，如需自己采收，还需提前准备好采收工具和确定采收人员等。

4. 槟榔果采收方法

槟榔树较高且树干纤细，而槟榔果实悬挂于槟榔树叶下，所以槟榔果实的采摘较为困难。槟榔果的采收时间宜安排在非雨天。在海南，槟榔果的采收方法普遍都是用锋利镰刀绑紧在所需高度的竹竿或可伸缩型的铝合金金属杆上，按每株槟榔的果托顺序由下而上将果托基部割下，将果穗整穗切下，注意切割时勿割伤茎干或果托基部下面的叶柄，以免影响生长。同时，如槟榔树干超过6m时，应使用塑料网或网罩将割下的果实接住，以免果实摔在地上使部分果实的果萼脱落，影响槟榔果的商品品质。此外，采摘在电力线路附近的槟榔时，一定要做好防触电措施，选择天气晴朗的时候，使用绝缘杆（如竹竿等器具），在保证绝缘杆干燥的情况下进行采摘（图10-3，图10-4）。

图10-3　手持式网罩摘果

图10-4　车载式网罩摘果

（二）槟榔花采收

1. 槟榔花苞产品简介

槟榔花是槟榔挂果前所开的花，其开花量大、开花周期长，是除槟榔果实之外的重要产品。外界条件适宜时，槟榔植株可整年开花，其成果花期主要集中在每年的3—8月，通常冬花不结果。槟榔花中含有生物碱、多酚类、果胶类、代谢相关酶类和维生素C等生物活性物质以及各种丰富的微量元素，是人们食疗、保健的佳品。据《中药志》记载，槟榔花具有清热除火，生津止渴，化痰止咳，养胃等功效。槟榔花自古以来就是海南地区和台湾地区极为推崇的食疗珍材。经人们广泛食用证实，槟榔花有祛痰生津、驱胃肠道寄生虫的效果，还有消炎，降血脂、血糖、血压，治疗痔疮，健脾养胃，清热利尿，祛湿热，强心，固肾气，护肝，驱除疲劳等功效。

近年来，海南槟榔种植面积成倍增加，通常每株槟榔每年要开花3~8穗，在栽培上为了减少营养物质的消耗，大量的槟榔花因加工技术和产业发展滞后而被丢弃，这是很大的资源浪费。随着现代食品加工技术的发展，人们的生活水平不断提高后越来越追求健康的生活方式，追捧健康养生环保产品，以槟榔花为主要原料的产品深加工行业面临重大机遇。当前，市场上已经出现了少量的以槟榔花为主要原料的加工产品，如槟榔花茶、槟榔花酒、槟榔花口服液等，但远不能满足当前市场和产业发展需求。槟榔花的加工和利用面临重大机遇与挑战，同时具有重大意义，是变废为宝，稳定槟榔鲜果市场价格，提高槟榔种植业综合收益，促进海南槟榔产业的健康发展和提质增效的重要举措。

2. 槟榔花苞采前准备

槟榔种植户每年在槟榔花开始采收前需提前做好规划和相关准备。因当前槟榔花苞交易市场规模较小，所以在槟榔花采收前要时刻关注槟榔花市场价格，提前联系客商，制定槟榔花的采收方案，并与槟榔花收购商商定具体采收事宜，达成协议。另外，如需自己采收，还需提前准备好采收工具及包装袋、箱等。

3. 槟榔花采收标准和方法

槟榔花平均开放周期为31d，大致可分为初花期，盛花期和末花期三个阶段，适时采收槟榔花是获得高质量产品和良好经济效益的重要保障。槟榔花的花苞期是其槟榔碱等有效成份和特征物质最丰富的时间段，是槟榔花利用的高

效期，因此花苞期是槟榔花的最佳采收期。槟榔花的采收方法与槟榔果的采收方法相同。

二、采后处理

（一）槟榔青果采后处理和保鲜

将槟榔果穗整穗采摘下来后，需要去枝头，将槟榔果与枝茎分离，摘取单果，现有的处理方法大都是人工用手拧断或用剪刀剪断，处理时要注意保留槟榔果头部帽子状的果蒂。

槟榔具有显著的采收季节性，且槟榔鲜果采摘后不耐贮藏，通常在采摘一周后会出现果蒂霉变、果皮皱缩黄化、果肉木质化、果仁褐变甚至流汁，失去原有的嚼食价值。槟榔青果采收后一般用途是鲜食和干食。经加工处理后的榔干能长期贮藏，不易变质，但质地和营养下降严重；而鲜食槟榔能保持原有的营养成分。现有槟榔采后处理主要集中在槟榔干加工上，鲜槟榔的保鲜贮藏研究较少。当前，加强槟榔鲜果保鲜技术的研究，对鲜食槟榔青果的周年稳定供应和槟榔青果市场价格的稳定具有重要意义。

国内槟榔保鲜贮藏工艺大多只是进行初步的试验，尚未完善，不能达到长期贮藏的要求。目前槟榔主要采用的保鲜贮藏方法主要有：化学保鲜、低温保鲜、气调保鲜、微波灭菌、辐照灭菌等。每种保鲜贮藏方法都有其局限性，采用多项保鲜技术协同作用是槟榔长期贮藏保鲜趋势之一。槟榔鲜果的主要保鲜贮藏方法如下。

1. 化学保鲜贮藏法

防腐剂和杀菌剂是最传统的化学保鲜方法。目前，在中国的槟榔加工行业中普遍采用食品添加剂（防腐剂、杀菌剂、抗氧化剂等）进行保鲜。槟榔采后使用化学药剂处理，可以对其呼吸作用、果皮褐变等产生抑制作用，从而达到保鲜贮藏的目的。

涂膜保鲜法是一种较新的化学保鲜法，因其简单、方便、经济环保等特点而被广泛应用。涂膜保鲜技术就是在槟榔果实表面涂上一层高分子的液态膜，干燥后成为一层很均匀的膜，可以隔离果实与空气进行气体交换，从而抑制了果实的呼吸作用，减少营养物质的消耗，抑制水分蒸发，抑制微生物侵染，防止果实腐败变质。另外，涂膜可以有效地抑制果实褐变。涂膜方法主要有浸染法、喷涂法和刷涂法三种。浸染法最简单，即将涂料配成适当浓度的溶液，将果实浸入，蘸上一层薄薄的涂料，取出晾干即可。此外，涂膜保鲜剂绝大部分是一种可食用的天然高分子材料，不会对果蔬造成污染，涂膜表层也容易清洗。槟榔如果常温贮藏，采用3%柠檬酸+2% $CaCl_2$ 溶液+0.1%施保功溶液处理的效果较理想。

2. 低温保鲜贮藏法

低温可以抑制微生物的繁殖，在高于果蔬组织冻结点的较低温度下贮藏可降低果蔬的呼吸代谢，延缓果蔬的氧化腐烂。果蔬低温贮藏就是利用低温技术将果蔬温度降低，并维持在低温状态以阻止果蔬腐败变质，延长果蔬保质期。果蔬采摘后立即预冷入库，可有效地抑制果蔬内酶的活性，防止果蔬褐变腐烂。但是不适宜的低温反而会影响贮藏寿命，丧失商品价值。果蔬低温贮藏的关键是根据各果蔬的习性特点，防止冷害和冻害。低温贮藏通常投资大，成本高，不易普及推广。

槟榔果实是典型的热带果实，采后品质极易劣变。槟榔采后有明显的呼吸高峰，属于呼吸跃变型果实，采用低温条件贮藏可以降低其呼吸强度，推迟呼吸高峰出现，部分抑制白色丝状真菌繁殖。然而，槟榔果实对低温比较敏感，处于5～10℃条件下，2～3d内即发生果实颜色由鲜绿向暗绿色转变，在4℃以下贮藏至第5d即表现出冷害症状，随着贮藏时间的延长症状更加明显，冷害的表现是果皮颜色由鲜绿色变成黑绿色、果皮出现斑纹、果皮出现凹陷直至全果腐烂，且低温并不能完全抑制白色丝状真菌的繁殖。

槟榔短期贮藏（5d以内）可以使用4℃条件，长期贮藏须采用大于10℃的低温条件。另外，作为槟榔速冻的前处理，热烫处理效果甚微；而不同功率的微波处理结果表明，在446W功率下处理30s的效果较好。

3. 气调贮藏法

槟榔在贮藏保鲜过程中，仍然是具有活力的生物体，不能在缺氧的条件下生存。研究表明，贮藏环境中的气体组成以氧4.5%～5.5%，二氧化碳5.5%～6.5%比较适宜。硅窗气调贮藏法，是在塑料薄膜袋的中部设有硅窗，用此来调节袋内气体成份的比例，抑制果蔬的呼吸强度，从而延缓其后熟过程，达到保鲜的目的。采用硅窗气调贮藏相结合的方法，在低氧低温的条件下，有效降低了槟榔的呼吸强度，减少了对呼吸底物的消耗和水分的散失，减少了自然损耗率。研究表明,一定剂量的乙烯,对果实的呼吸有刺激作用和催熟作用,贮藏袋袋内放乙烯吸附剂,能及时地吸附槟榔贮藏过程中产生的乙烯,使袋内乙烯浓度始终保持在较低的水平,因而能明显地抑制槟榔的成熟过程,保证了贮藏的质量。

4. 微波灭菌法

微波是指频率在300MHz到300GHz的电磁波。微波杀菌是微波的热效应和生物效应综合作用对生物体进行破坏,微波的热效应使蛋白质变性,从而使微生物失去营养、繁殖和生存的条件而死亡。微波的生物效应一方面是微波电场改变细胞膜的电位分布,影响细胞膜电子和离子浓度,从而改变细胞膜的通透性;另一方面是足够强的微波场可以导致微生物核酸和脱氧核糖核酸氢键松弛、断裂和重排,从而诱发基因突变或染色体畸变。微波灭菌具有加热迅速、低温杀菌、节能高效、均匀彻底、安全无毒等特征,对槟榔有效成分含量、口感和咀嚼性等品质亦无显著影响,在食用槟榔加工业广泛应用。

食用槟榔经2 450MHz、650W微波处理50s,可使细菌总数低于10cfu/g,细菌总数远低于检测水平。经2 450MHz,850W微波处理40s的食用槟榔,室温下(20~35℃)保质期可达3个月。实际生产中食用槟榔微波灭菌可选择2 450MHz,850W微波处理40s。

5. 辐照灭菌法

辐照杀菌是基于电离辐射在物质内经过直接和间接作用,引起生物体内DNA失活的一种生物效应。当被照射食品通过高能电子束辐照区时会吸收剂量,当电子束剂量达到足够大后,被辐照物品中的生物细菌就会被全部杀死,以达到长期贮藏的目的,是食品灭菌的重要手段之一。

食用槟榔经6.0kGy辐射剂量照射后,细菌总数低于100cfu/g,8.0kGy可使细菌总数低于检测水平。经6~8kGy处理的食用槟榔,室温下(20~35℃)保质期可达3个月;辐照处理对食用槟榔的口味、咀嚼性没有明显影响。

(二)槟榔成熟果实采后处理

作为药用的槟榔成熟果实采摘下来后,要清洗干净晾干,然后用刀划破果皮,剥开,将种子和果皮分别晒干即可。种子即榔玉,果皮即大腹皮(图10-5,图10-6)。

槟榔种果采摘下来后,要清洗干净,置于带有底漏的篮筐中,把洗干净的种果铺开,在阴凉处晾干后筛选符合要求的种果。

槟榔成熟果实宜随采随用,常温、阴凉、通风地方能保存7d;低温4℃时,能保存20d。

图10-5 大腹皮

图10-6 椰玉

(三)槟榔花采后处理

槟榔花采后不耐贮藏,易发生褐变、腐烂、而干制是解决槟榔花不耐贮藏的主要方法。槟榔花晒干或烘干后便成了有药膳功效的槟榔花干制品。槟榔花干制品主要有:干槟榔花籽,是槟榔花干燥后的雄性花蕾,粒大如米,表面土黄色至淡棕色,气无味淡;干槟榔花序,是槟榔在开花时期采摘后经干燥并脱除雄性花蕾后所保留的部分,包括花序和槟榔的雌性花蕾;雌性花蕾干,是槟榔花干燥后的雌性花蕾(图10-7)。

图10-7 槟榔干花

三、包装

包装规格按传统习惯或按客户要求执行,通常每件包装30kg。包装材料必须使用食品包装用的包装材料,包装材料应洁净、干燥、无污染,符合国家有关卫生要求,可使用透气的编织袋、麻袋等包装。有研究表明,在低温低潮环境下,使用自封袋可更好地贮藏槟榔药材。同时,不得与有害、有毒和有异味的物品混装。

每件包装物上宜标明产品名称、产地、规格、等级、净重、毛重、生产日期等信息。

四、运输

运输工具应具有较好的通气性,运输过程中应保持一定的湿度和通风透气,避免日晒、雨淋和防潮。运输时不应接触和靠近潮湿、有腐蚀和易于发潮的货物,不得与农药、化肥等其他有毒有害的物质或易串味的物质混运。

五、贮藏

产品处理包装好后,宜放置于通风、干燥、阴凉处,或专门冷库贮藏。仓贮应具备透风除湿设备及条件,货架与墙壁的距离不得少于1m,离地面距离不得少于50cm。库房应有专人管理,防潮,防霉变,防虫蛀,防鼠,防有害物污染等;不得与其他有毒、有异味、发霉、易挥发以及易于传播病虫物品混合存贮,库存商品应定期检查。

参考文献

海南统计年鉴委员会，2018. 海南统计年鉴—2018[M]. 中国统计出版社，284.

曹学仁，车海彦，罗大全，2016. 海南槟榔黄化病发生情况初步调查及蔓延原因分析[J]. 中国热带农业（5）：40-41.

车海彦，吴翠婷，符瑞益，等，2010. 海南槟榔黄化病病原物的分子鉴定[J]. 热带作物学报，31（1）：83-87.

陈坤泽，2014. 胡椒栽培技术探讨[J]. 南方农业，8（18）：3-6.

董志国，陈东良，刘立云，等，2010. 应用诊断施肥综合法（DRIS）对槟榔叶片进行营养诊断[J]. 热带作物学报，31（3）：1-4.

董志国，刘立云，陈东良，等，2010. 槟榔不同叶序Fe、Mn、Cu、Zn的测定与变化规律[J]. 江西农业学报，22（12）：34-36.

董志国，刘立云，王萍，等，2009. 不同施肥处理对低产槟榔叶片营养和产量的影响[J]. 江西农业学报，21（10）：63-64.

朴道林，甘炳春，王有生，等，2005. 食用槟榔的微波灭菌研究[J]. 食品科技（7）：86-88.

杜道林，王小英，甘炳春，等，2004. 不同品种槟榔果实性状及其槟榔碱含量的比较研究[J]. 广西植物，24（5）：432-436.

范鸿雁，赵亚，冯学杰，等，2019. 槟榔林下符合栽培产业现状及发展对策[J]. 中国热带农业，（5）：10-14.

甘炳春，周亚奎，杨新全，等，2011. 红脉穗螟寄生性天敌扁股小蜂的人工大量繁殖技术[J]. 中国森林病虫（4）：29-30.

郭安文，2020. 论花生栽培技术及病虫害防治技术[J]. 种子科技（2）：33-35.

韩林，张海德，李国胜，等，2010. 槟榔籽总酚提取工艺优化与抗氧化活性试验[J]. 农业机械学报.41（4）：134-139.

何嘉泳，陈杰桃，辛志添，等，2012. 槟榔壳总酚类提取物抗抑郁作用研究[J]. 中国药师，

15（8）：1 076-1 078.

黄丽云，李东霞，陈君，等，2019. 基于双向温度梯度系统的槟榔萌发及生理响应[J]. 热带作物学报，40（8）：1 501-1 506.

黄丽云，李和帅，曹红星，等，2011. 我国槟榔资源与选育种现状分析[J]. 品种开发，39（2），60-62.

黄丽云，刘小玉，陈君，等，2020. 育苗基质对槟榔根生长及根际微生物的影响[J]. 中国南方果树，49（1）：85-88.

黄山春，马子龙，吕烈标，等，2008. 海南槟榔种植地区红脉穗螟发生为害特点及其防治对策[J]. 江西农业学报（9）：81-83.

黄玉林，祁静，唐敏敏，等，2010. 伏安极谱法测定槟榔提取物对过氧化氢自由基的清除活性[J]. 热带作物学报，31（2）：314-318.

李春婷，2020. 花生的生育特性及栽培技术[J]. 现代农业科技（4）：13-14.

李和帅，范海阔，黄丽云，等，2011. 槟榔新品种'热研一号'[J]. 园艺学报（5）：1 011-1 022.

李岚，邓学良，李忠海，等，2012. 不同加热方式对槟榔油品质的影响[D]. 食品科技，37（2）：188-191.

李亚，黄贝芳，陈月银，等，2018. 椰心叶甲高毒力绿僵菌菌株筛选及分子鉴定[J]. 广东农业科学，（7）：94-99.

刘鸿章，邓冰婷，2012. 山地益智高产栽培技术[J]. 安徽农学通报，18（11）：81-84.

刘立云，陈东良，董志国，等，2009. 槟榔不同叶序K、Ca、Na、Mg的测定与变化规律[J]. 江西农业学报，21（8）：73-75.

刘立云，李艳，2015. 槟榔园高效经营[M]. 北京：中国农业大学出版社.

刘立云，王萍，冯美利，等，2008. FAAS法测定海南槟榔叶片8种金属元素研究[J]. 光谱学与光谱分析，28（12）：2 989-2 992.

刘文杰，孙爱东，2012. RSM法优化提取槟榔中槟榔碱及其抑菌活性研究[J]. 浙江农业科学，（6）：847-852.

彭正强，吕宝乾，覃伟权，等，2019. 外来害虫椰心叶甲入侵灾变的生态学基础及控制技术体系[J]. 华南农业大学学报（5）：161-165.

钱军，张敏，黄丹懋，等，2016. 间种胡椒对槟榔主要害虫及天敌数量的影响[J]. 亚热带农业研究，12，（3）：156-159.

孙慧洁，龚敏，2019. 海南槟榔种植、加工产业发展现状及对策研究[J]. 热带农业科学，39（2）：91-94.

覃伟权，范海阔，2009. 槟榔[M]. 北京：中国农业大学出版社.

唐军，何华玄，白昌军，等，2008. 柱花草林地间作技术及综合利用研究[J]. 热带农业科学，28（4）：67-70.

唐敏敏，陈卫军，黄玉林，等，2010. 槟榔碱和铜离子络合物抗溶血作用研究[J]. 热带作物学报，31（9）：1 524-1 527.

唐庆华，张世清，牛晓庆，等，2014. 海南槟榔细菌性叶斑病病原鉴定[J]. 植物病理学报（6）：700-704.

参考文献

王灿，杨建峰，祖超，等，2015. 胡椒园间作槟榔对胡椒产量及养分利用的影响[J]. 热带作物学报，36（7）：1 191-1 196.

王华，冯焕德，王登峰，2019. 基于SWOT分析的海南省槟榔产业发展思考[J]. 南方农业，13（22）：63-65.

王庆煌，2012. 热带作物产品加工原理与技术[M]. 北京：科学出版社.

王燕，刘书伟，2017. 槟榔花研究进展[J]. 东北农业科学，42，（5）：51-55.

吴祖强，曾武，华列，等，2016. 益智的基本特性与丰产栽培技术[J]. 中国热带农业，（2）：38-39.

晏小霞，王建荣，王茂媛，等，2017. 益智的基本特性与丰栽培技术产[J]. 中国热带农业（1）：74-77.

杨连珍，刘小香，李增平，2018. 世界槟榔生产现状及生产技术研究[J]. 世界农业（7）：121-128.

杨卫强，2013. 花生仲恺花1号高产栽培技术[J]. 农民致富之友（7）：113-114.

姚小玲，2018. 槟榔采后贮藏与包装保鲜工艺研究[D]. 江南大学. 硕士论文.

鱼欢，2017. 热带香料饮料作物复合栽培技术[M]. 北京：中国农业出版社.

张兴，梅文莉，戴好富，等，2009. 槟榔果实的酚类化学成分与抗菌活性的初步研究[J]. 热带亚热带植物学报，17（1）：74-76.

郑亚军，李艳，赵松林，等，2009. 槟榔红色素的抗氧化活性[J]. 热带作物学报，30（6）：881-884.

钟宝珠，冯焕德，张中润，等，2017. 阿维菌素和高效氯氰菊酯混配对红脉穗螟的增效作用[J]. 生物安全学报（4）：323-326.

钟宝珠，吕朝军，齐旭明，等，2016. 海南省槟榔红脉穗螟危害现状及天敌资源调查[J]. 中国森林病虫（4）：21-24.

Chen, S.-X., L.Wu, X.-M.Yang, et al., 2007. Comparative molluscicidal action of extract of Ginko biloba sarcotesta, arecoline and niclosamide on snail hosts of Schistosoma japonicum. Pesticide Biochemistry and Physiology, 89（3）：237-241.

Huang, L.-W., B.-S. Hsieh, H.-L. Cheng, et al., 2012. Arecoline decreases interleukin-6 production and induces apoptosis and cell cycle arrest in human basal cell carcinoma cells. Toxicology and Applied Pharmacology, 258（2）：199-207.

Jaiswal, P., V.K. Singh, and D.K, 2008. Singh, Enzyme inhibition by molluscicidal component of Areca catechu and Carica papaya in the nervous tissue of vector snail Lymnaea acuminata. Pesticide Biochemistry and Physiology, 92（3）：164-168.

Khan, S., M.H. Mehmood, A.N. Ali, et al., 2011. Studies on anti-inflammatory and analgesic activities of betel nut in rodents. J Ethnopharmacol, 135（3）：654-661.

Lee Y R, Woo K S, Kim K J, et al., 2007. Antioxidant activities of ethanol extracts from germinated specialty rough Rice.Journal of Food Science Biotechnology, 16（5）：765-770.

Liyun Liu, Liyun Huang, Yan Li, 2013. Influence of Boric Acid and Sucrose on the Germination and Growth of Areca Pollen [J]. American Journal of Plant Sciences, 4, 1 669-1 674.

Zhong Baozhu, Lv Chaojun, Qin Weiquan, 2017. Effect of temperature on the population growth of *Tirathaba rufivena*（Lepidoptera：Pyralidae）on *Areca catechu*（Arecaceae）. The Florida Entomologist，100（3）：578-582.

Zhong Baozhu，Lv Chaojun，Qin Weiquan，2017. Effectiveness of the botanical insecticide azadirachtin against Tirathaba rufivena（Lepidoptera：Pyralidae）. The Florida Entomologist，100（20）：215-218.

附录一：槟榔种苗
中华人民共和国农业行业标准NY/T1398—2007

前　言

本标准的附录A、附录B和附录C为资料性附录。

本标准由中华人民共和国农业部提出。

本标准由农业部热带作物及制品标准化技术委员会归口。

本标准起草单位：中国热带农业科学院热带作物品种资源研究所。

本标准主要起草人：王祝年、邹冬梅、庞玉新。

1　范围

本标准规定了槟榔（Arecae catechu L.）种苗的要求、试验方法、检验规则、标识、包装、运输和保存。

本标准适用于槟榔种苗。

2　规范性引用文件

下列文件中的条款通过本标准的引用而成为本标准的条款。凡是注日期的引用文件，其随后所有的修改单（不包括勘误的内容）或修订版均不适用于本标准，然而，鼓励根据本标准达成协议的各方研究是否可使用这些文件的最新版本。凡是不注日期的引用文件，其最新版本适用于本标准。

GB 6000—1999主要造林树种苗木质量分级

GB 15569农业植物调运检疫规程

中华人民共和国国务院1992第98号令《植物检疫条例》

中华人民共和国农业部1995第5号令《植物检疫条例实施细则（农业部分）》

3 要求

3.1 基本要求

3.1.1 种源来自品种纯正、优质高产的母本园或母株,品种纯度>95%。

3.1.2 植株无病虫害为害。

3.1.3 无机械性损伤。

3.1.4 出圃时塑料袋完好,土柱完整不松散。

3.1.5 植株主干直立,生长健壮,叶片浓绿、正常。

3.2 分级

槟榔种苗分为一级和二级,各等级在满足基本要求的前提下,应符合表1的规定。

表1 槟榔种苗分级指标

项 目	等 级	
	一 级	二 级
苗高,cm	>65.0	60.0~65.0
茎粗,cm	>0.90	0.70~0.90
叶片数,片	>6	4~6

4 试验方法

4.1 外观检测

用目测法检测植株的生长情况、病虫害、机械损伤和土柱完整情况。

4.2 分级检验

4.2.1 苗高

用直尺或钢卷尺测量种苗土表至最高叶片顶端的高度,结果精确到小数点后一位。

4.2.2 茎粗

用游标卡尺测量种苗土表以上5cm处茎干的直径,结果精确到小数点后二位。

4.2.3　将苗高、茎粗、叶片数的测量数据记入附录A的表格中。

4.3　品种纯度检测

用目测法观察其形态特征，确定指定品种的样品数。品种纯度按公式（1）计算：

$$P = \frac{n_1}{N_1} \times 100 \qquad\qquad (1)$$

式中：

P——品种纯度，单位为百分率（％）；

n_1——样品中指定品种样品株数，单位为株；

N_1——所检样品总数，单位为株。

计算结果精确到小数点后一位。

将检测结果记入附录B的表格中。

4.4　疫情检验

按GB 15569、中华人民共和国国务院令第98号《植物检疫条例》和中华人民共和国农业部令第5号《植物检疫条例实施细则（农业部分）》的有关规定进行。

5　检验规则

5.1　组批

同一品种、同一产地、同时出圃的种苗作为一检验批。

5.2　抽样

按GB 6000—1999中4.1.1的规定执行。

5.3　交收检验

每批种苗交收前，生产单位应进行交收检验。交收检验内容包括外观、包装和标识等。检验合格并附检验证书（附录B）和检疫部门颁发的检疫合格证书方可交收。

5.4　判定规则

同一批检验的一级种苗中，允许有5％的种苗低于一级标准，但应达到二级标准，超过此范围，则为二级种苗；同一批检验的二级种苗中，允许有5%的种苗低于二级标准，但应达到3.1的要求，超过此范围，则该批种苗为不合格。

5.5 复验

当贸易双方对检验结果有异议时，应加倍抽样复验一次，以复验结果为最终结果。

6 标识

种苗出圃时应附有标签，标签内容和规格参见附录C。

7 包装、运输和贮存

7.1 包装

应用硬质包装箱包装。

7.2 运输

运输过程中应保持一定的湿度和通风透气，避免日晒、雨淋。

7.3 贮存

出圃后应在当日装运，到达目的地后要尽快种植。如短时间内无法定植，可将种苗置于荫棚中，并注意淋水，保持湿润。

附录A

（资料性附录）

表A.1 槟榔种苗检测记录表

育苗单位						No	
购苗单位							
品种		报检株数		所检株数		级别	
样株号	苗高, cm	苗茎粗, cm	叶片数	初评级别			
				一级	二级	不合格	

审核人（签字）：　　校核人（签字）：　　检测人（签字）：

检测日期：　　年　月　日

附录B
（资料性附录）

表B.1 槟榔种苗检验证书

编号：_____

育苗单位					
购买单位					
品种					
出圃株数		抽样数			
分级检验	等级		一级	二级	不合格
	样品中各级别种苗株数				
	样品中各级别种苗株数占抽检种苗株数的比例，%				
	检验结果		A：一级　B：二级　C：不合格		
品种纯度，%					
有无检验检疫证明					
检验结论					
检验单位（章）			检验人（签字）		
证书有效期		年　月　日至　年　月　日			

附录一：槟榔种苗

附录C
（资料性附录）

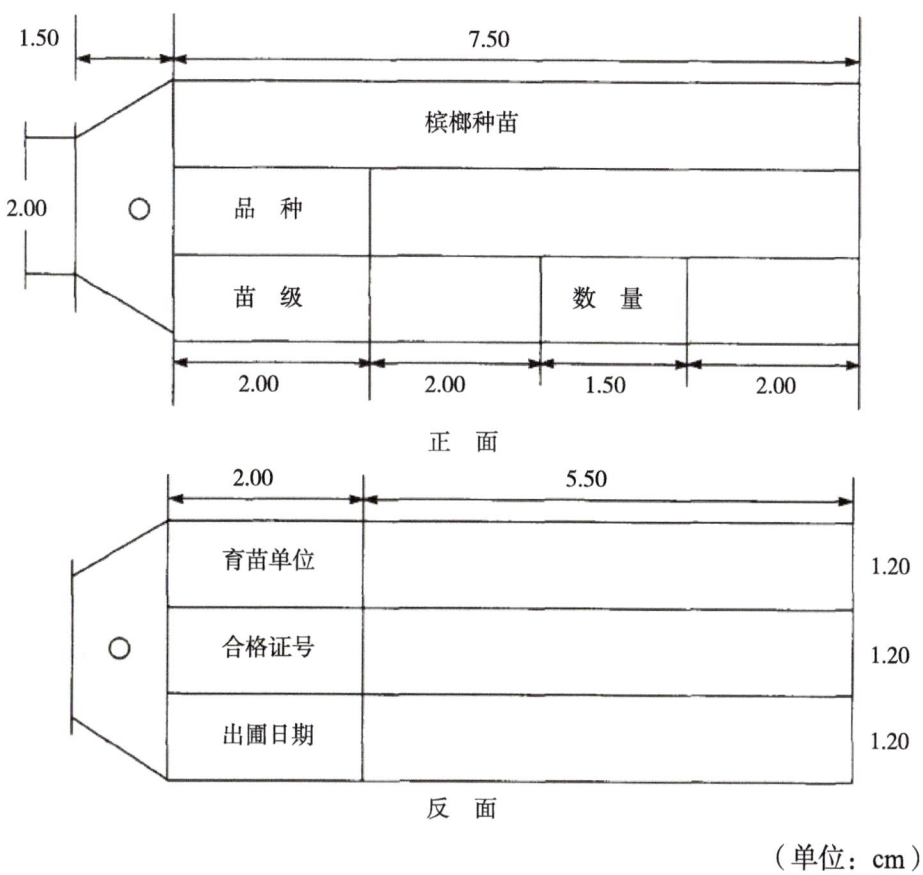

（单位：cm）

图C.1 槟榔种苗标签

注：标签用150g的牛皮纸。标签孔用金属包边.

附录二：槟榔红脉穗螟防治技术规程
海南省地方标准DB46/T 309—2015

前　言

本标准依据GB/T 1.1-2009给出的规则起草。本标准由海南省林业厅提出并归口。

本标准负责起草单位：中国热带农业科学院椰子研究所。

本标准主要起草人：覃伟权、阎伟、刘丽、黄山春、李朝绪、吕朝军、孙晓东、钟宝珠。

1　范围

本标准规定了槟榔红脉穗螟*Tirathaba rufivena* Walker，防治的有关术语和定义及防治要求等技术。

本标准适用于槟榔种植地区红脉穗螟的防治。

2　规范性引用文件

下列文件中的条款通过本标准的引用而成为本标准的条款。凡是注日期的引用文件，其随后所有的修改单（不包括勘误的内容）或修订版均不适用于本标准，然而，鼓励根据本标准达成协议的各方研究是否可使用这些文件的最新版本。凡是不注日期的引用文件，其最新版本适用于本标准。

GB 4285农药安全使用标准

GB/T 8321（所有部分）农药合理使用准则

3　术语和定义

下列术语和定义适用于本标准。

3.1 红脉穗螟Tirathaba rufivena Walker

鳞翅目Lepidoptera螟蛾科Pyralidae的红脉穗螟，分布于我国海南、广东和台湾。主要以幼虫食害槟榔的花穗、果实及心叶。其形态特征、为害症状、生物学特性见附录A。

3.2 天敌natural enemy

对红脉穗螟有一定控制作用的生物，包括寄生性、捕食性生物和病原微生物。

3.3 防治control

为使红脉穗螟种群保持在有虫不成灾的水平，所采取的各种预防和控制措施的过程。

4 虫情调查

4.1 调查时间

每年3—7月，每7d调查一次。

4.2 调查方法

选用下列方法之一进行调查。

4.2.1 普查法

在槟榔园内采取平行跳跃式或棋盘式取样方法，随机选取调查树，每667m^{2}选取调查树不少于18株，详细记录每串花穗上红脉穗螟幼虫的数量和为害程度。

4.2.2 固定标准树调查法

在槟榔园内选择标准树（每100株树选择不少于5株）。定期调查每株标准树花穗上红脉穗螟幼虫的数量及为害程度。

5 为害程度及防治指标

5.1 为害程度划分

红脉穗螟为害程度即危害级别分为4级。见表1。

为害指数=[（∑各级被害花穗数×该级代表值）÷（总花穗数×最高级别代表值）]×100%。

表1　红脉穗螟为害程度划分

危害级别	为害指数	备注
0	0	无为害
1	<20	轻度为害
2	20~40	中度为害
3	>40	重度为害

5.2　防治指标

3—7月份为害级别为1级时要加强监测，并进行局部防治；当达到2级及以上时，必须全面进行化学防治。

6　防治要求

6.1　防治原则

贯彻"预防为主，科学治理，依法监管，强化责任"的植保方针，以改善槟榔园生态环境为核心，加强栽培管理为基础，充分发挥自然控制因素的作用，综合应用各种防治措施，优先采用农业防治、生物防治和物理防治措施，配合适时使用高效、低毒、低残留农药，将红脉穗螟控制在经济允许水平以下，将农药残留降低到规定的限量标准范围内。

6.2　农业防治

6.2.1　合理施肥灌水，增施有机肥，增强树势，提高树体抵抗力。

6.2.2　加强田园管理。科学修剪，剪除病残花序，改善通风透光条件；槟榔开花至收果前，定期检查槟榔园，注意捡拾落地虫果及树上严重被害的虫穗并将其深埋处理；冬季结合清园，集中烧毁或堆埋园内枯叶、枯花、落果，减少来年虫源。

6.3　生物防治

6.3.1　于花期或幼果期，每100kg水加入16 000UI/mg苏云金杆菌可湿性粉剂5g和3%苦楝油100mL混匀后喷雾，是一项安全有效的无公害防虫措施。

6.3.2　保护利用天敌寄生蜂扁股小蜂 *Elasmus punctulatus* Verma & Hayat其在自

然条件下对红脉穗螟幼虫的寄生率在20%～30%，具有很好的利用价值。

6.4　化学防治

6.4.1　农药使用选择

不应使用国家严格禁止在果树上使用的杀虫剂（附录B）和未登记的农药。所有允许使用药剂应参照GB 4285和GB/T 8321中的有关使用准则和规定，严格掌握使用剂量、使用方法和安全间隔期。当新的有效农药出现或者新的管理规定出台时，以最新的规定为准。

6.4.2　推荐使用药剂及方法

在槟榔红脉穗螟幼虫发生高峰期的花期（4—6月）和果期（9月底至10月初），可选用2.5%溴氰菊酯可湿性粉剂，每100kg水加40g 2.5%溴氰菊酯可湿性粉剂，或用20%氰戊菊酯乳油2 000～4 000倍液，对被害花穗、心叶等幼虫藏匿处，在上午9：00前、16：00以后喷雾防治。药后4h遇大雨须重新施药。

7　防治效果检查

7.1　调查方法

按照4.2的调查方法进行。

7.2　防治效果统计

对实施防治的槟榔园，防治1周后，每周对红脉穗螟虫量进行调查，统计虫口减退率。

虫口减退率（%）=（防治前统计的虫口—防治后统计的虫口）/防治前统计的虫量×100

附录A

（资料性附录）

红脉穗螟概述

1.1　形态特征

成虫：体长13mm左右，翅展23～25mm，初羽化颜色鲜艳。前翅绿灰色，中脉、肘脉及臀脉和翅后缘均被有红色鳞片，使脉纹显现红色；中室区有白色纵带1条，除外缘有1列小黑点、中室端部和中部各有1大黑点外，翅面尚散生一些模糊的小黑点,以翅基和顶角较多。翅中央有一大黑点。后翅及腹部橙黄色。雄蛾体较细小,体色较浅而鲜艳,下唇须短,翅外缘两条银白色斑纹明显可见;雌蛾体较粗大,体色较深,下唇须长,从背面明显可见。翅外缘两条银白斑纹不太明显。雌虫体长12mm左右,翅展23~26mm。雄虫体长11mm左右,翅展21~25mm。

卵:长0.55~0.64mm,宽0.40~0.44mm,椭圆形,具网状纹,初产时乳白色,一天后呈黄色,卵孵化前呈桔黄色。

幼虫:老熟幼虫体长约22mm,体圆筒形,向两端渐细,初孵化的幼虫白色透明,随着虫龄的增长体色逐渐变深而呈黑褐色,老熟时略呈淡褐色,头及前胸背板黑褐色,有光泽,臀板黑褐间黄褐色,中胸背板具有5个不规则的褐色斑点,腹部各节亚背线、背线、气门上下线处均各有1对黑褐色大毛片,其上着生1~2根长刚毛。体背具不甚清晰的暗褐色纵走阔纹,散生刚毛,腹足趾钩双序缺环。

蛹:体长10~13mm,赤褐色,背面有一条明显而颜色较深的纵脊,翅芽下端伸达第四腹节后缘,腹末有臀棘4枚。

茧:长12~15mm,宽3.8~6mm,长椭圆形。

1.2 为害症状

主要以幼虫食害槟榔的花穗、果实及心叶。花穗受害最为严重,幼虫在槟榔未展的花穗上取食,并分泌丝,将粪便、食物残渣和花缀成簇,加上其排泄物筑成遂道,藏匿其中,嚼食槟榔花,使花穗不能正常开放,未能展开的花穗枯死,受害较轻的花穗展开后,能开花结果,但果实容易脱落。

在盛果期,幼果和中等果也容易受幼虫为害,幼虫一般蛀果为害,蛀食果实内的种子和部分内果皮,受害果实内有1~2头幼虫,幼虫也会啃食外表皮,造成流胶或形成木栓化硬皮,影响果实品质。幼虫钻食叶及生长点,造成植株死亡,死亡率5%左右。

1.3 生物学特性

成虫于18:00—21:00羽化,羽化率平均为95.2%,羽化后第2~3d夜间交尾,少数当夜即可交尾。3:00—5:00为交尾盛时,交尾持续20~90min,平均51min。交尾后次日晚开始产卵,产卵期3~9d,平均6.5d,产卵时间多为21:00—24:00。产卵部位因物候期不同而异。在槟榔佛焰苞未打开前,卵产于佛焰苞基部缝隙或伤口处，初孵幼虫由此钻入花穗；开花结果期，成虫产卵于花梗、苞片、花瓣内侧等缝隙、皱折处；果期，产卵于果蒂部收果后还可产卵于心叶处而造成对不同部位的为害。卵多为几十粒聚产，亦有几粒产在一起者。产卵量为81~220粒，平均125粒。雌雄性比为1.25：1。以5%糖水作为补充营养，成虫寿命为4~17d，平均12.2d。

卵在29℃左右，相对湿度90%下孵化。孵化率为86.2%~98.3%，平均为92.3%。昼夜均可孵化，尤以9：00—11：00最盛。

幼虫行动敏捷，畏光。一个花苞内可多至几十头、百头幼虫集中为害。被害花苞常在未打开前就发黑腐烂。一个被害果内一般有1头幼虫，偶有2头。幼虫食尽种子和部分内果皮，被害果很易脱落。幼果和中等果受害尤重。果实长大后幼虫常啃食果皮，造成流胶或形成木栓化硬皮，影响商品质量。秋季收果后至春季开花前，幼虫还可为害心叶和邻近的羽状复叶，使心叶抽不出或枯死，严重影响植株的生长，以致造成植株秃顶或死亡。老熟幼虫在被害部位吐丝结缀虫粪作茧，1~2d后化蛹。

据室内饲养观察在日平均温度22~27℃的自然变温和相对湿度76.0%~95.3%条件下，红脉穗螟完成一个世代需30~43d，其中卵期2~3d，幼虫20~22d，蛹10~11d。幼虫有5龄，个别有6龄。

附录B
（规范性附录）
禁止使用的杀虫剂

在红脉穗螟防治中禁止使用甲拌磷、久效磷、磷胺、对硫磷、甲胺磷、水胺硫磷、甲基对硫磷、甲基异柳磷、氧化乐果、甲基硫环磷、特丁硫磷、治螟磷、内吸磷、硫线磷、地虫硫磷、氯唑磷、苯线磷、灭线磷、蝇毒磷、杀扑磷、克百威、灭多威、杀虫脒、滴滴涕、六六六、硫丹、毒杀芬、二溴氯丙烷、二溴乙烷、艾氏剂、狄氏剂、汞制剂、砷类、铅类、氟乙酰胺、氟乙酸钠、甘氟、五氯苯酚、氯丹、灭蚁灵、六氯联苯、溴甲烷、磷化铝、磷化锌、磷化钙、硫线磷、乙酰甲胺磷、丁硫克百威、乐果、氟虫氰等以及国家规定禁止使用的其他药剂。

附录三：槟榔种苗
海南省万宁市地方标准DB 469006/T 11—2013

前　言

本标准按照GB/T 1.1—2009给出的规则起草。

本标准由海南省万宁市人民政府提出。

本标准由海南省万宁质量技术监督局归口。

本标准起草单位：中国热带农业科学院椰子研究所。

本标准主要起草人：刘立云、黄丽云、李艳、陈卫军、黄玉林

1　范围

本标准规定了槟榔（*Areca catechu* L.）种苗的术语和定义、要求、检验方法、检验规则、包装、标识、贮存和运输等要求。

本标准适用于袋装槟榔种苗的质量评定和贸易。

2　规范性引用文件

下列文件对于本文件的应用是必不可少的。凡是注日期的引用文件，仅所注日期的版本适用于本文件。凡是不注日期的引用文件，其最新版本（包括所有的修改单）适用于本文件。

GB 9847—2003苹果苗木

GB 15569农业植物调运检疫规程

NY/T 1398槟榔 种苗

DB46/T 115槟榔 种果和种苗

植物检疫条例（中华人民共和国国务院）

植物检疫条例实施细则（农业部分）（中华人民共和国农业部）

3 术语和定义

下列术语和定义适用于本文件。

3.1 槟榔种苗 betelnut seedling

用成熟的槟榔种果育成的适合于定植的种苗。

3.2 一年种苗 one-year seedling

育苗时间在10~12个月的槟榔种苗。

3.3 二年种苗 two-year seedling

育苗时间在22~24个月的槟榔种苗。

3.4 叶片数 number of leaf

槟榔苗现存羽状叶、船形叶及箭叶的绿叶片数。

3.5 果形 fruit shape

呈椭圆形，果形指数（纵径/横径）1.23~1.32。

3.6 百果重 the weight of 100 seeds

以克表示的一百粒种果的重量。

4 要求

4.1 基本要求

4.1.1 种果

4.1.1.1 种果类型

推荐选择果形为椭圆形的槟榔种果。

4.1.1.2 种果来源

种果要求采自第2、第3果串，年单株产量高于20kg，树龄为15~25年的健康植株。

4.1.1.3 种果要求

果形一致、大小均匀、果皮呈橙黄色、百果重4 200~5 500g。

4.1.2 种苗

4.1.2.1 种苗纯度达99%以上。

4.1.2.2　种苗无病虫害和机械损伤；植株生长健壮，叶片浓绿。

4.1.3　苗袋规格

一年种苗育苗袋规格长15cm×宽8.5cm，营养土装至3/4，基质配方为土：沙：椰糠：有机肥=4：3：2：1；二年种苗育苗袋规格长40cm×宽30cm，营养土装至3/4；出圃时育苗袋完整，土柱无松散。

4.1.4　炼苗

种苗需经过20～30d炼苗，去除遮荫物，控水控肥，叶片由浓绿转至黄绿方可出圃。

4.2　疫情要求

无检疫性病虫害。

4.3　分级要求

4.3.1　槟榔种苗

槟榔种苗质量分为一级、二级两个等级，各级别应符合表1的规定。

表1　槟榔苗木质量指标

项目		等级	
		一级	二级
一年种苗	茎粗/cm	>1.0	>0.7
	苗高/cm	>55.0	>35.0
	叶片数/片	≥5	>4
二年种苗	茎粗/cm	>1.6	>1.0
	苗高/cm	>70.0	>45.0
	叶片数/片	≥6	>4

5　检验方法

5.1　外观检验

目测观察种苗的病虫害及生长状况。

5.2 分级检验

5.2.1 茎粗

用游标卡尺测量根颈部以上2cm处的种苗直径。

5.2.2 苗高

用直尺或卷尺测量种苗土表到种苗最高叶片的垂直自然高度，将测量结果记入附录A的表格中。

5.3 疫情检验

按中华人民共和国国务院《植物检验条例》、农业部《植物检验条例实施细则（农业部分）》和GB 15569的规定执行。

6 检验规则

6.1 组批

同一批次、同一等级为一个检验批次。

6.2 抽样

按GB 9847—2003中5.1.2的规定执行。

6.3 交收检验

每批种苗交收前，种苗质量由供需双方共同委托种子种苗质量检验技术部门或获该部门授权的其他单位检验，并由该部门签发槟榔种苗质量检验证书。槟榔种苗质量检验证书见附录B。

6.4 判定规则

容许度

按同一批次、同一等级的种苗允许有以下的容许度：同一批检验的一级种苗中，允许有5%的种苗低于一级标准，但必须达到二级标准，超此范围，则为二级种苗；同一批检验的二级种苗，允许有5%的种苗低于二级标准，超此范围则判为等外种苗。

6.5 复检

供需双方对质量要求判定有异议时，应加倍抽样复检一次，并以复检结果为准。

7 包装、标识、贮存和运输

7.1 包装

营养袋完好的种苗,如种苗量少且路途近的可不包装直接运输;如种苗量多且路途远的应采用硬质包装箱包装后运输,破损严重的需要重新套袋。

7.2 标识

种苗出圃时需附有标签,标签内容和规格参见附录C。

7.3 贮存

出圃后应在当日装运,到达目的地后要尽快种植。如短期内无法定植,可将种苗置于荫棚中。

7.4 运输

运输过程中应减少日晒雨淋,保证透气;应用有棚车运输。

附录A
（规范性附录）
槟榔种苗质量检测记录

种果类型：_____　　　　No：_____

育苗单位：_____　　　　购苗单位：_____

出圃株数：_____　　　　抽检株数：_____

样株号	苗粗 cm	苗高 cm	叶片数 片	级别

审核人（签字）：　　　　　校核人（签字）：

检测人（签字）：　　　　　检测日期：　　年　月　日

附录B
（规范性附录）
槟榔种苗质量检验证书

检验单位（签章）：＿＿＿＿＿＿＿＿＿＿ No.：＿＿＿＿＿＿

育苗单位		购苗单位	
种苗数量	其中： 一级		二级
检验结果			
检验意见			
证书签发期		证书有效期	
注：本证一式三份，育苗单位、购苗单位、检验单位各持一份。			

审核人（签字）：　　　　　校核人（签字）：

检测人（签字）：　　　　　检测日期：　　年　月　日

附录C
（规范性附录）
槟榔种苗标签

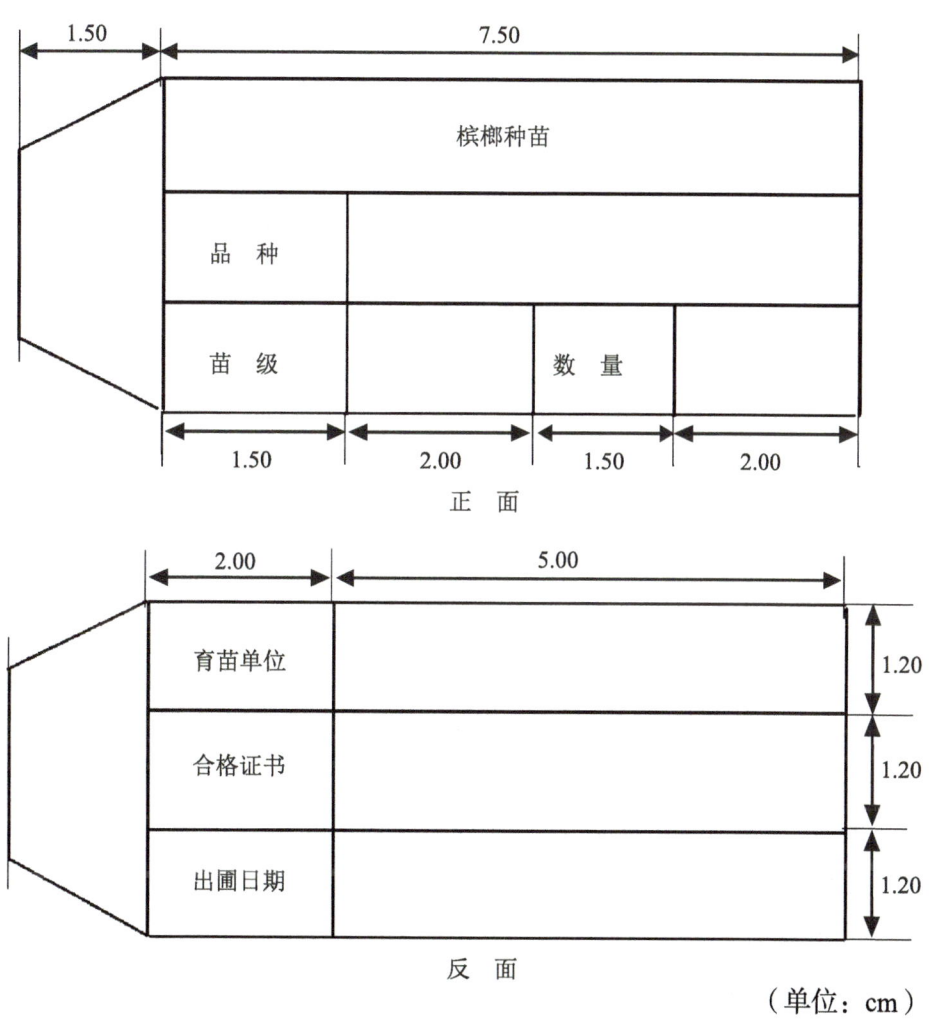

图C.1 槟榔种苗标签

注：标签用材为厚度约0.3mm的白色聚乙烯塑料薄片。

附录四：槟榔配方施肥技术规范
海南省万宁市地方标准DB469006/T 13—2013

前　言

本标准按照GB/T 1.1—2009给出的规则起草。

本标准由海南省万宁市人民政府提出。

本标准由海南省万宁质量技术监督局归口。

本标准起草单位：中国热带农业科学院椰子研究所。

本标准主要起草人：刘立云、黄丽云、李艳、黄玉林、唐龙祥。

1　范围

本标准规定了槟榔配方施肥技术的术语和定义、田间基本情况调查、土壤养分分析、叶片养分分析、推荐的肥料配方和施用量、施肥建议通知单等要求。

本标准适用于种植5年以上的结果槟榔树。

2　规范性引用文件

下列文件对于本文件的应用是必不可少的。凡是注日期的引用文件，仅所注日期的版本适用于本文件。凡是不注日期的引用文件，其最新版本（包括所有的修改单）适用于本文件。

GB/T 7173土壤全氮测定法

NY/T 395农田土壤环境质量监测技术规范

NY 525有机肥料

NY/T 1121.2土壤检测第2部分：土壤pH的测定

NY/T 1121.6土壤检测第6部分：土壤有机质的测定

LY/T 1270森林植物与森林枯枝落叶层全硅、铁、铝、钙、镁、钾、钠、

磷、硫、锰、铜、锌的测定

3 术语和定义

下列术语和定义适用于本文件。

3.1 配方施肥formulated fertilization

在土壤、叶片养分分析的基础上，制定结果槟榔树有机肥和化肥的配方及相关的施用技术。

3.2 槟榔叶序betelnut phyllotaxis

槟榔叶片在树冠呈螺旋状排列，每轮5片叶，从第1片刚抽出的叶开始，第6片叶在其斜下方，依此类推，通过目测方法进行不同成熟度的排序。

4 田间基本情况调查

主要调查槟榔园的地块产量水平、施肥水平等内容。调查表参见附录A。

5 土壤养分分析

5.1 土壤样品采集、制备与分析

5.1.1 取样时间

每年12月，非雨天进行。

5.1.2 取样工具

锄头、取样杯、小平铲、样品袋。

5.1.3 取样方法

根据地形特点按梅花形或蛇形选择具有代表性的采样点，采样点多少根据采样区域面积和地形确定，一般以15亩为1个单元布设5～10个取样点。每个取样点离开施肥坑80cm以上，取样坑深度30cm，从下往上均匀取样，取土重量约200g。每个单元各样点的土壤组成一个混合样，贴上相应的编号。

5.1.4 制样方法

按NY/T 395的规定执行。

5.1.5 测试方法

5.1.5.1 有机质测定

按NY/T 1121.6的规定执行。

5.1.5.2 pH值测定

按NY/T 1121.2的规定执行。

6 叶片养分分析

6.1 叶片样品采集、制备与分析

6.1.1 取样时间

参照本标准5.1.1。

6.1.2 取样工具

钩刀、剪刀、样品袋。

6.1.3 叶片采集

一般以15亩为1个单元，按梅花形或蛇形选择具有代表性的采样点5~10个，边行、病株等非正常株不能作为采样对象。以树冠的第5片叶作为采集对象，采集中部小叶3对，剪取中部的20cm长度叶片，各样点采集的小叶组成混合样，贴上相应的编号。

6.1.4 制样方法

叶片样品经湿润纱布除去表面灰尘后，置入105℃烘箱杀青30min后，将温度调至65℃烘至恒重，烘干后除去叶脉，进行粉碎，过1mm筛。

6.1.5 测定方法

6.1.5.1 叶片全氮量测定

按GB/T 7173中5.3的规定执行。

6.1.5.2 叶片全磷量测定

按LY/T 1270中9的规定执行。

6.1.5.3 叶片全钾量测定

按LY/T 1270中7的规定执行。

6.1.5.4 叶片全镁量测定

按LY/T 1270中6.2的规定执行。

7 推荐的肥料配方和施用量

根据田间基本情况调查、土壤和叶片养分分析结果，并结合常规施肥用量推荐肥料的配方和施用量。

7.1 推荐的肥料用量（表1）

表1 推荐的肥料用量

		叶片养分含量（%）				土壤有机质（%）
		全氮	全磷	全钾	全镁	
I	含量（%）	<1.80	<0.20	<0.80	<0.25	<0.80
I	推荐肥料用量（kg/株·年）	有机肥10kg+氮肥0.2kg+磷肥0.12kg+钾肥0.3kg+镁肥0.08kg				
II	含量（%）	1.80～2.40	0.20～0.25	0.80～1.40	0.25～0.35	0.80～2.40
II	推荐肥料用量（kg/株·年）	有机肥6kg+氮肥0.15kg+磷肥0.08kg+钾肥0.2kg+镁肥0.06kg				
III	含量（%）	>2.40	>0.25	>1.40	>0.35	>2.40
III	推荐肥料用量（kg/株·年）	氮肥0.2kg+磷肥0.12kg+钾肥0.3kg+镁肥0.08kg				

注：1.表中的有机肥用量是参照NY525标准推荐的，如果实际使用的有机肥与此标准有出入，可按丰缺程度增减用量；2.上表的氮肥施用量按N计算，磷肥施用量按P_2O_5计算，钾肥按K_2O计算，镁肥按MgO计算；3.土壤pH值<6.0的槟榔园一般推荐使用钙镁磷肥作磷肥和镁肥，pH值≥6.0推荐使用过磷酸钙、磷铵复合肥、硫酸镁作磷肥和镁肥

7.2 施肥时期和方式

每个结果周期施肥两次，第一次是在12月至第二年1月份施入推荐用量1/2的有机肥、钾肥、氮肥和全部的钙镁磷肥，离树头80～100cm处，开挖长100cm、宽20cm、深15cm的半月形条沟，施肥后回土；第二次是在翌年6—7月施入推荐用量剩余的肥料，在第一次施肥的另一侧施入，施肥规格同上次施肥的开沟规格相同。

8 施肥建议通知单

将土壤养分及叶片养分分析与评价结果、推荐施用的肥料种类、用量与施肥方法等编排而成施肥建议通知单。通知单样式参见附录B。

附录A
（资料性附录）
田间基本情况调查表

取样地点	市/县	乡（镇）	村	队	野外编号		取样日期		年 月 日
地形√	平地	丘陵	山地		代表面积（667m²）				
土壤质地√	砂土	砂壤土	壤土	黏土	地面坡度√	0°~5°	6°~10°	11°~15°	15°以上
地块种植年限（年）					鲜果产量（kg）		取样人		

样点编号	地块名	种植户	施用肥料种类与用量（kg/亩）				
			有机肥	尿素	磷肥	氯化钾	复合肥	其他
1								
2								
3								
4								
5								
6								
7								

附录B
(资料性附录)
施肥建议通知单

地点： 县 镇 村（ 地块或户） 日期： 年 月 日 编号：

地块、叶片测试与植株养分评价结果

测试项目	土壤有机质（%）	pH值	叶片氮（%）	叶片磷（%）	叶片钾（%）	叶片镁（%）
平均含量						
养分评价						

施肥建议 单位：kg/株

推荐施用肥料	肥料用量	施肥方法
有机肥		
尿素		
氯化钾		
磷肥		
镁肥		
复合肥		

附录五：槟榔丰产栽培技术规程
海南省万宁市地方标准DB469006/T 10—2013

前　言

本标准按照GB/T 1.1—2009给出的规则起草。

本标准由海南省万宁市人民政府提出。

本标准由海南省万宁质量技术监督局归口。

本标准起草单位：中国热带农业科学院椰子研究所。

本标准主要起草人：刘立云、李艳、黄丽云、朱辉、赵松林。

1　范围

本标准规定了槟榔栽培过程中的园地选择、定植要求、田间管理及果实采收等技术。

本标准适用于万宁地区槟榔丰产栽培。

2　规范性引用文件

下列文件对于本文件的应用是必不可少的。凡是注日期的引用文件，仅所注日期的版本适用于本文件。凡是不注日期的引用文件，其最新版本（包括所有的修改单）适用于本文件。

DB469006/T 11槟榔 种苗

DB469006/T 13槟榔配方施肥技术规范

DB469006/T 14槟榔病虫害防治技术规范

3　园地选择

3.1　气候

年平均温度24℃以上,最冷月气温>18℃,极端低温>5℃,无寒害,年降雨量大于1 500mm。如果低于1 500mm则需要灌溉,日平均气温≥10℃的年积温在8 300℃以上。

3.2　土壤

排水良好,土层厚度≥80cm的砖红壤、赤红壤。

3.3　海拔高度

在海拔300m以下的地区较适宜,最高海拔不宜超过600m。

3.4　坡度

一般<25°为宜,坡度>15°的山地,应开挖宽1.5~2m、向内倾15°~20°的环山行。

3.5　风

不应在大风口处建园。针对台风区和有风害的地区,应设置防护林带。

4　定植要求

4.1　时间

以每年秋季(9—10月)定植最佳。

4.2　种苗选择

按照DB469006/T 11的规定执行。

4.3　定植方式与密度

平地等行距、三角形种植,株行距2.4m×2.4m,大小行种植,株距2.5m,窄行2m,宽行3m,种植密度100~110株/亩;坡度>15°的山地沿等高线种植,株距2.5~3m,行距1.8~2m,种植密度约120株/亩。

4.4　定植

4.4.1　挖定植穴

定植前1~2个月应开挖植穴。旱地定植穴规格为长60cm×宽60cm×深

45cm。地下水位高或低洼地，应起垄，垄宽2~3m、高80~100cm，定植穴规格为长40cm×宽40cm×深30cm。开挖时，表土与底土分开堆放，回土时将表土填入底层，再将心土与8~10kg沤熟的有机肥混合均匀后回填，并在中间做好标记以便种植。

4.4.2 定植方法

先于植穴的标记处挖一小穴，将容器苗的容器除去，但不可弄散土团，将苗木直立放入穴位中，用细土覆盖至根颈入土约3cm深度，轻轻压实。修筑树盘，树盘土面高度低于外围地面3~5cm，淋足定根水，树盘盖草保湿，直至成活。

5 田间管理

5.1 除草和松土

幼龄槟榔园每年应除草3~4次，树盘周围采用人工除草，结合施肥进行扩穴松土，行间用小型机械或化学除草；成龄树每年除草2~3次，树盘周围结合施肥松土。

5.2 施肥

5.2.1 幼树施肥

5.2.1.1 施肥时间及次数

每年2—3月施1次有机肥，7月、8月各施1次复合肥。

5.2.1.2 用量

1年树龄每株年施有机肥3~5kg，每次施复合肥50g；2年树龄每株年施有机肥4~6kg，每次施用复合肥施50~70g；3年树龄每株年施有机肥6~8kg，每次施复合肥70~100g；4年树龄每株年施有机肥8~10kg，每次施复合肥100~150g。

5.2.1.3 方法

在树冠滴水线2/3处开半月形环沟施入，施后覆土。

5.2.2 结果树施肥

按照DB469006/T 13的规定执行。

5.3 水分管理

遇干旱时应及时灌溉，特别是槟榔花期和果实膨大期需要保证土壤湿润。在雨季应注意及时排除园内积水，避免涝害。

5.4 病虫害防治

按照DB469006/T 14的规定执行。

6 果实采收

6.1 采收标准

用于加工的鲜果，在果皮呈深绿色、纤维强度适中时采收；用于种果的，在果色转为橙黄色，果实充分成熟时采收。

6.2 采收时间

非雨天的上午采收为宜。

6.3 采收工具

专园专用的采果钩刀、枝剪。

6.4 技术要求

用采果钩刀将果穗整穗切下，摘果时必须保留果蒂；槟榔树杆高度超过6m时，应采用塑料网接果。

附录六：槟榔主要病虫害防治技术规范
海南省万宁市地方标准DB469006/T 14—2013

前　言

本标准按照GB/T 1.1—2009给出的规则起草。

本标准由海南省万宁市人民政府提出。

本标准由海南省万宁质量技术监督局归口。

本标准起草单位：中国热带农业科学院椰子研究所。

本标准主要起草人：覃伟权、朱辉、黄山春、阎伟、刘立云。

1　范围

本标准规定了槟榔主要病虫害的识别、防治原则、防治技术等技术要求。

本标准适用于槟榔产区主要病虫害的防治。

2　规范性引用文件

下列文件对于本文件的应用是必不可少的。凡是注日期的引用文件，仅注日期的版本适用于本文件。凡是不注日期的引用文件，其最新版本（包括所有的修改单）适用于本文件。

GB 4285农药安全使用标准

GB/T 8321农药合理使用准则

3　槟榔主要病虫害的识别

槟榔主要病虫害症状识别和发生特点参见附录A和附录B。

4 防治原则

贯彻"预防为主、综合防治"的植保方针，针对槟榔主要病虫害种类及发生特点，综合考虑影响病虫害发生与为害的各种因素，以农业防治为基础，协调应用检疫、生物和化学等措施对病虫害进行安全、有效地防治，最大限度的减轻农药对生态环境的破坏和自然天敌的伤害。

5 防治技术

5.1 农业防治

加强检疫，不在疫区引进种苗；加强槟榔园管理，严格选择健康苗木，合理施肥和密植，改善排水和灌溉系统，适时除草，增强树势；巡查槟榔园，抓好修剪清园，定期清理园内落叶、落果及其他残体，集中烧毁，减少病害侵染来源和虫口基数。

5.2 化学防治

推荐选用对天敌影响小的低毒、低残留的无公害药剂，推荐药剂含量、剂型及使用浓度参照《农药登记公告》和当地用药实际情况。当新的有效农药出现或者新的管理规定出台时，以最新的规定为准。合理、轮换交替使用不同作用机理或具有负交互抗性的药剂，以克服或延缓病虫害产生抗药性。

5.3 生物防治

选择使用生物药剂，鼓励推广使用寄生性天敌等生物防治措施。

5.4 槟榔主要病害的防治方法

5.4.1 槟榔黄化病

建立槟榔无病种苗中心，培育健康苗木；在无黄化病种植区引进种苗。

发现病株及时连根挖除，集中后烧毁，患病植株根部及挖除坑土壤施用石灰消毒处理。先种植短期作物，两年后再重新引种健康的槟榔种苗。

5.4.2 槟榔炭疽病

发病初期选用1%波尔多液喷雾保护，每隔10~15d喷1次，连喷2~3次；在抽生新叶和嫩果期开始喷药防治，选用70%甲基托布津可湿性粉剂1 000~1 500倍液，或用80%代森锌可湿性粉剂600~800倍液等药剂喷施植株叶片，每隔10~15d喷1次，视病情连喷2~3次。

5.4.3 槟榔细菌性条斑病

发病初期选用1%波尔多液喷雾保护，每隔15d喷1次，连喷2~3次；也可选用72%农用链霉素3 000倍或25%绿乳铜乳油600~800倍液喷施植株叶片，每隔7~10d喷1次，视病情连喷2~3次。

5.5 槟榔主要害虫的防治方法

5.5.1 红脉穗螟

在红脉穗螟幼虫发生高峰期（花期）用5%氯虫苯甲酰胺悬浮剂1 000倍液，或用1%甲氨基阿维菌素苯甲酸盐（甲维盐）1 000~2 000倍液喷雾防治，每隔7~15d喷1次，视虫情连喷2~3次。

5.5.2 椰心叶甲

宜用天敌椰甲截脉姬小蜂（*Asecodes hispinarum* Boucek，幼虫寄生蜂）、椰心叶甲啮小蜂（*Tetrastichus brontispae* Ferriere，蛹寄生蜂）防治椰心叶甲。放蜂时，将椰甲截脉姬小蜂、椰心叶甲啮小蜂按4∶1的比例释放到椰心叶甲发生区，每月释放1次，每次每亩释放1 000头寄生蜂，连续释放4~6次。

在未展开的心叶部位悬挂椰甲清药包，每3个月挂1次；为害严重的地段可选用4.5%高效氯氰菊酯微乳剂500倍液喷雾心部，喷至药液下滴为止，分上半年和下半年两个阶段各喷药1次。禁止放蜂与化学防治同时使用。

5.5.3 黑刺粉虱

在粉虱1~2龄若虫盛发期选用20%扑虱灵可湿性粉剂2 500~3 000倍液，或用70%艾美乐水分散粒剂20 000倍液，或用25%吡虫啉可湿性粉剂5 000倍液喷施，每隔7~15d喷1次，视虫情连喷2~3次。

附录六：槟榔主要病虫害防治技术规范

附录A
（资料性附录）
槟榔主要病害及发生为害特点

病害名称	发生特点
槟榔黄化病 Candidatus Phytoplasma	本病是槟榔生产上的毁灭性病害。发病初期，植株下层2~3片叶叶尖部分首先出现黄化，花穗短小，无法正常展开。病果变黑，无法食用，常提前脱落。随后黄化症状逐年加重，逐步发展到整株叶片黄化，干旱季节黄化症状更为明显。整株叶片无法正常展开，腋芽水渍状，暗黑色，基部有浅褐色夹心。感病植株常在顶部叶片变黄一年后枯死，大部分感病株开始表现黄化症状后5~7年内枯顶死亡
槟榔炭疽病 Colletotrichum gloeosporioides	本病发生较为普遍。发病初期形成圆形、椭圆形、多角形或不规则形褐色病斑，随后病斑逐渐扩大，中间灰褐色。该病多发生于多雨高湿季节。病害初侵源为患病园内病株及其残体。在高湿条件下，病菌产生大量分生孢子，借风雨、昆虫传播，从伤口和自然孔口侵入寄主。发病后病株又产生新的分生孢子，造成再次侵染。槟榔园密植、失管荒芜、通风不良时有利于病害发生；遭受台风刮伤、寒害冻伤、害虫咬伤的植株也易发病；槟榔园施肥不合理，植株生长衰弱，抗病能力下降时有利于病害的发生和流行。幼苗和成龄结果树均可受害，可引起幼苗生长势衰弱，叶色淡黄，造成落花落果，严重减产。该病在幼苗和成龄期均可发生，可为害叶片、花序和果实
槟榔细菌性条斑病 Burkholderia andropogonis	本病主要为害叶片，也可为害叶柄和叶鞘，严重影响槟榔生长和产量。发病初期叶片形成长条形褐色小病斑，周围黄色，重病株病叶破裂，随着病情的扩展病斑逐渐扩大，严重影响植株光合作用，导致叶片变褐枯死。该病的发生和流行与降雨量、温度、湿度、台风等气候因子密切相关。连续大量降雨，相对低温，槟榔园湿度高，有利于病原菌的繁殖、侵入和传播。3~6龄的幼树较幼苗和成龄树发病严重。带病种苗、田间病株及其残体是病原菌的主要侵染来源，病菌从伤口和自然孔口侵入寄主，靠雨水、流水、昆虫和农事操作进行传播。尤其是台风雨，造成植株伤口增多，不仅有利于病菌入侵，还能使病菌作远距离传播，是导致病害流行的主导因素

附录B
（资料性附录）
槟榔主要害虫及发生为害特点

害虫名称	发生特点
红脉穗螟 *Tirathaha rufivena*	红脉穗螟在槟榔上主要以幼虫食害槟榔的花穗、果实及心叶。 花穗受害状：花穗受害最为严重，幼虫在槟榔未展的花穗上取食，并分泌丝将粪便、食物残渣和花缀成簇，使花穗不能正常开放，未能展开的花穗枯死。 果受害状：在盛果期，幼果和中等果也容易受幼虫为害，幼虫一般是蛀果为害，蛀食果实内的种子和部分内果皮，受害果实内有1~2头幼虫，使果实变黄，后干枯。幼虫也会啃食外表皮，造成流胶或形成木栓化硬皮，影响果实品质
椰心叶甲 *Brontispa longissima*	成虫和幼虫主要为害未展开的幼嫩心叶。在折叠的叶片内沿叶脉平行取食叶表皮，在叶上留下与叶脉平行、褐色至灰褐色的狭长条纹。随着叶片长大。窄条取食痕也扩大形成不规则大型条块，并且褐化、坏死。在比较严重的情况下，叶皱缩、枯萎、破烂，甚至大面积折落，留下部分叶脉架。叶片正面和背面均被取食为害
黑刺粉虱 *Aleurocanthus spiniferus*	黑刺粉虱若虫群集在寄主的叶片背面固定吸食汁液，引起叶片因营养不良而发黄、影响叶片的光合作用，致使叶片最终叶片黄黑枯死。该虫的排泄物能诱发煤污病，使叶、果受到污染，导致叶落，严重影响产量和质量

附录七：槟榔鲜果
海南省万宁市地方标准DB 469006/06—2012

前 言

本标准按照GB/T 1.1给出的规则起草。

本标准由海南省万宁市人民政府提出。

本标准由海南省万宁质量技术监督局归口。

本标准起草单位：中国热带农业科学院椰子研究所。

本标准主要起草人：陈卫军、黄丽云、赵松林、黄玉林、宋菲。

1 范围

本标准规定了槟榔鲜果的术语和定义、要求、试验方法、检验规则、包装、运输和贮存。

本标准适用于加工用槟榔鲜果的质量评定和贸易。

2 规范性引用文件

下列文件对于本文件的应用是必不可少的。凡是注日期的引用文件，仅注日期的版本适用于本文件。凡是不注日期的引用文件，其最新版本（包括所有的修改单）适用于本文件。

GB 2762食品中污染物限量

GB/T 5009.11食品中总砷及无机砷的测定方法

GB/T 5009.12食品安全国家标准　食品中铅的测定

GB/T 5009.17食品中总汞及有机汞的测定方法

GB/T 8855新鲜水果和蔬菜的取样方法

DB 469006/T 08槟榔鲜果包装、运输及贮存

3 术语和定义

下列术语和定义适用于本文件。

3.1 槟榔鲜果betelnut

果皮深绿色、纤维强度适中的槟榔果实。

3.2 果实均匀指数index of fruit uniformity

果实大小均匀程度的指标。

3.3 缺陷果defective fruit

包括受病虫为害的果实及畸形果。

4 要求

4.1 基本要求

在所有级别中,每一级别的槟榔果应洁净、无异味、无腐烂果。

4.2 果形要求

果形呈椭圆形。

4.3 纤维强度要求

韧性适中,易于咀嚼。

4.4 质量规格指标

槟榔鲜果质量规格要求见表1。

表1 槟榔鲜果质量规格

项 目		等级指标		
		优等品	一等品	二等品
同一类果形特征率,%	≥	95	85	70
缺陷果率,%	≤	0	2	5
果实均匀指数	≥	0.9	0.7	0.6
每500g果粒数,粒		18~21	16~23	12~28

4.5 卫生指标

总砷、铅、汞应符合GB 2762的规定。

5 试验方法

5.1 感官检验

5.1.1 基本要求

果实是否洁净、是否有腐烂,以目测确定。有无异味,以嗅觉和味觉确定。

5.1.2 同一类果形特征

以目测确定,将不是同一果形的果实捡出。

5.1.3 缺陷果

以目测确定,将病虫果及外观有偏缺的果实捡出。

5.1.4 果实均匀指数

随机抽取样果60个,以目测分捡出其中最大的20个果和最小的20个果,分别称重。计算小果质量与大果质量的比值。

5.1.5 每500g果粒数

随机抽取同一果形的样果2kg并计数,计算出每500g的果粒数。

5.1.6 感官指标的计算

5.1.6.1 重叠项目的计算:若在同一果实上兼有两项及其以上不同缺陷者,只记录影响较重的一项,不作重复计算。

5.1.6.2 同一类果形特征率按式(1)计算(精确到小数点后一位)。

$$A(\%) = \left(1 - \frac{m_1}{m_2}\right) \times 100 \qquad (1)$$

式中:

A——单项合格果质量百分率,%;

m_1——单项不合格果质量,单位为克(g);

m_2——样品果质量,单位为克(g)。

5.1.6.3 缺陷果率按式(2)计算(精确到小数点后一位)。

$$B(\%) = \frac{m_3}{m_4} \times 100 \qquad (2)$$

式中：

B——单项不合格果质量百分率，%；

m_3——单项不合格果质量，单位为克（g）；

m_4——样品果质量，单位为克（g）。

5.1.6.4 果实均匀指数按式（3）计算（精确到小数点后一位）。

$$N = \frac{m_5}{m_6} \quad (3)$$

式中：

N——果实均匀指数；

m_5——20个小果质量，单位为克（g）；

m_6——20个大果质量，单位为克（g）。

5.1.6.5 每500g果粒数（4）计算（精确到小数点后一位）。

$$C = \frac{m_7}{m_8} \times 500 \quad (4)$$

式中：

C——每500g果粒数，单位为（粒/500g）；

m_7——样果的粒数，单位为粒；

m_8——样果的质量，单位为克（g）。

5.2 卫生检验

5.2.1 总砷

按GB/T 5009.11规定执行。

5.2.2 铅

按GB/T 5009.12规定执行。

5.2.3 汞

按GB/T 5009.17规定执行。

6 检验规则

6.1 组批

同一产地、同一品种、同一等级、同一批采收的槟榔鲜果为一个检验批次。

6.2 抽样

按GB/T 8855规定执行。

6.3 判定规则

6.3.1 容许度

按同一类果形特征率,优等及一等的产品允许有以下的容许度:

a)优等:允许不超过5%的果实不符合该等级的要求,但要符合一等级;

b)一等:允许不超过10%的果实不符合该等级的要求,但要符合二等级。

6.3.2 经检验符合第4章要求的产品,该批产品按本标准判定为相应等级的合格产品。

6.3.3 卫生指标检验结果中一项指标不合格,该批产品按本标准判定为不合格产品。

6.4 复检

若贸易双方发生异议,可重新加倍抽样复检,复检以一次为限,复检结果为最终判定依据。

7 包装、运输及贮存

按DB 469006/T 08规定执行。

附录八：健康槟榔种苗繁育及检测技术规程

前　言

本标准起草单位：中国热带农业科学院椰子研究所、中国热带农业科学院环境与植物保护研究所、中国热带农业科学院热带生物技术研究所。

本标准主要起草人：黄丽云、刘立云、周焕起、车海彦、罗大全、沈文涛。

1　范围

本标准规定了槟榔（*Areca catechu* L.）选种要求、育苗园地选择与建设、育苗、苗期管理、病害检测及出圃等技术措施要求。

本标准适用于海南省境内槟榔种苗生产。

2　规范性引用文件

下列文件对于本文件的应用是必不可少的。凡是标注日期的引用文件，仅所标注日期的版本适用于本文件。凡是不标注日期的引用文件，其最新版本（包括所有的修改单）适用于本文件。

　　GB 4285农药安全使用标准

　　GB/T 8321农药合理使用准则

　　NY 5023无公害食品　热带水果产地环境条件

　　NY/T 2252槟榔黄化病病原物分子检测技术规范

　　DB46/T 220槟榔苗黄化病植原体PCR检测技术规范

3　术语和定义

3.1　槟榔种苗areca seedlings

用成熟种果育成的实生苗。

3.2 槟榔健康种苗 healthy areca seedlings

通过种果培育的不带本标准规定检测对象的实生健康种苗。

4 选种要求

4.1 选母园

选择种源纯正、优质高产、植株健康、远离黄化病区的槟榔林为母本园，建议参照NY/T 2252进行黄化病检测。

4.2 选母树

选择节间短、长势良好、高产稳产的植株留种。

4.3 选种果

一般选取第2～3串果、其特征为商品性果形（一般为椭圆形、长椭圆形和卵形等）、果皮橙黄色、果重饱满、均匀一致、无畸形、无裂痕、无病斑。

5 育苗园地选择与建设

5.1 苗圃地选择

选择距离黄化病区2km以上、周围具隔离林带、水源充足、交通便利、土壤肥沃、光照充足、地形平坦的开阔地，园地环境质量应符合NY 5023的要求。

5.2 苗圃建设

5.2.1 整地

清除杂物、整平、按规划挖排水沟。

5.2.2 苗圃规划

规划建设道路系统、排灌系统，钢架荫棚，棚高1.8～2.0m，苗床上方需安装微喷管。按功能进行划分，可分为播种区和育苗区。苗床规格宽1.2～1.6m，长度视地形定，不宜超过30m，苗床相隔30～50m。

6 育苗

6.1 种果分级

对种果进行分级处理，一级种果直播营养袋催芽，二级种果经苗床催芽

后移植入袋。

6.1.1 一级果

一级果重量范围为45~55g，密度值≥0.8g/mL。

6.1.2 二级果

二级果重量范围为40~45g或≥55g，密度值范围为0.7~0.8g/mL。

6.2 种果处理

种果采摘后视具体情况进行堆沤，堆沤温度不可超过48℃，不可置于太阳下爆晒。播种前用80%代森锰锌粉剂500倍液浸果30min，洗净备用。

6.3 苗床催芽

在苗床底部淋水后铺一层沙，然后铺一层果（果蒂朝上，以便发芽），覆土盖上椰糠。

6.4 育苗袋

育苗袋为无纺布材质，四种规格，培育6~12个月的苗育苗袋高17cm×宽16cm，培育12~18个的苗育苗袋高25cm×宽25cm，培育18~30个月的苗育苗袋高28cm×宽30cm，培育24~36个月的苗育苗袋高30cm×宽37cm。

6.5 营养土配制

营养土配比为红壤土：椰糠：动物粪便（腐熟）=6:3:1。

6.6 移苗

营养土装袋至3/4处，挖洞放入萌发的种子，芽点朝上，压实营养土，及时淋水保湿。

7 苗期管理

7.1 水分管理

天旱时每天淋水1~2次，视干旱程度，每次10~15min。炼苗期逐渐减少水分直至出圃。

7.2 施肥

一年内无需施肥。一年后根据长势，喷施200倍磷酸二氢钾+1 000倍硫酸锌稀释溶液，每隔3~6个月喷施1次。

7.3 病虫害防治

农药使用应符合标准GB 4285、GB/T 8321。对症下药，适时用药，轮换使用不同药剂，合理混配药剂，确保农药施用的安全间隔期。

7.4 除草

定期人工除草。

8 炼苗

槟榔炼苗期需经15d～20d，逐渐去除遮荫物，停肥控水，叶片由浓绿转至黄绿。

9 健康种苗病害检测

9.1 检测对象

9.1.1 槟榔黄化病

槟榔黄化病，参见NY/T 2252。

9.1.2 槟榔病毒病

槟榔病毒病，仅对由槟榔坏死环斑病毒（areca palm necrotic ringspot virus，ANRSV）和槟榔坏死梭斑病毒（areca palm necrotic spindle-spot virus，ANSSV）引起的病毒病进行检测。

9.2 田间抽样

采取随机取样法进行取样，取样率为0.1%。

9.3 种苗检测

9.3.1 槟榔黄化病

槟榔黄化病检测方法按DB46/T 220执行。

9.3.2 槟榔病毒病

槟榔病毒病检测方法参见附录A、B、C。

10 出圃标准

种苗分级应符合表1的规定，经健康检测通过后方可出圃。

表1 槟榔种苗分级指标

苗龄	项目	等级	
		一级	二级
6~12个月	土球直径/cm	10	10
	茎粗/cm	>1.2	>0.8
	苗高/cm	>50	>35
	叶片数/cm	≥4	>3
12~18个月	土球直径/cm	15	15
	茎粗/cm	>1.5	>1.2
	苗高/cm	>60	>50
	叶片数/片	>4	≥4
18~30个月	土球直径/cm	19	19
	茎粗/cm	>2.2	>1.8
	苗高/cm	>80	>70
	叶片数/片	≥5	>4
24~36个月	土球直径/cm	23	23
	茎粗/cm	3.0	2.5
	苗高/cm	>100	>90
	叶片数/片	>5	≥5

附录A
（规范性附录）
槟榔种苗病毒病检测技术规程

A.1 槟榔叶片总RNA提取

采用Trizol方法提取RNA。称取0.1克叶片放于研钵中，加液氮充分研磨成粉，将粉末迅速转入到无RNase的无菌1.5mL离心管中，加入1mL Trizol迅速振荡混匀；4℃，12 000r/min，离心5min；取上清液，加入200μL氯仿，混匀，室温放置15min；4℃，12 000r/min，离心15min，吸取上层水相至新的无菌1.5mL离心管中，加入0.5mL异丙醇，混匀，室温放置10min；4℃，12 000r/min，离心10min，弃上清液，留沉淀；加入1mL 75%乙醇，温和振荡离心管，悬浮沉淀；4℃，12 000r/min，离心5min，弃上清液，将离心管倒置于灭菌滤纸上，自然干燥；加入25~200μL DEPC处理的无菌水溶解沉淀，得到叶片总RNA。

A.2 cDNA合成

首先在Microtube中配制表1中的反应混合液。将配制好的反应混和液在65℃保温5min后，冰上迅速冷却。将上述Microtube管中再加入表2中反转录反应液，缓慢混匀，30℃ 10min，42℃ 60min。95℃ 5min，冰上冷却。

表1 cDNA合成反应体系1

组　分	加样量（μL）
Random 6 mers（50μM）	1
dNTP Mixture（10mM each）	1
模板RNA	2
补RNase Free dH$_2$O至最终反应体系	10

表2 cDNA合成反应体系2

组　分	加样量（μL）
上述变性后反应液（from step 2）	10
5×PrimeScript II Buffer	4
RNase Inhibitor（40U/μL）	0.5
PrimeScript II RTase（200U/μL）	1
补RNase Free dH$_2$O至最终反应体系	20

A.3 引物序列

选择BL-8705F/BL-9231R或BL-8831F/BL-9192R中的一对用来检测。引物序列见表3。

表3　PCR检测的引物序列

引物名称	引物序列5'-3'	特异片断大小（bp）	检测对象
BL-8705F	CAAGTGAAAGCCTGGGAAACTT	527	ANRSV和ANSSV
BL-9231R	CCATGTTCATACTCACTAACATC		
BL-8831F	GAAAACCATGATTTCGATG	362	
BL-9192R	TCATAACTTGTTCCCTGTGA		

A.4　PCR反应

检测反应均需同时以ANRSV和ANSSV检测为阳性的样品（碱基序列见附录A）作为阳性对照，以ANRSV和ANSSV检测为阴性的样品作为阴性对照，无菌双蒸水作为空白对照。

PCR反应体系见表4。

PCR反应条件为：95℃，预变性5min；95℃变性15s；55℃退火15s，72℃延伸30s；共进行30个循环，最后72℃延伸10min。

表4　PCR反应体系

组　分	加样量（μL）
2×Rapid Taq Master Mix	12.5
10μmol/L上游引物	1.0
10μmol/L下游引物	1.0
模板DNA	1.0
补灭菌双蒸水至最终反应体系	25μL

A.5　PCR产物的电泳检测

取5μL PCR产物在1%琼脂糖凝胶中电泳。利用Marker DL2000作为分子量标准，在120V电场强度下电泳约20min，最后用凝胶成像系统观察结果。

A.6　PCR产物纯化、克隆、测序和序列分析

PCR扩增的特异性片段产物，经纯化回收后与pMD18-T Simple载体连接，转化到E.coli Competent Cell DH5α中，利用PCR反应筛选阳性克隆，然后

进行序列测定。

A.7 序列分析

测序结果采用NCBI中BLAST程序（http：//www.ncbi.nlm.nih.gov/）进行比对分析。

A.8 结果判定

应用本标准的检测方法对待检样品进行检测，结果判定见表5。

表5 PCR检测结果判定简表

判定条件				结果判定
1.如果选择BL-8705F/BL-9231R作为检测引物，电泳检测PCR产物在527bp或362bp位置是否出现条带。 2.如果选择BL-8831F/BL-9192R作为检测引物，电泳检测PCR产物在362bp位置是否出现条带。				
空白对照	阴性对照	阳性对照	检测样品	
否	否	是	是	判定检测样品含ANRSV和（或）ANSSV，需要进行序列比对，判定检测到的是哪种病毒。
否	否	是	是	如果两对引物（BL-8705F/BL-9231R和BL-8831F/BL-9192R）中的全部或其中之一在检测时出现此类结果，则判定检测样品不含ANRSV和ANSSV。
否	否	是	否	
否	否	否	–	如果两对引物（BL-8705F/BL-9231R和BL-8831F/BL-9192R）中的全部或其中之一在检测时出现此类结果，则判定检测结果无效，重新进行PCR检测。
否	是	–	–	
是	–	–	–	

附录B
（资料性附录）
ANRSV和ANSSV的部分序列

B.1 ANRSV部分序列

CAAGTGAAAGCCTGGGAAACTTTTTGCAAACAGAAATATGGAGGTACCGGGCAAGCACTTTCTGATAGTCACTTCAATA
AATTAAAAGTTGCTTTTATTTACTGGTGTGCAGACAATGGAACAAGTGAAAACCATGATTTCGATGCAAAAACAAAGAT
TCCAACAGGGCCAAATACAAGTATGGAACTGCCATTGAGGCCATTTCTAGAAGGATCTAAGTCGGTTGGATTGAGGAAG
ATTATGCGATTTTACTCAGACCTGACTGTCTTACTATTGAAAAAGAGAGGAACACTCACGAGGTGGGCAATTAAAAGGG
GTATCCGTCAGAAAGAGATGATACCATTTGCCTTTGATTTTCTCAAATTTGATCACAAAGTTACTGCAGTTGTAAGAGA
GATCCTAACTCAAGCAAAGGCAGGGGCACTTGGTTCGGGAACGAAAAGAGCAATGCTTACGGATGGCAATGTATCACAG
GGAACAAGTTATGAGAGACATACCACAAGAGATGTTAGTGAGTATGAACATGG

图B.1　ANRSV部分序列

B.2 ANSSV部分序列

GAAAACCATGATTTCGATGCAAGAACTAAGGTTCCCACAGGGCCGAATGCAAGCATGGAACTGCCATTGAGGCCGTTTC
TAGAAGGAGCTAAGTCAGTTGGATTGAGGAAGATCATGAGATTTTATTCAGACCTGACAGTTCTACTATTGAAGAAGAG
AGGTACTTTAACGAGATGGGCAATTAAGAGGGGAATACGTCAAAAAGAAATGGTACCATTTGCTTTTGATTTTCTCAAA
TTTGATCACAAAGTCACATCGGTCGTGAGGGAAATACTAACACAAGCTAAAGCTGGAGCTTTGGGATCTGGGGTGAAGA
GAGCTATGTTAACTGATGGAAACGTTTCACAGGGAACAAGTTATGA

图B.2　ANSSV部分序列

附录C
（规范性附录）
RT-PCR检测试剂和缓冲液配制

除非另有说明，在分析中仅使用分析纯试剂。实验室用水均为去离子水。

C.1 化学试剂

Trizol、氯仿、异丙醇、琼脂糖、乙醇、溴化乙锭。三羟基氨基甲烷（Tris）、二水乙二胺四乙酸二钠（$Na_2EDTA \cdot 2H_2O$）和焦碳酸二乙酯（DEPC）。

C.2 分子生物学试剂

Random 6 mers（50μM）、dNTPs液（2.5mmol/L dATP，dTTP，dCTP，dGTP）、5×PrimeScript II Buffer、RNase Inhibitor（40U/μL）、PrimeScript II RTase（200U/μL）、2×Rapid *Taq* Master Mix和DNA分子量标记。

C.3 缓冲液

C.3.1 TAE电泳缓冲液（50×）（pH值约8.5）

称取Tris 242g和$Na_2EDTA \cdot 2H_2O$ 37.2g置于1L烧杯中，向烧杯中加入约800mL的去离子水，充分搅拌溶解，再向烧杯中加入57.1mL的CH_3COOH，充分搅拌，加去离子水将溶液定容至1L，室温保存。

附录九：槟榔大穴围洞定植技术规程

前　言

本规程起草单位：中国热带农业科学院椰子研究所

本规程主要起草人：陈君、刘立云、周焕起、黄丽云、牛启祥、付登强、刘小玉、李佳、朱辉、齐兰。

1　范围

本标准规定了槟榔（*Areca catechu* L.）大穴围洞定植技术的术语和定义、园地要求、植前准备、定植技术、植后管理等技术措施要求。

本标准适用于坡地和山地的槟榔种植。

2　规范性引用文件

下列文件对于本文件的应用是必不可少的。凡是标注日期的引用文件，仅所标注日期的版本适用于本文件。凡是不标注日期的引用文件，其最新版本（包括所有的修改单）适用于本文件。

GB/T 8321农药合理使用准则

DB 469006/T11槟榔　种苗

DB 469006/T 14槟榔主要病虫害防治技术规范

3　术语和定义

槟榔大穴围洞定植技术the planting technique with arrounding the big cave for areca palm是指在坡地和山地，通过挖大穴、控根器围洞等措施，提高槟榔抗旱、抗风和保肥保水能力的槟榔定植技术。

4 园地选择

4.1 气候

年平均温度24℃以上，最冷月平均气温>18℃，极端低温>5℃，无寒害，年降雨量大于1 500mm。如果低于1 500mm则需要灌溉。

4.2 土壤

土层厚度≥80cm的砖红壤、赤红壤。

4.3 地形

坡地和山地。

4.4 风

不应在大风口处建园。针对台风区和有风害的地区，应设置防护林带。

5 植前准备

5.1 园地清理

清除杂物、整平、按规划挖排水沟。

5.2 种苗

种苗符合DB469006/T 11的要求。

6 定植

6.1 定植时间

以每年的3—5月或9—11月定植最佳。定植时最好选择在阴雨天。如果槟榔园种植时就有安装滴、喷灌设备，定植槟榔苗的天气条件可以相对放松。

6.2 定植密度

种植密度应根据地形、土壤肥力、区域和管理水平等因素来确定，一般株距2~2.5m，行距2.5~3m，海南多数市县槟榔种植密度在110株/亩左右，山地和坡地槟榔可适当密植，但不能超过130株/亩。在三亚、陵水、保亭、乐东、东方五个市县的低海拔地区，可以种植140~160株。

6.3 挖穴

根据种植密度规划定标，挖长约80cm、宽约80cm、深约60cm的大穴。挖穴时应注意把表土和心土分开堆放。

6.4 施底肥

每穴施5～10kg的有机肥，与心土混均匀后回入穴中。

6.5 定植方法

定植时，先将部分表土填入定植穴底部，再把槟榔苗放入定植穴内，去除营养袋，定植不要过深，根颈入土3cm左右为宜，并压实土壤，穴位土面低于外面地面15～25cm。然后使用宽度40cm，长度2m的控根器围成一圈保护槟榔树，并在控根器内围使用5根竹签固定。

7 植后管理

7.1 浇水

栽植后及时浇足定根水，使根系与土壤充分结合，每天适当浇水，到成活长出新叶，方可减少浇水次数。

7.2 除草

围洞内采用人工拔除，行间可用小型机械或化学除草。

7.3 施肥

2年内树龄每年施肥2次，在围洞内每次每株浇施1∶100的高氮复合水溶肥5kg，或土壤注射施肥1∶10的高氮复合水溶肥500g。

7.4 病虫害防治

病虫害防治参照DB 469006/T 14执行，农药使用符合GB/T 8321系列标准的要求。

8 围洞解除

定植2～3年后可撤离控根器，每穴使用5～10kg的有机肥，与表土混均匀后回入洞穴中填实。

附录十：槟榔轻简化水肥施用技术规程

前　言

本规程起草单位：中国热带农业科学院椰子研究所

本规程主要起草人：付登强、刘立云、刘小玉、周焕起、李佳、黄丽云、陈君、朱辉。

1　范围

本标准规定了槟榔轻简化水肥施用技术的术语和定义、设备配置、水源、肥料选择、施肥方法、系统维护和土壤监测。

本标准适用于海南槟榔的施肥管理。

2　规范性引用文件

下列文件对于本文件的应用是必不可少的。凡是注日期的引用文件，仅注日期的版本适用于本文件。凡是不注日期的引用文件，其最新版本（包括所有的修改单）适用于本文件。

GB 5084农田灌溉水质标准

NY 1106含腐殖酸水溶肥料

NY 1107大量元素水溶肥料

NY 1428微量元素水溶肥料

NY 1429含氨基酸水溶肥料

NY/T 2065沼肥施用技术规范

NY/T 2624水肥一体化技术规范总则

3 术语和定义

下列术语和定义适用于本文件。

3.1 水肥一体化 integrated management of water and fertilizer

根据槟榔需求,对槟榔园水分和养分进行综合调控和一体化管理,因水施肥、以水促肥、以肥调水,实现水肥耦合,全面提升槟榔园水肥利用效率。

3.2 土壤注射施肥 soil injection fertilization

将肥料溶解于水中,通过施肥枪将肥液直接注入槟榔根部土壤。

3.3 水溶肥料 water soluble fertilizer

经水溶解或者稀释,用于水肥一体化施肥的液体或固体肥料。

3.4 沤制液肥 wet compost

秸秆、畜禽粪便等废弃物淹水条件下经微生物发酵后形成的液体。

4 设备配置

4.1 施肥枪

宜选用上大下小型半自动不锈钢液体施肥枪,下小管外径8~12mm,枪管厚度大于2~3mm。

4.2 施肥泵

交通不便的槟榔园宜选用便携式电动施肥泵,电池容量大于16A·H,电泵出水量大于6~10L/min,压力6.0~10bar,施肥泵总重量5kg以下。

交通便利的槟榔园可以根据面积的大小,因地制宜选择电池、交流电、汽油动力等加压泵。

4.3 施肥管

选用与施肥枪和施肥泵配套的耐高压施肥管,管长30~50m为宜。

4.4 配肥桶

根据槟榔园面积选择合适大小的塑料配肥桶,容量不宜超过200L。

5 肥料选择

肥料应符合NY1106、NY1107、NY1428和NY1429等的规定要求，鼓励研制和施用槟榔专用水溶肥料。

6 施肥措施

6.1 施肥量

根据槟榔目标产量和土壤肥力制定施肥总量，一般成龄槟榔园按照 $N：P_2O_5：K_2O=9：3：8$，全年纯氮控制在8~10kg/亩。

6.2 施用方法

将水溶肥用水稀释到化肥浓度低于10%，根据树龄大小沿槟榔树滴水线附近均匀选择2~8个点，然后用施肥枪进行施肥，施肥枪入土深度为10~15cm，每个点施用200~250mL。对于土壤硬度较大的槟榔园，宜选择雨后土壤湿润时施用；每2~3个月施肥1次。

7 系统维护

施肥结束后及时用清水冲洗施肥泵和施肥枪，使用电池作为动力的施肥泵必须及时充满电。

8 施肥记录

全年施肥记录按照附录A.1进行记录。

9 土壤监测

记录槟榔鲜果产量。每年采果结束后，采集槟榔根层土壤样品测定理化性质，填写附录A.2。

附录A

（资料性附录）
生产操作记录表

表A.1　水肥施用记录表

槟榔园名称：　　　　　　　　　　　记录年度：

日期	肥料名称	施肥量（kg/亩）	兑水量（kg/亩）	记录人

表A.2　槟榔园土壤质量监测表

槟榔园名称：　　　　　　　　　　　监测年度：

槟榔鲜果产量（kg/亩）						
施肥折纯量（kg/亩）	N		P_2O_5		K_2O	
土壤物理性状	质地（国际制）		容重（g/cm³）		槟榔根系深度（cm）	
土壤化学性状	取样深度 cm	pH值	有机质 g/kg	全氮 g/kg	碱解氮 mg/kg	有效磷 mg/kg	速效钾 mg/kg
填报人：					填报日期：		

附录十一：槟榔落花落果防控技术规程

前　言

本规程起草单位：中国热带农业科学院椰子研究所

本规程主要起草人：刘立云、李佳、黄丽云、周焕起、付登强、刘小玉、陈君、朱辉。

1　范围

本标准规定了槟榔防落花落果技术相关的术语和定义、园间清理、肥料选择、施肥方法、病虫害防治、挂果情况评估的技术措施要求。

本标准适用于非黄化病的成龄槟榔树落花落果防控技术管理。

2　规范性引用文件

下列文件对于本文件的应用是必不可少的。凡是注日期的引用文件，仅注日期的版本适用于本文件。凡是不注日期的引用文件，其最新版本（包括所有的修改单）适用于本文件。

GB/T 8321农药合理使用准则（所有部分）

NY/T 496肥料合理使用准则　通则

DB 46/T 77槟榔生产技术规程

DB 46/T 309槟榔红脉穗螟防防治技术规程

3　术语和定义

下列术语和定义适用于本文件。

3.1 畸形花穗Abnormal type flowers spike

槟榔在佛焰苞苞片脱落后，花枝短少、扭曲的花穗。

3.2 败育花穗Abortive flowers spike

槟榔在佛焰苞苞片脱落后，花穗展开后50d内，果实完全脱落，花穗枯死下垂、呈扫把状的花穗。

3.3 枯穗Withered flowers spike

在槟榔采果后期，整串果穗的果实已完全凋落，果穗已枯死。

4 防落花落果措施

4.1 园间清理

前一年采果后，第二年花苞开放前，即每年2—3月进行一次全园清理，清理淘汰果、果柄、及树上的枯穗，集中在槟榔园或者附近用小火进行烧毁。3—6月槟榔花苞连续开放期间，发现畸形花穗、败育花穗或者被红脉穗螟为害体积比超过2/3的花苞应及时进行割除，集中烧毁。花苞开放期间，对于不能及时脱落而影响花苞正常生长和散开的苞叶，用竹竿或钩刀轻轻挑落，促使花苞散开，减少病虫害为害。

4.2 施肥方法

4.2.1 槟榔促花保果肥

4.2.1.1 肥料种类及用量

肥料的选择和配制按农业行业标准肥料合理使用准则-通则NY-T496-2010执行。每株施用槟榔专用肥或者高钾复合肥0.5kg，有机肥2.5kg。

4.2.1.2 施肥时间与方式

每年12月至第二年2月施肥。距离树体基部约1m开沟，沟长60~80cm，深度15~20cm，宽度20cm，施肥后回土。

4.2.2 槟榔壮果专用肥

4.2.2.1 肥料用量

每株施用槟榔壮果专用肥或者15∶15∶15三元素复合肥0.4kg，有机肥2.5kg。

4.2.2.2 施肥时间与方式

每年7—9月施肥，离树基部1～1.2m开沟，沟长50～60cm，深度15～20cm，宽度约20cm，施肥后回土。

4.2.3 根外追肥

在开花结果期喷施吲哚乙酸、磷酸二氢钾、硫酸锌、硼砂等加强保果。微量元素肥料按NY-T496标准执行。

4.3 常见病虫害防治

4.3.1 农药选择和使用要求

病虫害防治的农药选择和使用按GB/T 8321农药合理使用准则（所有部分）执行。

4.3.2 病害防治

4.3.2.1 槟榔芽腐病

加强槟榔园内管理，雨季来临前在槟榔树冠部位喷施络氨铜600倍液进行预防；对于轻度感病株在心叶部位挂施带有杀菌剂的药包；重病株砍除槟榔发病腐烂部位后，用百菌清、硫磺粉与水按1∶1∶10比例配成药液涂抹伤口，防止再次感染。

4.3.2.2 槟榔炭疽病

改善排水系统，排除积水，消灭荒芜，提高植株抗病性；及时清除田间病残组织，减少初侵染源；在发病初期，喷施络氨铜400倍液进行保护；还可用甲基托布津、多菌灵、百菌清、代森锌、福美锌等药剂，连续喷洒两次，视发病情况是否补施。

4.3.2.3 槟榔细菌性条斑病

加强槟榔园栽培管理，消灭荒芜，排除积水，合理施肥，及时清除田间病死植株及其残体；培育或选用无病健壮种苗；发病初期喷雾灭病威500～600倍液，每两周喷一次，连续两次后，视发病情况是否补施。

4.3.3 虫害防治

4.3.3.1 红脉穗螟

按海南省地方标准槟榔红脉穗螟防治技术规程DB 46/T 309执行。

4.3.3.2 椰心叶甲

在未展开的心叶部位挂施药包；或用化学农药进行喷洒或滴灌植株心

叶；或释放寄生蜂，寄生蜂主要有椰甲截脉姬小蜂和椰心叶甲啮小蜂。

4.3.3.3 椰园蚧

剪除严重受害叶片，并带出焚毁；在幼虫盛孵末期及时喷洒吡虫啉1 000倍液或者毒死蜱1 500倍液。

4.4 水分管理和杂草管理

参照DB 46/T 77槟榔生产技术规程执行。

5 挂果情况评估

5.1 调查时间

在海南的三亚、乐东、陵水、保亭在6—7月可对槟榔园的整园挂果情况进行调查评估，在海南省的其他市县7—8月为宜。

5.2 调查样本数量

整园槟榔小于500株按随机选取15株作调查统计；整园槟榔树500～1 000株按随机选取20株作调查统计；大于1 000株的槟榔园按每1 000株随机选取30株槟榔树作分块调查。

5.3 单串调查

在槟榔的花穗展开后50d左右，柱头部位已充分转绿成小果，小果直径约1cm时可以对果穗挂果情况进行调查，单串果穗着果数大于250个为优，150～250个为良，50～100个为合格，50个以下为差。

5.4 单株调查

在槟榔的末串花穗展开后30d左右，可以对整株树挂果进行调查，单株挂果数大于800个为优，500～800个为良，200～500个为合格，200个以下为差。

5.5 整园评估

随机取样调查的挂果为良的单株在60%以上，整园的槟榔园的挂果状况为优，45%～60%为良，30%～45%以上为合格，30%以下为差。

附录十二：槟榔间作香草兰栽培技术规程

前　言

本标准按GB/T 1.1—2009给出的规则起草。

本标准起草单位：中国热带农业科学院香料饮料研究所。

本标准主要起草人：庄辉发、朱自慧、赵青云、王辉、刘爱勤、邢诒彰。

1　范围

本标准规定了槟榔（*Areca catechu* L.）与香草兰（*Vanilla planifolia* Andrews）间作栽培的园地选择与规划、栽培管理和采收等技术要求。

本标准适用于海南槟榔、香草兰间作生产。

2　规范性引用文件

下列文件对于本文件的应用是必不可少的。凡是注日期的引用文件，仅所注日期的版本适用于本文件。凡是不注日期的引用文件，其最新版本（包括所有的修改单）适用于本文件。

NY/T 362香草兰　种苗

NY/T 483香草兰

NY/T 968香草兰栽培技术规程

NY/T 2048香草兰病虫害防治技术规范

3　要求

3.1　园地选择与规划

3.1.1　园地选择

适宜在年均温20～25℃、靠近水源、排水良好、坡度20°以下的土质疏松、肥沃的土壤建园，土壤pH值6～7，平均风速低于2.0m/s。

3.1.2 园地规划

3.1.2.1 小区

每个园区面积以0.6～0.8hm^{2}为宜，不宜集中连片种植。

3.1.2.2 道路系统

应根据园区地形、地势和面积修建干道和小道。干道宜建在园区边缘，宽约2.5m，内与小道相通；小道以槟榔行间距为宜。

3.1.2.3 排水系统

园区应设排水系统，由环园大沟、园内纵沟和垄沟互相连通组成。环园大沟一般距防护林约2m，距边行槟榔约2.5m，沟宽约50cm，深约40cm；园内每隔12～15行槟榔开1条纵沟，沟宽约40cm、深约30cm。

3.1.2.4 水肥系统

宜根据园区面积建立水肥池，一般每1.5～2.0hm^{2}园应修建1个直径约3m、深约1.2m的圆形水肥池，中间隔开成2个池，分别用于蓄水和沤肥。

3.2 垦地

3.2.1 开垦

在定植前2个月深耕全垦，深度60cm左右，清除树根、杂草及石头等杂物，并撒施石灰进行土壤消毒。

3.2.2 起畦

畦宽80cm×高20cm、畦沟宽40cm，畦面平整，便于排水和管理。

3.3 定植

3.3.1 种苗规格

香草兰种苗：具体按NY/T 362规定执行。

槟榔种苗：具体按DB 46/T 77规定执行。

3.3.2 定植时间

每年春季（4月至5月）或秋季（9月至10月）定植。定植应在晴天下午或阴天进行，雨后土壤湿度过大不宜定植。

3.3.3 定植模式

在槟榔行上起畦，槟榔在畦面中间。畦面呈龟背形，走向与槟榔行向一致，用槟榔植株做为支撑引拉攀缘线，定植时，保持香草兰与槟榔植株的间距在15cm以上。

在槟榔行间固定攀缘柱，攀缘柱可用石柱、水泥柱或木柱等，规格为柱面长10~12cm，柱面宽8~10cm，柱高160~180cm，入土深度为40cm，露地120~140cm，攀缘柱间距160~180cm，按攀缘柱走向起畦，引拉攀缘线。

3.3.4　定植方法

定植时，用手指在覆盖物上划一条深2~3cm的浅沟，将苗平放于浅沟中，盖上1~2cm覆盖物，苗顶端指向攀缘柱（槟榔）。露出叶片和切口处一个茎节，茎蔓顶端用细绳轻轻固定于攀缘柱（槟榔）上。植后淋足定根水，以后据天气情况适时淋水，保持覆盖物的湿润。

香草兰采用双苗定植，定植方向应与畦面走向一致；将充分腐熟的牛粪均匀薄洒于整理好的畦面并与表土一起耙匀后，铺盖椰糠厚度5cm，牛粪施用量7 500kg/hm^2。在植株上部遮盖荫蔽物，荫蔽度65%~75%。槟榔采用袋装苗定植，定植时先去掉袋子再回土，淋足定根水，在植株周围插上荫蔽物进行适度遮荫。

3.4　水肥管理

3.4.1　施肥原则

香草兰种植园以施有机肥为主，尽量少施化学肥料和矿物源肥料。

3.4.2　施用量及方法

香草兰施腐熟的有机肥2次/年，每次施用量5 000~7 000kg/hm^2；根外追肥2次/月，喷施0.5%复合肥和0.5%氯化钾或硫酸钾。槟榔应在植株四周沟施，肥沟规格均为宽15~20cm、深5~10cm。

3.5　除草

香草兰畦面不得用铁器或机械除草，其余区域可以使用。尽量保留行间或畦沟里的矮生杂草。结合除草进行槟榔培土，把露出土面的肉质根理入土中。

3.6　覆盖

采用椰糠、干杂草或经过初步分解的枯枝落叶等进行覆盖，使畦面保持3~4cm的覆盖。

3.7 引蔓、修剪

新抽生的香草兰茎蔓应及时用绳子将其固定在攀缘柱或槟榔植株上,使其向上攀缘生长。当茎蔓长到一定长度(1.0~1.5m)时,将其牵引成圈缠绕于攀缘线上,使茎蔓在横架或铁线上均匀分布且尽量不重叠。

11月底或12月初对香草兰进行修剪,剪掉老蔓及弱病蔓,同时摘去茎蔓顶端4~5个茎蔓节。两株槟榔(攀缘柱)之间保留2~3条粗壮新蔓即可。11月上中旬对槟榔进行修剪,清除槟榔树下垂叶片并覆盖于香草兰根部。

3.8 主要病虫害防治

3.8.1 防治原则

贯彻"预防为主、综合防治"的方针,坚持以"农业、生物和物理防治为主,化学防治为辅"的治理原则。

3.8.2 农业措施

做好园区规划和基本建设;培育和选用健壮种苗;加强抚育管理,具体操作按NY/T 2048的规定执行。

3.8.3 生物防治

人工释放椰甲截脉姬小蜂、椰心叶甲啮小蜂防治槟榔椰心叶甲。

3.8.4 物理防治

每0.4~0.6hm^{2}园安装诱虫灯或捕虫板等害虫诱杀设备1套。

3.8.5 化学防治

主要病虫害按照NY/T 2048的要求防治。优先选用生物源农药和矿物源农药。禁用国家和海南省颁布禁止使用的农药。

采果前1个月内禁止使用任何农药。若病害发生要及时清除感病部分,减少传播。

3.9 采收

3.9.1 香草兰鲜果的采收

香草兰从开花授粉到果荚成熟需8个月的时间。当鲜荚从深绿色转为浅绿色,略微晕黄或果荚末端0.2~0.5cm处略见微黄时为最佳采收时期,一般每周采收1~2次。

3.9.2 槟榔鲜果的采收

根据果实成熟度、用途、市场需求和气候条件决定果实采收时间。

采收时，用收果剪或锐利的收果叉（钩）将果穗整穗切下，植株高的，在底下铺设编织网承接以免摔坏槟榔果、砸伤香草兰植株。

采收后及时处理，依据成熟度、果实大小进行分级，剔除病虫果、损伤果和畸形果，分级包装。

附录十三：槟榔百香果套种生产技术规程

前　言

本标准按GB/T 1.1-2009给出的规则起草。

本标准主要起草单位：海南省农业科学院热带果树研究所。

本标准主要起草人：范鸿雁、胡福初、赵亚、颜彩缤、张世青、林丹。

1　范围

本标准规定了海南省槟榔百香果套种的园地选择与规划、品种选择和定植、棚架搭建、土肥水管理、花果管理、整形修剪、病虫害综合防治、采收和生产记录档案等的要求。

本标准适用于海南省槟榔百香果套种的生产。

2　规范性引用文件

下列文件对于本文件的应用是必不可少的。凡是注日期的引用文件，仅所注日期的版本适用于本文件。凡是不注日期的引用文件，其最新版本（包括所有的修改单）适用于本文件。

GB/T 8321（所有部分）农药合理使用准则

NY/T 393绿色食品　农药使用准则

NY/T 496肥料合理使用准则　通则

NY/T 5010无公害农产品　种植业产地环境条件

《海南经济特区农药管理若干规定》（2017年11月30日修正）

《海南经济特区禁止生产运输储存销售使用及推荐使用农药品种名录的通告》（2019年修订版）

3 园地选择与规划

3.1 园地选择

3.1.1 气候条件

以20~30℃为宜，最低月平均温度不低于-2℃，年日照时间大于1 800h，降雨量在1 000~1 500mm之间。

3.1.2 土壤条件

土壤以富含有机质，pH值5.5~6.5的沙质壤土，疏松透气，排水良好，肥力中等以上，不宜选择土壤黏重土地。

3.1.3 立地条件

宜选择生态条件良好，排灌方便，交通便利的地块建园。坡地选择背风向阳、海拔600m以下、坡度20°以下的缓坡地。平地选择不受水淹，排水良好的地段。园地环境质量应符合NY/T 5010的规定。

3.2 园地规划

根据槟榔园自然条件、生产条件和种植模式，因地制宜进行道路、排灌系统、生产区规划。在株行距2.0m×2.5m；株行距2.0m×3.0m的槟榔园进行园地规划，即主干道宽4.0~5.0m，支路宽2.0~3.0m；总排水沟深宽1.0m×1.5m，支沟深宽0.5m×1.0m。平地和坡度<10°的坡地采用南北行向栽植，坡度≥10°的坡地采用等高栽植。采用水肥一体化系统，喷灌、滴灌、畦灌等方式灌溉。

4 百香果品种选择和定植

4.1 百香果品种选择

4.1.1 品种要求

选择丰产性好、抗性强的纯正百香果品种。

4.1.2 种苗要求

采用经过检疫合格的优质健康种苗，根系发达，高20cm以上，有3~5张完全叶。紫香和台农有必要的话可以用嫁接苗，黄金百香果没有必要用嫁接苗。

4.2 定植

4.2.1 定植时期

春植在4—6月（不晚于6月底），秋植在9—10月（不晚于10月底）。

4.2.2 定植密度

"门"字架式,每两株槟榔间种植3株,每亩栽植210株;每两株槟榔间种植2株,每亩栽植110株。垂帘式,每两株槟榔间种植3株,每亩栽植252株;每两株槟榔间种植2株,每亩栽植133株。

4.2.3 定植穴准备

栽植前,使用挖穴工具挖出长宽深为0.6m×0.6m×0.5m的种植穴。挖穴后栽植前15d,每穴施入与土充分拌匀的腐熟农家肥10~20kg、钙镁磷肥0.5kg、农用硫酸镁0.2kg、石灰0.5kg。

4.2.4 定植方法

栽植时,将苗木定植于开穴的树盘中央,舒展根系,边填土边轻轻向上提苗、扶正、压实,使根系与土壤紧密接触,回填土高出原先地面20cm、直径为40~60cm的树盘,并浇足定根水。

5 棚架搭建

5.1 "门"字架式

株行距2m×3m的槟榔园,以槟榔植株为立柱材料,隔行拉"门"字架式搭棚,门字框主线采用2.5~3.0mm的铁线、细钢丝或高强度尼龙线拉制,植株攀援网采用尼龙网拉制,如图1所示。两行槟榔间空1行为操作行,每11株槟榔即20m留置一行不拉,便于行与行间操作。如图1所示。

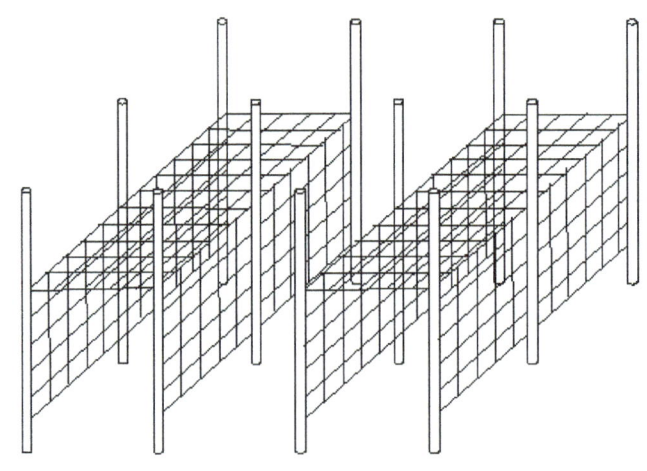

图1 "门"字架式搭棚

5.2 垂帘式

株行距2m×2.5m的槟榔园,以槟榔植株为立柱材料,采用垂帘式搭建,垂帘架采用铁线、细钢丝或高强度尼龙线拉制。分为单层垂帘架、双层垂帘架:单层垂帘架高1.8m;双层垂帘架第一层离地面90cm,第二层离地面90cm。每11株槟榔即20米留置一行不拉垂帘架,便于行间操作。如图2所示。

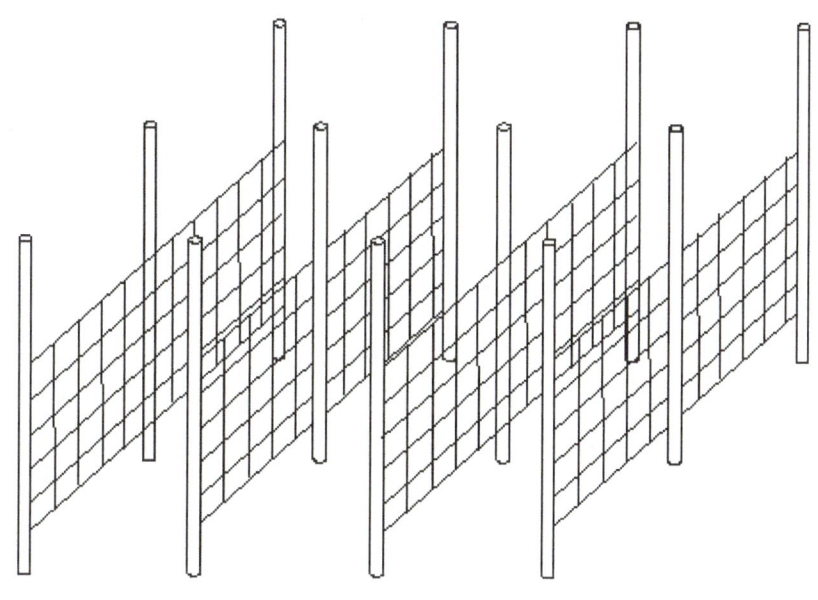

图2 垂帘式

6 土肥水管理

6.1 土壤管理

6.1.1 扩穴改土

冬季清园后要进行全园翻土,并在过冬前完成。翻土结合埋入清园后的杂草和残枝落叶。此时中耕既可翻土改土,又可翻动土壤越冬害虫,经烈日暴晒、干燥和冬季低温后降低来年的病虫基数。

6.1.2 土壤覆盖和生草

树盘范围内要经常松土,保证土壤疏松透气,减少杂草生长。栽后理出树盘,可利用杂草或作物秸秆或薄膜覆盖树盘,起到保温保湿的作用。

6.1.3 中耕

夏秋季雨后对果园进行中耕浅锄，深度5~10cm。中耕结合除草进行，次数依杂草生长情况而定，一般应在果实迅速增大下垂前至采果后中耕2~3次。

6.2 施肥管理

6.2.1 施肥原则

应符合NY/T 496的规定。

6.2.2 新植果园施肥

6.2.2.1 促苗肥

根据幼苗不同生长时段，按下列方式施入促苗肥：

a）新植的苗木成活后，待新芽抽出时，每株淋0.3%~0.5%的尿素液0.5~1kg，间隔7d淋1次，连续淋3次；

b）苗高60~80cm时，距植株基部25cm处开施肥沟（宽18~20cm，深12~15cm），每株施入硫酸钾型复合肥（15∶15∶15）0.1kg；

c）植株蔓藤上架后，距植株基部30cm处开施肥沟（宽18~20cm，深20~30cm），每株施入硫酸钾型复合肥（15∶15∶15）0.2kg。

6.2.2.2 壮苗肥

4月中下旬，苗高100cm时，距植株基部30cm处开多点施肥穴（宽18~20cm，深20~25cm），每株施入硫酸钾型复合肥（15∶15∶15）0.25kg、50%硫酸钾0.25kg。

6.2.2.3 促花肥

6月中旬，待三级蔓长至80~100cm时，距植株基部30cm处开多点施肥穴（宽18~20cm，深20~25cm），每株施入硫酸钾型复合肥0.75kg、50%硫酸钾0.2kg。

6.2.2.4 壮果肥

8月中旬，待第一批小果挂果时，距植株基部30cm处开多点施肥穴（宽30~35cm，深20~25cm），每株施入硫酸钾型复合肥（15∶15∶15）0.5kg、50%硫酸钾0.2kg。

6.2.2.5 根外追肥

5月上旬（花蕾期）、7月下旬（幼果期），每亩各喷施1次0.2%硼酸+0.3%磷酸二氢钾液肥60kg。

6.2.3 成年果园施肥

6.2.3.1 基肥

第二年1月上中旬整形修剪前，距植株基部30cm处开沟宽30～35cm、深25～30cm，每株施入腐熟农家肥10kg或45%有机菌肥2kg、钙镁磷肥1kg。

6.2.3.2 萌芽肥

第二年2月中下旬修剪后，距植株基部30cm处开沟宽30～35cm、深25～30cm，每株施入尿素0.3kg、50%硫酸钾0.25kg。

6.2.3.3 促花肥

3月下旬开花前，每株多点穴施硫酸钾型复合肥（15∶15∶15）0.25kg、50%硫酸钾0.25kg。

6.2.3.4 壮果肥

5月上旬、7月中旬、9月中旬谢花后至幼果期，每次每株多点穴施硫酸钾型复合肥（15∶15∶15）0.25kg、50%硫酸钾0.2kg。

6.2.3.5 根外追肥

5月上旬（花蕾期）、7月下旬（幼果期），每亩各喷施1次0.2%硼酸+0.3%磷酸氢钾液肥60kg。

6.3 水分管理

连续干旱>20d或果园土壤持水量>60%，及时灌溉。多雨季节或果园积水，及时排水。

7 花果管理

7.1 疏花

盛花期应及时清除病害感染、虫害损伤、发育不良以及局部过密花序。

7.2 疏果

每批果花谢后1个月内，每枝结果蔓留5～7个幼果和疏除病害感染、虫害损伤、生长畸形的幼果。

8 整形修剪

当幼苗定植成活后，留1～2条主蔓上架，剪去过多侧枝，短期内枝蔓就可长满棚架。近主蔓枝条先结果，当果实成熟掉落后，及时剪至2~3节，从其基部每萌发的芽可以形成新的结果母枝，冬季最后一批果实采收后，所有结果枝都从基部剪去。

百香果一级蔓是主要营养枝，二、三级蔓是主要结果枝，所以培育健壮的二、三级蔓是提高产量的重要一环。

百香果忌重剪，过度修剪会降低产量，主枝枯萎，严重时整株死亡。

8.1 整形

8.1.1 "门"字架式

苗一、苗三定留主干（一级蔓）1.8m，主干上部留3枝一级蔓，一级蔓定长0.6~0.8m；一级蔓上留2~3枝二级蔓，二级蔓定长1~1.2m，三级蔓抽生为结果蔓；苗二定留主干（一级蔓）0.8~1.0m，上部留3枝一级蔓，一级蔓定长0.6~0.8m；一级蔓上留2~3枝二级蔓，二级蔓定长1~1.2m，三级蔓抽生为结果蔓。

8.1.2 垂帘式

苗一、苗三定留主干（一级蔓）1.8m，在上部留3枝二级蔓，二级蔓定长0.5~0.7m时剪断，留2~3枝三级蔓，二级蔓定长0.8~1.2m，三级蔓抽生为结果蔓；苗二定留主干（一级蔓）0.9m，在上部留3枝一级蔓，一级蔓定长0.5~0.7m；一级蔓上留2~3枝二级蔓，二级蔓定长0.8~1.2m，三级蔓抽生为结果蔓。

8.2 修剪

8.2.1 新植果园果树修剪

主干达到定干高70~80cm时，回缩2叶摘心；一级蔓、二级蔓达到150~160cm时，回缩1~2叶摘心，一级蔓上每隔20~25cm留1枝二级蔓，二级蔓上每隔20~25cm留1枝三级蔓，三级蔓作结果母枝。

8.2.2 成年果园果树修剪

2月下旬采果后，抹除一级蔓的侧芽，回缩留2~3节三级蔓；7月中旬采果后，及时疏除过密的三、四级蔓及下垂的细弱枝；9月中旬采果后，及时疏除过密的三、四级蔓及下垂的细弱枝。

9 辅助授粉

百香果开花后进行人工授粉。百香果每天上午11：00左右开花，开花后及时人工授粉，在16：00前完成授粉工作。人工授粉可采用以下两种方法：a、用毛笔将花粉均匀抹到雌蕊的三个柱头上；b、用镊子采集花粉囊放到平均干净杯中，然后加水，使花粉溶到水中，再用喷雾器把花粉水喷到雌蕊柱头上。进行人工授粉，可以提高结实率。

10 防治原则

贯彻"预防为主、综合防治"的方针，坚持以"农业防治、物理、生物防治为主，化学防治为辅"的无害化治理原则，按NY/T 393合理选用农药，根据有害生物的发生特点、为害程度和农药特性，在主要防治对象的防治适期，选用高效、低毒、低残留的农药，适当的施药方式，对病虫害进行经济、安全、有效、简便地控制。施药剂量（或浓度）、施药次数和安全间隔期，应符合GB/T 8321（所有部分）、《海南经济特区农药管理若干规定》和《海南经济特区禁止生产运输储存销售使用及推荐使用农药品种名录的通告》的要求。禁用高毒、高残留的农药。

10.1 主要病虫害

10.1.1 病害

花叶病毒病、茎基腐病、疫病、褐斑病。详见附录A。

10.1.2 虫害

蚜虫、果实蝇。详见附录A。

10.2 防治措施

10.2.1 农业防治

10.2.1.1 加强栽培管理，合理修剪，使树体通风透光，及时排灌，防旱涝。

10.2.1.2 增施有机肥，多施磷钾肥，以增强长势和抗病抗虫能力，控制氮肥施用量。

10.2.1.3 加强冬季清园工作，剪除病虫枝、枯枝、徒长枝、纤弱枝和重叠枝，与落叶和落果一起集中销毁。

10.2.1.4　选种优良品种，提倡栽培无病虫苗木。

10.2.2　物理防治

10.2.2.1　园内用黄板诱杀蚜虫、粉虱、食蝇类；用频振式杀虫灯诱杀金龟子类、蛾类

10.2.2.2　使用果蝇诱捕器及诱蝇醚诱杀桔小实蝇。

10.2.2.3　机械或人工捕杀害虫，机械或人工除草。

10.2.3　生物防治

10.2.3.1　优先选用植物源、微生物源农药。

10.2.3.2　人工释放害虫天敌等。

10.2.4　化学防治

10.2.4.1　严格按照药剂推荐的安全间隔期和使用浓度进行使用。

10.2.4.2　选择不同类型、不同作用机理的农药科学轮换使用。

11　采收

果实正常成熟，表现出百香果固有的品质特征（色泽、香味、风味和口感等），即可采收。一般在落果前10d即果色变紫（紫种）或变黄（黄种）且稍有香味采收，也可在地上拾新鲜落果。果实成熟后进行采收。

12　生产记录档案

建立生产记录档案，生产记录档案应包括槟榔百香果套种生产、采收、肥料和农药使用等内容，参见附录B。

附录A
（资料性附录）
百香果主要病虫害及其综合防治措施

百香果主要病虫害及其综合防治措施详见表A.1。

表A.1 百香果主要病虫害及其综合防治措施表

防治对象	为害症状	农药名	稀释倍数	施用时期与方式
花叶病毒病	叶片呈花叶状，带浅黄色斑驳，叶片皱缩，全株生长不良，结实率明显下降，果缩小、果实硬化畸形，果皮变厚变硬，果肉少或无	3%氨基寡糖素水剂 20%盐酸吗啉胍可湿性粉剂	800~1 000倍 150~300倍	发病初期，进行喷雾，间隔7d喷1次，连续2~3次
茎基腐病	病部初水渍状，后发褐，逐渐向上扩展，可达30~50cm，其上茎叶多褪色枯死。病茎基潮湿时可生白霉状病原菌，茎干死后有时产生红橙色的小粒	70%甲基硫菌灵可湿性粉剂	1 500~2 000倍	发病初期，进行喷雾，间隔7d喷1次，连续2~3次
疫病	初期叶片产生不规则形、水浸状斑块，在高湿环境下，可导致植株全叶腐烂而落叶，甚至护展至茎蔓、枝条或果实。果实受害初期出现水浸状不规则病斑如烫伤状	58%甲霜灵·锰锌可湿性粉剂 75%百菌清可湿性粉剂	200~500倍 600~800倍	发病初期，进行喷雾，间隔7d喷1次，连续2~3次
褐斑病	初期叶片出现淡黄色小点，后扩展成圆形至不规则形大发病初期，褐斑病斑，灰白色，边缘黄褐色，稍隆起，后期叶斑正面长出小黑点	58%甲霜灵锰锌可湿性粉剂	500~700倍	喷雾，间隔7 d喷1次，连续1~2次

（续表）

防治对象	为害症状	农药名	稀释倍数	施用时期与方式
蚜虫	成虫或若虫群集在百香果叶片背部、嫩茎或芽上刺吸及汁液，被害叶片表现为向叶背面作不规则卷缩。严重时，群集于嫩梢、叶片上刺吸及汁液，使嫩梢叶片扭曲成团，阻碍新梢生长，影响果实产量及花芽形成，前弱树势	20%吡虫啉乳油	2 000~2 500倍	喷雾，间隔10d喷1次，连续2~3次
		25%吡蚜酮悬浮剂	2 500~3 000倍	
果实蝇	成虫产卵于果皮内，幼虫在果肉内蛀食，造成百香果腐烂落果	2.5%高效氯氟氰菊酯悬浮剂	1 500~2 000倍	成虫发生高峰期，喷杀，间隔10d喷1次，连续1~2次
		40.8%毒死蜱乳油	800~1 000倍	
		90%敌百虫晶体	1 000~1 200倍	
		18%杀虫双水剂	300~500倍	

附录B
（资料性附录）
槟榔百香果套种生产记录档案

槟榔百香果套种生产记录档案见表B.1。

表B.1 槟榔百香果套种生产记录档案表

年度：　　　年　　　　　　　　　　　　　　　　　　档案编号：

种植户姓名		面积		生产地（小区）			
品种、规格			种植年限			植株长势	
无害化处理			灌溉水源			记录人	
施肥							
施肥日期	天气情况	物候期	肥料品种	产品规格	施肥量（kg/亩）		施肥方法
病虫害防治							
施药日期	天气情况	物候期	农药品种及规格	防治对象	施药浓度（倍）/施药量（mL/亩）		施药方法
收获		始期		末期		单株产量（kg/株）	总产量（kg/亩）
		年　月　日		年　月　日			

附录十四：胡椒间作槟榔栽培技术规程

前 言

本标准按GB/T 1.1—2009给出的规则起草。

本标准起草单位：中国热带农业科学院香料饮料研究所。

本标准主要起草人：杨建峰、王灿、邬华松、李志刚、祖超、鱼欢、郑维全、谭乐和、刘爱勤。

1 范围

本标准规定了胡椒（*Piper nigrum* L.）与槟榔（*Areca catechu* L.）间作栽培的园地选择与规划、栽培管理和采收等技术要求。

本标准适用于海南胡椒、槟榔间作生产。

2 规范性引用文件

下列文件对于本文件的应用是必不可少的。凡是注日期的引用文件，仅所注日期的版本适用于本文件。凡是不注日期的引用文件，其最新版本（包括所有的修改单）适用于本文件。

NY/T 391绿色食品　产地环境质量

NY/T 393绿色食品　农药使用准则

NY/T 394绿色食品　肥料使用准则

NY/T 969胡椒栽培技术规程

NY/T 2816热带作物主要病虫害防治技术规程　胡椒

DB 46/T 26胡椒优良种苗培育技术规程

DB 46/T 77槟榔生产技术规程

3 要求

3.1 园地选择与规划

3.1.1 园地选择

应在年均温度21℃以上、接近水源、坡度10°以下的砂壤土至中壤土建园，水质和环境条件应符合NY/T 391要求，土壤pH值5～7，园区易于排水。

3.1.2 园地规划

3.1.2.1 小区

每个园区面积以0.4～0.6hm^{2}为宜，不宜集中连片种植。

3.1.2.2 防护林

应根据园区地形、地势和面积在四周合理设置防护林，防护林距边行胡椒或槟榔不少于5m。防护林宜采用高、中、矮树种混种，距园区较近一侧宜植油茶、黄皮和竹柏等树种，距园区较远一侧宜植木麻黄、母生和火力楠等树种。

3.1.2.3 道路系统

应根据园区地形、地势和面积修建干道和小道。干道宜建在防护林带远离胡椒园一侧，宽约2m，外与公路相通，内与小道相通；小道宜建在防护林带靠近胡椒园一侧，宽约1m。

3.1.2.4 排水系统

园区应设排水系统，由环园大沟、园内纵沟和垄沟或梯田内壁小沟互相连通组成。环园大沟一般距防护林约2m，距边行胡椒或槟榔约2.5m，沟宽约60cm，深约80cm；园内每隔12～15株胡椒开1条纵沟，沟宽约50cm、深约60cm。

3.1.2.5 水肥系统

宜根据园区面积建立水肥池，一般每0.4～0.6hm^{2}园应修建1个直径约3m、深约1.2m的圆形水肥池，中间隔开成2个池，分别用于蓄水和沤肥。提倡建设水肥一体化系统。

3.2 垦地

3.2.1 开垦

应清理园区内除留作防护林以外的植物；在定植前3～4个月深耕全垦，

深度50cm左右，并清除树根、杂草及石头等杂物。

3.2.2 修建梯田和起垄

3.2.2.1 修建梯田

5°以下的缓坡地宜修建大梯田，面宽5~6m，双行起垄种植，垄高20~30cm，垄间宽约30cm；5°~10°的坡地宜修建小梯田，面宽2.5~3m，向内稍倾斜，并在内侧开一条排水沟，深15cm，宽20cm，单行种植。

3.2.2.2 起垄

平地种植时应起垄，垄面呈龟背形，垄高约20cm，以后逐年加高到30~40cm。

3.3 定植

3.3.1 种苗规格

胡椒种苗：具体按DB 46/T 26规定执行。

槟榔种苗：具体按DB 46/T 77规定执行。

3.3.2 定植时间

每年春季（3月至4月）或秋季（9月至10月）定植。春季干旱缺水地区在秋季定植为宜。定植应在晴天下午或阴天进行，雨后土壤湿度过大不宜定植。

3.3.3 定植模式与规格

胡椒种植行与槟榔种植行交替。胡椒株距（A）为1.8~2.2m，行距（B）为2.8~3.2m，每亩定植110株左右。

槟榔种植行位于胡椒种植行向阳一侧距胡椒植行1/3行距（E），相邻种植行的槟榔交错种植，每株槟榔均位于相邻两株胡椒之间，槟榔株距（C）为3.6~4.4m，行距（D）为2.8~3.2m，每亩定植56株左右（图1）。

3.3.4 定植方法

定植前2个月内挖穴，穴长、宽、深均约80cm。挖穴后曝晒20~30d后回土。回土时将腐熟的有机肥15~25kg［与过磷酸钙0.25~0.5kg一起堆沤，有机肥与过磷酸钙的比例为（50~60）∶1］与土充分混匀后回穴压实。

胡椒采用双苗定植，定植方向应与梯田走向一致，胡椒头不宜朝西；定植时种苗两侧施腐熟的有机肥5kg，回土，淋足定根水，在植株周围插上荫蔽物，荫蔽度80%~90%；支柱立于植穴外侧约10cm处，埋入地下部分深度70cm以上。具体按NY/T 969规定执行。

槟榔采用袋装苗定植，定植时先去掉袋子再回土，淋足定根水，在植株周围插上荫蔽物进行适度遮荫，具体按DB 46/T 77规定执行。

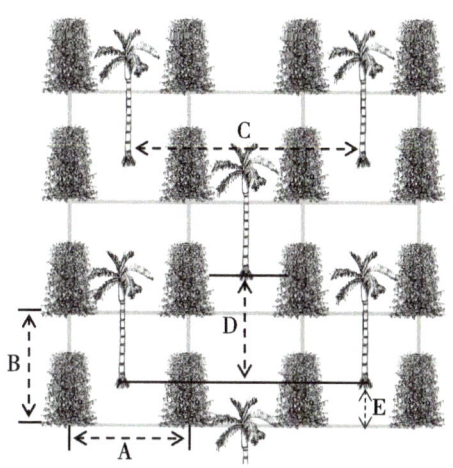

图1　胡椒间作槟榔模式图

注：A表示胡椒的株距，B表示胡椒的行距，C表示槟榔的株距，D表示槟榔的行距，E表示槟榔种植行与向阳一侧胡椒种植行的间距。

3.4　3龄及以下植株管理

3.4.1　定植后淋水

定植后3d内每天淋水1次，之后每隔1~2d淋水1次，保持土壤湿润，成活后淋水次数可逐渐减少。

3.4.2　查苗补苗

定植后20d检查种苗成活情况，发现死株应及时补种。

3.4.3　施肥管理

3.4.3.1　施肥原则

勤施、薄施、干旱和生长旺季多施水肥。

3.4.3.2　施用量及方法

水肥沤制方法按照NY/T 969的规定执行。

胡椒10~15d施水肥1次，槟榔每月施水肥1次，1龄、2龄和3龄植株每次每株水肥施用量分别为2~3kg、4~5kg和6~8kg。胡椒应在植株树冠叶缘外围10~20cm沟施，槟榔应在植株四周沟施，肥沟规格均为宽15~20cm、深

5~10cm。

3.4.4 深翻改土

每年春季结合施有机肥对胡椒进行深翻改土，在胡椒头及两侧轮流挖穴。初次施肥肥穴内壁距胡椒头40~60cm，肥穴和植穴连通。一般肥穴长80cm、宽40~50cm、深70~80cm。每穴施腐熟、干净、细碎、混匀的有机肥15~25kg［与过磷酸钙0.25~0.5kg一起堆沤，有机肥与过磷酸钙的比例为（50~60）：1］。

3.4.5 除草

一般1~2个月人工或机械除草1次，保持园内清洁。但易发生水土流失地段或高温干旱季节，应保留行间或梯田埂上的矮生杂草。结合除草进行槟榔培土，把露出土面的肉质根埋入土中。

3.4.6 松土

分深松土和浅松土。雨后结合施肥进行浅松土，深度约10cm；深松土每年1次，在3月至4月或11月至12月进行，先在树冠周围浅松，逐渐往树冠外围及行间深松，深度约20cm。

3.4.7 覆盖

干旱地区或保肥保水能力差的土壤，应在旱季松土后用椰糠或稻草等覆盖。有胡椒瘟病发生时期胡椒不宜覆盖。

3.4.8 胡椒绑蔓

按照NY/T 969的规定执行。

3.4.9 胡椒摘花

应及时摘除抽生的胡椒花穗。

3.4.10 修剪整形

按照NY/T 969的规定对胡椒进行剪蔓、修芽和剪除送嫁枝。台风来临之前适时对防护林进行修剪。

3.5 3龄以上植株管理

3.5.1 摘花

胡椒只保留主花期9—11月花穗，其余季节抽生的花穗都应及时摘除。

槟榔开花后及时清除败育花苞。

3.5.2 胡椒摘叶、槟榔落叶管理

每隔2~3年对生势旺盛、老叶多的胡椒植株进行合理摘叶。一般在主花期前1个月进行，长果枝（4~7个节的果枝）留顶端2~3片叶，短果枝（1~3个节的果枝）留顶端1~2片叶。

每月定期清理槟榔落叶，覆盖于槟榔树头或胡椒株间。

3.5.3 修剪

按照NY/T 969的规定修剪胡椒徒长蔓、顶芽。台风来临之前适时对防护林进行修剪。

3.5.4 胡椒换绑加固

按照NY/T 969的规定执行。

3.5.5 灌溉

按照NY/T 969的规定执行。

3.5.6 排水

按照NY/T 969的规定执行。

3.5.7 松土

按照NY/T 969的规定执行。

3.5.8 覆盖

同3.4.7。

3.5.9 胡椒培土

降雨量较大、水土流失严重地区和胡椒瘟病易发区，暴雨后或每年冬、春季应对胡椒头进行培土，每次每株培肥沃新土约50kg。先将冠幅内枯枝落叶扫除干净，浅松土，然后把表土均匀地培在胡椒头周围，使其呈馒头形，高出畦面约30cm。

3.5.10 施肥

3.5.10.1 施肥原则

根据园地肥力情况、作物生长需要和肥料效率提出施肥配比方案和技术，贯彻"两减"方针，推荐采用营养诊断施肥、平衡施肥及水肥一体化施肥。土壤中微量元素缺乏的地区，还应针对缺素情况增加追肥的种类和数量。有机肥沤制方法参照NY/T 394的规定执行。

3.5.10.2 施肥方法

针对胡椒进行施肥。水肥、干肥沤制方法按照NY/T 969的规定执行。

一个生长周期施肥4次，分别在8月中下旬（胡椒攻花肥+槟榔青果肥）、10月中下旬（胡椒辅助攻花肥+槟榔入冬肥）、第二年1—2月（胡椒养果保果肥+槟榔花前肥）和5—6月（胡椒养果养树肥+槟榔青果肥）。

前3次每株胡椒施肥量为：约0.25kg芝麻饼（或0.50kg牛粪、或用0.40kg羊粪）沤制的水肥5kg，0.08kg尿素、0.05kg氯化钾和0.1kg过磷酸钙，或用高钾型复合肥0.25kg；第4次每株胡椒施肥量为：沤制腐熟的芝麻饼肥约10kg（或牛、羊粪肥20kg），0.08kg尿素、0.05kg氯化钾和0.1kg过磷酸钙，或用高钾型复合肥0.25kg。

水肥和化肥在胡椒头两侧及后面轮流沟施，肥沟距树冠叶缘10cm左右，深10～15cm；开沟后，先施水肥，水肥干后施化肥，然后覆土。干肥在胡椒头两侧及后面同时穴施，肥穴距树冠叶缘10cm左右，长80～100cm、宽30～40cm、深40～50cm；挖穴后，先将表土回至穴的1/3，然后将干肥与土充分混匀回穴压紧，再继续回土至略高出地面。

3.6　主要病虫害防治

3.6.1　防治原则

贯彻"预防为主、综合防治"的方针，坚持以"农业、生物和物理防治为主，化学防治为辅"的治理原则。

3.6.2　农业措施

做好园区规划和基本建设；培育和选用无病壮苗；加强抚育管理，具体操作按NY/T 969、DB46/T 77的规定执行。

3.6.3　生物防治

人工释放椰甲截脉姬小蜂、椰心叶甲啮小蜂防治槟榔椰心叶甲。

3.6.4　物理防治

每0.4～0.6hm^{2}园安装诱虫灯或捕虫板等害虫诱杀设备1套。

3.6.5　化学防治

主要病虫害按照NY/T 2816、DB46/T 77的要求防治。优先选用生物源农药和矿物源农药。化学农药的选用品种、使用次数、使用方法和安全间隔期，应符合NY/T 393（所有部分）要求，禁用国家和海南省颁布禁止使用的农药。推荐常见病虫害的化学防治见附录A、B。

采果前1个月内禁止使用任何农药。若病害发生要及时清除感病部分，减少传播。

3.7 采收

3.7.1 胡椒鲜果的采收

采收期一般为5—7月，果穗上有2~4粒果实为红色时，宜整穗采摘。采收时宜自下而上逐行逐株进行，先采摘植株中下层果实，再采摘植株上部的果实，采摘时不应损伤叶片、枝条。

3.7.2 槟榔鲜果的采收

根据果实成熟度、用途、市场需求和气候条件决定果实采收时间。

采收时，用收果剪或锐利的收果叉（钩）将果穗整穗切下，植株高的，在底下铺设编织网承接以免摔坏槟榔果、砸伤胡椒植株。

采收后及时处理，依据成熟度、果实大小进行分级，剔除病虫果、损伤果和畸形果，分级包装。

附录A
（规范性附录）
胡椒常见病害推荐化学防治方法

病害名称	为害部位	常用药剂及浓度	施药方法
瘟病	全株	68%精甲霜·锰锌500~800倍 或25%甲霜·霜霉威500~800倍 或50%烯酰吗啉500~800倍	喷雾
细菌性叶斑病	枝条、叶片、花序、果实	72%农用硫酸链霉素2 000倍 或77%氢氧化铜500倍	喷雾
根结线虫病	根部	10%噻唑膦每株10~15g 或0.5%阿维菌素颗粒剂每株20~35g	根圈沟施
花叶病	叶片 花穗	3.95%病毒必克500倍	喷雾
枯萎病	全株	45%噁霉灵·溴菌腈+多菌灵（1:1）500倍 或45%噁霉灵+多菌灵（1:1）500倍	喷雾
炭疽病	叶片	45%咪鲜胺500~800倍 或50%多·锰锌500~800倍	喷雾

附录B
（规范性附录）
槟榔常见病虫害推荐化学防治方法

病虫害名称	为害部位	常用药剂及浓度	施药方法
炭疽病	叶片 花序	1∶1∶150波尔多液 或70%甲基托布津1 000倍 或80%代森锌600倍 或50%咪鲜胺3 000倍+氨基酸	喷雾
叶枯病 细菌性 条斑病	叶片	50%甲霜铜800倍+植宝素200倍 或70%甲基托布津1 000倍喷雾 或25%氯乳铜800倍 或琥胶肥酸铜600倍+70%农用链霉素3 000倍	喷雾
果腐病	果实	1∶1∶150波尔多液 或70%甲基托布津1 000倍 或25%多菌灵400~800倍 或食盐150~200g	喷雾 用布或纸包好，置于植株的心叶中央
枯苗病	叶片	霜疫净1 000倍+百菌清800倍+爱多收2 000倍	喷雾
枯穗病	果穗	同炭疽病	喷雾
根腐病	根部	23%络氨铜200倍	灌根
黄化病	全株	及时挖除病株	喷施内吸性杀虫剂
红脉穗螟	花穗 果穗	20%速灭杀丁8 000~10 000倍液 或5%敌杀死10 000倍液 或5%高效氯氰菊酯1 000倍 或48%毒死蜱1 000倍+1.8%阿维菌素3 000倍	喷雾
介壳虫	叶片 果实	石硫合剂0.5波美度 或48%毒死蜱1 000倍 或5%高效氯氰菊酯1 000倍	喷雾
蚜虫	叶片 果实	20%吡虫啉3 000倍 或20%丁硫克百威800倍 或3%啶虫脒1 000倍	喷雾
椰心叶甲	心叶	椰甲清药包 或5%高效氯氰菊酯1 000倍 或3%啶虫脒1 000倍 或25%阿维灭幼脲1 000倍	置于植株的心叶中央喷雾